마이클 샌델의
정의사회의 조건

마이클 샌델의
정의사회의 조건

초판 1쇄 인쇄   2011년 7월 5일
초판 1쇄 발행   2011년 7월 15일

지은이   고바야시 마사야
감수   김봉진
옮긴이   홍성민 · 양혜윤
펴낸이   정재면
펴낸곳   황금물고기
기획   민영범
디자인   남상원
출력   으뜸애드래픽
인쇄   천일문화사
등록   2003년 12월 5일 제 313-2003-000375호
주소   121-250 서울시 마포구 성산동 226-10 2층
문의전화   02-326-3336 **팩스**   02-325-3339
e-mail   egoldfish@naver.com

한국어 판권© 황금물고기 2011, printed in korea
ISBN 978-89-94154-10-7-13330

황금물고기는 독자 여러분의 참신한 기획과 원고를 기다리고 있습니다.

JUSTICE SOCIETY

마이클 샌델의
정의사회의 조건

고바야시 마사야 지음 | 김봉진 감수 | 홍성민 · 양혜윤 옮김

황금물고기

마이클 샌델의 정치철학의 전체상

2010년 4월~6월까지 NHK 교육방송에서 〈하버드 강의〉가 방영된 후 누구도 예상치 못했던 지적 붐이 일어났다.[1] 때를 같이 해서 《정의》가 번역 출판되자마자 베스트셀러가 되었다. 아마존에서 도서 분야 1위가 되었다고 들었을 때 나는 내 귀를 의심하며 "학술서 분야 1위가 아니고?" 라고 반문했다. 책은 반년이 지난 지금까지도 10위 안을 지키면서 60만 부나 판매됐다고 한다.

이 정도라면 전후 일본 역사에서 선풍적인 문화적 현상이라고 말해도 좋을 것이다. 요슈타인 가아더의 《소피의 세계 – 철학자에게서 온 이상한 편지》 같은 대중적인 철학소설이 붐을 일으킨 적은 있었다. 일반인들이 알기 쉽도록 철학의 에센스를 풀어 쓴 책이었다. 그에 비해 〈하버드 강의〉는 하버드대학의 강의 그 자체다. 설마 이런 붐이 일어날 줄은 학계에서도 생각하지 못했던 일이다.

방송 직후부터 트위터와 블로그 등 인터넷에서 큰 반향이 일어났

---

[1] 한국에서는 2011년 1월 EBS에서 〈하버드 특강–정의〉를 방영했다.
http://home.ebs.co.kr/justice/index.html

다. 나는 당시 이 방송의 번역 감수와 해설을 맡고 있었다. 이런 반향이 예사롭지 않음을 깨달은 나는 더욱 이 작업에 몰두했다. 그러자 잡지를 비롯한 다양한 미디어의 인터뷰 문의가 쏟아졌다. 비즈니스 전문지와 여성지 인터뷰까지 하면서 나는 이 반향의 광대함에 또한 번 놀라지 않을 수 없었다.

그래서 나는 이 책을 통해 샌델의 모든 저작(편저 제외)을 다루면서 각 부분에 학문적 해설을 첨가해서 그가 가진 사상의 전체상을 그려보고 싶었다. 방송이 반향을 불러일으킨 후부터 나에게 이런 요청이 들어왔고, 나는 5회에 걸쳐 샌델의 저작에 대한 강의를 했다. 그 내용을 토대로 수정·보완을 한 것이 바로 이 책이다. 본서는 강의 형식으로 각 장을 구성해서 샌델의 철학 사상을 설명하고자 노력했다.

인터뷰에서 종종 왜 이런 대단한 반향이 일어났다고 생각하느냐? 라는 질문을 받는 경우가 많았기 때문에 서론에서는 그 질문을 중심으로 정리했다. 제1강은 〈하버드 강의〉와 《정의》(2009년)를 살펴보면서 그 핵심을 정리했다. 이미 이 책을 접한 경험이 있는 독자들에게는 일종의 복습이 될 것이다. 제2강은 샌델의 이름이 학문적으로 널리 알려지는 데 공헌한 《자유주의와 정의의 한계》(1982년)에 대해 설명했다. 이 저작은 철학적인 내용이 많아 다소 어려운 부분이 있지만 되도록 쉽게 해설하려고 노력했다. 제3강은 그가 미국의 공공철학을 구체적으로 설명한《민주정에 대한 불만 - 공공철학을 찾는 미국》(1996년)에 대한 해설이다. 이 책은 정치철학뿐만 아니라 공공철학이라는 관점에서도 중요하고 내가 독자에게 전달하고 싶은 그의 사상이 응축되어 있다.

제4강은 생명윤리에 대한 자신의 논리를 펼친《완벽함에 대한 반론》(2007년)를 다루고 있다.[2] 샌델은 유전공학에 의해 인간의 능력이 강화되는 것을 도덕적으로 반대하고 있는데, 이 저서에서 그 이유를 분명하게 밝히고 있다. 제5강은 공공철학이라는 단어 자체가 제목인《공공철학》(2005년)에 대한 해설이다.[3] 이 저서는 다양한 주제를 다룬 논문들로 구성되어 있기 때문에 공공철학이라는 관점에서 통일되게 설명하려고 노력했다.

마지막 강의에서는 전체를 정리하면서 샌델의 사상적 전개에 대한 내 나름의 해석을 제시했다. 이 부분은 샌델 해석이라는 면에서

---

2 원서명 :《The Case against Perfection》, 국내 도서명 :《생명의 윤리를 말하다》(2010)

3 원서명 :《Public Philosophy》, 국내 도서명 :《왜 도덕인가?》(2010)

새로운 시도라고 할 수 있다. 나는 이 책이 학문적으로도 공헌할 수 있기를 또한 바라고 있다.

제2강부터 제4강까지는 시계열^{時系列}에 맞춰 독립된 저서를 다루고 있고, 《정의》와 《공공철학》은 본서 전체에 걸친 주제를 다루고 있기 때문에 각각 처음과 마지막에 다뤘다. 정의와 공공철학은 샌델 정치철학 전체에 흐르는 기저라고도 할 수 있다.

각 장의 도입부에서 개론적인 설명을 한 후 저서의 내용을 개관하고, 마지막으로 내 나름의 보충설명을 덧붙였다. 정치철학이나 공공철학의 범위 안에서 샌델의 저서에 흐르는 논리나 배경을 소개하고 그 의의를 살펴보았다. 관심 있는 독자들은 이 설명을 안내로 삼아 정치철학이나 공공철학의 세계를 스스로 탐구해보길 바란다.

제5강과 최종강에서 설명한 것처럼 그의 정치철학은 학문 세계뿐만 아니라 실제 정치와 사회에서도 중요한 의미를 갖는다. 샌델의 정치철학은 본래의 정의란 무엇인가? 본래의 옳은 일이란 무엇인가? 라는 질문을 공공적으로 환기시킨다. 사실 이 문제는 매일 사적 생활과 공공적 생활의 쌍방에 직면하고 있는 우리 모두의 과제다. 샌델은 이제 전 세계적으로 가장 잘 알려진 공공철학자가 되었다. 그의 질문을 실마리로 삼아 이 과제에 대해 철학적으로 숙고하고 탐구해보길 바란다.

　이 책이 정의의 탐구를 위한 좋은 안내서가 될 수 있다면, 나로서
는 아주 약간의 선을 공공적으로 행한 셈으로 더할 나위 없는 기쁨
이 될 것이다.

왜 이런 대반향이 일어났을까?

〈하버드 강의〉 방송에 대해 많은 사람들이 감상을 보내왔다. 내 주변 사람들은 물론 열혈 시청자들의 문의도 많았고, 그 열기는 전화기를 통해서도 확실하게 느껴졌다. 그런 반응들을 살피면서 왜 이런 대반향이 일어났을까? 무엇이 이렇게까지 시청자와 독자들을 흥분하게 했는가? 에 대한 이유를 서서히 깨달았다. 여기서는 대반향의 이유로 다음의 여덟 가지를 들어보고자 한다.

하버드대학이라는 지적 브랜드

세계의 명문이라 불리는 하버드대학에서는 도대체 어떤 강의를 하고 있을까?

많은 시청자들의 관심은 여기에서 시작되지 않았을까? 텔레비전을 켰을 때 혹은 방송 편성표를 보았을 때, 하버드 강의라는 글자는 유독 눈에 들어온다. 그 지적 브랜드의 힘은 확실히 강렬하다.

샌델의 강의는 하버드대학 사상 처음으로 1,000명 이상의 학생들을 끌어 모은 명강의였고 샌델을 미국에서 가장 유명한 교수로 평가받게 했다.

2010년 8월 말 샌델이 일본에 왔을 때, 도쿄대학의 야스다 강당에서 1,000명 규모의 대화형 강의가 열렸다.

하버드대학이 세계의 지적 중심이라면 일본의 중심은 도쿄대학이라는 발상에서 이런 강의가 기획되었을 것이다. 어느 잡지 특집 중에는 하버드대학 대 도쿄대학이라는 기획 기사도 있었다.

그러나 단지 지적 브랜드라는 이유만으로 이렇게 큰 붐이 일어나지는 않았을 것이다. 방송을 접하는 출발점으로 하버드라는 브랜드가 의미 있었겠지만, 그 외에도 중요한 요인이 있었다.

대중사회 속의 지적 오아시스

두 번째로 지적 흥분을 자극한 이 프로그램이 전체 텔레비전 방송 프로그램 중에서도 두각을 나타냈다는 점을 지적하고 싶다.

요즘의 텔레비전 방송은 예능이나 스포츠 방송이 주류로, 지적인 내용이나 진지한 철학적 문제와는 관계없는 프로그램이 대부분이다. 이를 학문적으로 '대중사회 상황'이라고 한다. 이런 상황 속에서 우연히 채널을 돌렸는데 진지한 내용을 담은 방송이 나오고 있다면, 다른 많은 방송과는 확연히 다른 강한 인상을 받았을 것이다. 바로 이런 점에서 시청자들은 지적 흥분 상태에 빠지게 된 것이 아닐까? 대중사회 상황적인 텔레비전 방송을 향한 일종의 카운트 펀치로서 이 방송이 주목을 받은 것은 아닐까? 〈하버드 강의〉는 마치 지적 오아시스와 같은 느낌을 준 것이다.

　나는 예전부터 지적 상황의 빈곤함을 걱정하며 대중사회 상황을 비판해왔다. 그러나 지적 관심이나 욕구는 우리 영혼의 깊은 곳에 마그마처럼 잠재되어 있었을지도 모른다. 이번 〈하버드 강의〉 방송을 통해 잠재되어 있던 지적 관심의 마그마에 돌파구가 생겨, 이 채널을 통해 한꺼번에 분출된 것 같은 생각이 든다. 참으로 기쁜 일이 아닐 수 없다.

대화형 강의의 신선함

　세 번째 이유로는 대화형 강의의 신선함을 들고 싶다. 대부분의 시청자는 우연히 채널을 돌리다 이 신선한 강의의 매력에 빠져들었다. 샌델의 강의는 많은 학생을 상대로 그들의 논리를 이끌어내면서 진행된다. 그 흐름은 유려하고 인상적이다.

대학 세미나에서도 이런 대화형 방법을 사용하지만, 대규모 강의
에 적용되는 경우는 거의 없었다. 많은 시청자들에게는 이런 강의를
보는 것 자체가 놀라운 경험이었던 것이다. 시청자는 샌델과 학생들
의 대화, 그리고 학생들 나름의 정연한 논리에 자신도 모르게 빠져
들었을 것이다.

대화나 토의는 소크라테스 이래의 전통으로, 현재도 로스쿨 등에
서는 소크라테스형 교육 방법이 실시되고 있다. 대화나 문답을 통
해 진실에 접근해가는 것. 이것이야말로 철학 자체의 원점이다. 즉,
시청자는 〈하버드 강의〉를 통해 철학의 원형을 일찍이 볼 수 없었던
대규모 형태로 간접 체험을 하게 된 것이다.

내가 듣기로 〈하버드 강의〉 시청자들은 텔레비전에 완전히 몰입
해서 본 사람들이 많았다고 한다. 이 방송은 다른 일을 하면서 보는
것은 불가능하고, 방송 전에 모든 일을 끝내놓고 진지하게 집중해
서 보았다는 것이다. 조금이라도 긴장의 흐름을 놓치면 전개를 알
수 없어서일까? 그렇게까지 진지하게 볼 수 있는 텔레비전 방송은
정말 드물고 그만큼 귀하다.

이 같은 대화 속에는 철학 본래의 모습이 있다. 여기에 철학적 사

고가 재생될 가능성이 있는 것이다. 대화나 논의를 통해 인간은 어떻게 살아가야 하는가? 세계는 어떠해야 하는가? 같은 물음을 던짐으로써 자신의 사는 방식의 지표로 삼는 것은 일본에서는 처음일지도 모른다. 〈하버드 강의〉는 철학의 본래 모습을 보여 주면서, 많은 사람들에게 철학을 체험할 수 있는 특별한 계기를 만들어준 것이다.

강의의 연극적 아트

네 번째로 샌델의 대화형 강의는 교육적 예술이라도 해도 좋을 만큼 아트를 구사하고 있음을 들 수 있다. 아트는 기술 또는 예술이라는 의미다. 예컨데 정치술politike과 같은 그리스 시대의 언어 감각을 술術이라고 한다면, 샌델은 대단한 강의술을 갖고 있다고 할 수 있다.

샌델은 학생들의 다양한 생각을 끌어내면서 대화를 통해 논의를 심화시켜 나간다. 그런데 그 방법이 실로 훌륭하다. 마치 전체의 진행을 이끌어가는 지휘자가 되어 발언하는 학생들을 통해 다양한 연주를 들려주는 것처럼 보인다.

또한 그의 강의는 연극처럼도 보인다. 이는 플라톤이 쓴 소크라테스의 대화편과 흡사한 분위기다. 플라톤의 대화편을 보면 소크라테스의 대화 상대가 다양한 논리를 만들어내고 소크라테스는 대화를 통해 그들의 논의의 난점을 명확하게 짚어 나간다. 소크라테스 본인의 최종적인 생각을 쉽게 알 수는 없지만, 문답을 통해 논의가 더욱 깊어져 가는 것이다.

시청자는 어느새 샌델 주연의 연극을 보고 있는 듯한 느낌을 받게 된다. 〈하버드 강의〉는 극장형의 대강당(샌더스 극장)에서 열렸고, 도쿄대학의 야스다 강당도 이와 비슷했다. 그래서 〈하버드 강의〉 방송은 극장형 교실을 무대로 강의하는 연극을 보는 느낌을 준다. 이것은 일종의 지적인 연극 관람 체험과 같은 것이다.

시청자의 입장에서 보면 재미있겠지만, 나의 경험으로 비추어볼 때 사실 이것은 교사에게는 매우 어려운 강의다. 마치 매회 애드리브로 연기를 하듯 긴장감과 순빌력이 요구된다. 지식이나 통찰력은 물론이고 강의를 위한 고도의 아트가 필요하다.

또한 학생들 역시 사전 준비가 필요하다. 〈하버드 강의〉에서 학생들은 그룹으로 나뉘어 티칭 펠로우teaching fellows의 지도를 받고, 참고 서적을 읽는 등 열심히 준비를 한다. 그래서 샌델의 기량이 사전에 예습을 해온 학생들의 사고와 맞물리면서 멋진 대화와 훌륭한 강의가 되는 것이다.

　물론 이와 같은 강의를 실현하는 일은 결코 쉽지 않다. 이 강의의 배경에는 충실한 지도 교사tutor와 티칭 어시스턴트 등의 제도 그리고 학생들의 열정과 노력이 있었다는 점을 잊어서는 안 될 것이다.

사례나 도덕적 딜레마의 흡인력

　다섯 번째 이유는 실례나 가상적인 예 그리고 그것을 둘러싼 도덕적 딜레마가 매우 인상적이라는 점이다. 이런 딜레마를 상상해보는 재미 때문에 시청자들도 강의에 깊이 참여하게 된다.

　도덕적 딜레마로 제시된 폭주하는 기관차나 구명보트(살인과 인육식)의 사례 등은 매우 유명해졌다. 또한 그 외의 사례도 무척 흥미롭다. 클린턴 대통령의 모니카 르윈스키 사건이 흥미 있는 관점에서 다뤄지고 있고, 다리가 불편한 골퍼의 골프 카트 사용 문제 같은 소송 사례도 제시되었다.

　이런 사례를 통해 철학적 원리를 깊게 생각하는 것이 〈하버드 강의〉의 참다운 묘미다. 실제로 방송을 시청하다 보면, 원리를 염두에 두고 사례들을 생각하다가 처음의 생각이 변해가는 일도 종종 있다. 생각 전과 후에 견해가 바뀌는 과정도 소중한 경험이다. 샌델은 이런 과정을 변증법dialectics이라고 표현했다.

간단히 얘기하자면 대화 등을 통해 원리와 실례 사이를 왔다 갔다 하며 생각하는 것이다. 그런 방법을 통해 처음에는 바르다고 생각한 원리나 실례의 판단을 수정하고 심화시키는 과정을 체험할 수 있다. 철학적인 사고법은 결코 특정 소수만의 것이 아니다. 대화나 토론에 직접 참가하지 않아도 간접 체험을 통해 시청자들은 철학의 묘미를 충분히 맛볼 수 있다.

정치철학이라는 장르의 매력

대화형 강의가 분야를 초월해서 효과적임은 명확하지만, 만약 다른 장르의 강의였다 해도 이렇게까지 붐이 일었을까? 정치철학이라는 생소한 분야의 매력이 바로 반향을 일으킨 여섯 번째 요인이 된 것 같다.

정치철학이라는 분야는 지금까지도 잘 알려져 있지 않았다. 정치사상사나 정치학사의 강의는 있지만, 정치철학은 아직까지 많이 연구되지 않아서 연구자도 적고 책도 많지 않다. 대학에서 정치나 법률을 배운 대부분의 사람들도 〈하버드 강의〉 같은 강의 내용은 모른다. 따라서 미지의 분야에 매료된 부분도 매우 컸다고 본다.

철학이 인생이나 세계의 의미를 살피는 데 중요한 역할을 하는 것과 마찬가지로 정치철학은 정치나 경제를 근본부터 생각하기 위한 필수 항목이지만, 대중에는 그다지 알려져 있지 않았다. 이번에 처음으로 이 장르에 대해 진지하게 이해하려는 사람들이 많이 나타난 것이다.

현재 진행 중인 정치경제 문제에 대해서는 아무래도 실례를 들어 논할 필요가 있다. 이런 면에서도 샌델은 인상적인 실례를 들어 현실적인 사고 훈련을 한다. 예를 들면 병역 제도나 대리모 계약, 소수 집단 우대정책, 동성 결혼 문제등과 같은 구체적인 테마로 논리를 전개해가는 것 역시 보기 드문 방법이었다.

또한 구체적인 사례만 가지고 논하는 것이 아니라 추상적인 원리원칙과 관련된 논리를 함께 진행하는 것 역시 그의 큰 특징이다. 실례만으로는 철학이 될 수 없고, 추상적인 원리원칙만 가지고 검토하는 것은 탁상공론에 지나지 않을 수 있기 때문에 많은 사람들을 흥분시킬 만한 매력은 떨어진다. 인상적이고 리얼리티 넘치는 구체적인 사례와 원리원칙의 끊임없는 왕복 운동 그리고 변증법적 방법이 그의 정치철학 강의의 중요한 특징이다.

세계의 시대 상황과 매치

큰 반향의 일곱 번째 이유는 샌델의 강의 내용이 세계 정치경제의 과제와 합치한다는 점일 것이다.

강의의 시작 부분에서 샌델은 공리주의와 자유지상주의에 대해 언급하고 있다. 이들은 경제와 시장주의를 중시하는 사고로 지금까지 세계의 정치경제에 유력한 사상이었다. 그런데 이에 대한 비판적인 논리를 전개해가는 샌델에게 시청자는 사뭇 공감하게 된다. 왜 그럴까?

일본의 경우 민영화나 구조개혁 노선이 만들어낸 경제적 문제와 그것을 촉신시킨 사상에 대해 많은 사람들이 의문을 제기하고 있다. 이 같은 문제에 대해 철학적인 관점에서 논리를 전개해 나가는 모습은 시청자들을 사로잡았다. 샌델 본인의 정치철학은 방송이 끝날 즈음까지 잘 드러나지 않지만, 거기까지 도달하는 길은 일본의 정치경제의 상황과 들어맞는 부분들이 많아서 내내 흥미롭다.

사실 5년 전만 해도 미국의 부시 정권이나 일본의 고이즈미 정권

등이 추진한 신자유주의 내지 자유지상주의가 융성하고 있었다. 따라서 과도한 시장경제화와 상업화를 비판하는 샌델과 같은 논리가 이처럼 큰 반향을 불러일으키는 것은 생각조차 할 수 없었다. 그러나 현실의 정치경제는 리먼 쇼크 이후 방향성을 잃고 새로운 사고를 원하고 있다. 이 같은 상황에서 근본적으로 시스템 자체를 다시 생각할 필요성이 절실해졌다. 예를 들면 세계의 경제 시스템, 즉 화폐 시스템이나 금융 시스템의 근간부터 다시 생각해야 되지 않을까? 라는 논의가 진지하게 전개되고 있는 것이다.

샌델이 NHK의 인터뷰를 처음 요청받은 때는 NHK스페셜 〈머니, 자본주의〉라는 방송의 최종회에서였고 그 인터뷰를 계기로 NHK는 샌델의 하버드 강의를 방송하게 되었다고 한다. 이런 배경 또한 샌델이 제시한 정치철학의 논리가 많은 사람들의 흥미를 불러일으켰을 것이다. 뒤에서 설명하겠지만 샌델이 주장하는 공동체주의는 일본의 고이즈미 정권으로 대표되는 신자유주의에 대한 대안이라 할 수 있다.

이제 미국은 오바마 정권으로 교체되었고 일본은 하토야마 정권, 민주당 정권으로 교체되었다. 오바마 대통령은 도덕적 이상을 내세운 변화를 호소해 당선되었고, 하토야마는 우애와 새로운 공공이란 이념을 내세우며 새로운 정치를 시도했다. 이런 윤리성과 정신성이 미국과 일본의 현실 정치에서 발현된 것이다.

이 같은 변화에 대응할 수 있는 정치철학이 요구되면서 샌델등이 제기하는 공동체주의가 점차 떠오르고 있다. 현실 정치에서 선행됐지만, 지식의 세계에서도 같은 방향을 가진 정치철학이 큰 붐을 일으키고 있는 것이다. 사실 샌델의 강의에 대한 공감과 정권 교체라는 큰 변화는 서로 깊이 연계되어 있었던 것이다.

동아시아의 문화적 전통

샌델의 정치철학의 핵심은 정의와 선의 관계를 묻는 부분에 있다. 선과는 별개로 정의를 생각한다는 점에서 선이 없는 정의라고도 할 수 있는 자유주의의 생각을 비판하고 선을 무시하고는 정의를 제대로 말할 수 없다고 주장한다. 샌델 본인의 정치철학의 핵심은 뒤에서 설명되듯 선이 있는 정의라는 정의관에 있다. 이것은 전통적인 윤리의 의미에서 볼 때 그야말로 윤리적인 정의의 관념이라고도 말할 수 있다.

그리고 이 같은 선이 있는 정의라는 생각은 덕을 중시하는 동아시아의 문화적 전통과도 깊이 공감하고 있는 것처럼 여겨진다. 이것이 큰 반향을 일으키고 있는 여덟 번째 이유다.

유교에서 의는 덕에 불가결한 요소의 하나이자 윤리적인 관념이다. 샌델이 지지하는 정의에 대한 생각도 미덕을 권장하는 정의다. 그렇기 때문에 유교적인 의의 관념은 샌델이 지향하는 선이 있는 정의라는 생각과 공통점을 갖고 있다.

샌델은 일본에서뿐만 아니라 한국에서도 큰 붐을 일으키고 있다. 2010년 방일 직전 한국에서 열린 그의 강의에는 4,500명이 모였다고 한다. 샌델의 정치철학은 현재의 정치경제 상황에 대응되었기에 유교라고 하면 오래된 사상이라는 고정관념을 갖고 있는 현대인들에게도 새로운 주목을 받았다. 이런 윤리적 정의의 발상은 유교를 토대로 하는 동아시아의 윤리적·정신적 전통과 맥락을 같이 하고 있어서 커다란 지적 붐을 일으킨 것이다.

대반향의 이유와 새로운 가능성

지금까지 ①하버드대학교라는 지적 브랜드, ②대중사회 속의 지적 오아시스, ③대화형 강의의 신선함, ④강의의 연극적 아트, ⑤사

례나 도덕적 딜레마의 흡인력, ⑥정치철학이라는 장르의 매력, ⑦
세계의 시대 상황과 매치, ⑧동아시아의 문화적 전통이라는 점에서
〈하버드 강의〉의 인기를 정리해보았다.

이런 붐에서 어떤 가능성이 생겨났을까? 우리는 여기에서 새로운
학문과 교육의 등장이라는 가능성을 찾아낼 수 있었다. 이것을 학
문 개혁과 교육 개혁이라 칭하고, 오늘날의 지적 상황에 접목해서
그 가능성을 검증해보도록 하자.

학문의 원점 회귀

철학이라고 하면 대부분의 사람들은 칸트나 헤겔 같은 어려운 사
상을 공부하는 이미지를 떠올린다. 그러나 철학의 원점은 그런 것이
아니나. 플라돈이 소크라테스를 주인공으로 삼아 쓴 《대화》편을 보
면 철학의 원점은 소크라테스와 등장인물의 생기 넘치는 대화에 있
다는 것을 알 수 있다.

〈하버드 강의〉에는 소크라테스의 대화를 방불케 하는 것들이 있
다. 나는 바로 거기에 새로운 철학의 모습이 있다는 것을 강하게 느
낄 수 있었다. 소크라테스가 대화하는 상대는 당시의 아테네 사람

들이었고 그중에는 젊은이도 많았다. 《국가》에 등장하는 아데이만 투스나 글라우콘 등을 알고 있는 사람도 적지 않을 것이다. 《대화》 편에서는 등장인물이 각자의 사상을 설명하고 그에 대해 소크라테스가 묻는 형태로 논의를 심화시켜간다. 오늘날에도 그들의 사상이 알려져 있다. 예를 들어 《고르기아스》에 등장하는 칼리클레스나 《국가》에 등장하는 트라쉬마코스는 정의란 강자의 이익이다, 힘이 곧 정의다라는 현실주의적인 논리를 대표하고 있다.

이와 마찬가지로 〈하버드 강의〉에 등장하는 학생들은 다양한 사상을 대표하고 그 사상을 전개해나간다. 샌델이 가끔 "자네는 ○○○(자유의지론자나 공동체주의자)이군" 하고 사상적 입장을 자각시키는 경우가 있다. 소크라테스와 그의 대화 상대들이 그랬듯이 샌델도 대화를 통해 논리를 심화시킨다.

철학의 부활과 학문 개혁

〈하버드 강의〉에서는 직업적인 철학자가 아닌 학생들이 자신들의 철학을 전개시키고 있다. 이 강의는 모든 학생이 수강할 수 있는 열린 강의로 철학과 학생들만의 것은 아니다. 다른 학문을 전공하는 학생들도 당당하게 철학적 논의에 참여하면서 토의는 더욱 깊고 풍부해진다.

샌델이 강의의 마지막에서 설명하고 있는 것처럼, 이러한 대화나 논의는 대학에서만 가능한 것이 아니라 일반 사회에서도 많은 사람들이 할 수 있고 이를 통해 문화와 사회, 정치가 질적으로 향상될 것이다.

철학은 영어로 필로소피philosophy다. 소피는 고대 그리스어의 소피아Sofia, 라틴어의 소피아Sophia에서 유래한 것으로 지혜를 뜻하고, 그리스어의 필로스philos는 사랑하다 또는 구하다의 뜻이다. 즉 철학은 애지愛智의 학문이라고 바꿔 말할 수 있다. 샌델의 강의는 시청자들이 생기 넘치는 애지의 모습을 볼 수 있는 좋은 기회가 되었다.

철학자끼리 어려운 전문용어를 사용하며 논리를 전개하는 것도 학문적으로는 중요하지만 그래서는 애지를 널리 퍼뜨릴 수 없다. 오히려 훌륭한 철학자가 학생들의 논리를 통해 철학을 전개시켜나가는 모습을 직접 목격함으로서 논리와 토론을 거쳐 지식에 도달하는 과정의 멋과 매력을 느끼게 된다. 이렇게 지혜를 사랑하는 것, 즉 진짜 철학의 모습을 그는 전하고 있는 것이다.

샌델도 말하고 있듯이, 철학은 우리가 지극히 당연하게 알고 있는 상식들의 자명성을 뒤흔든다. 회의주의에 빠지지 않고 계속해서 성찰과 논의의 과정을 거친다면 깊은 진리에 도달할 수 있다. 이와 같이 학문의 원점으로 되돌아가서 생각을 발전시키는 것이야말로 진정한 학문 개혁의 자세다.

실천성 있는 새로운 지식의 의의

새로운 지적 바람이 하버드대학이라는 세계의 학문적 중심에서 시작된 것도 큰 의미를 갖는다. 정치철학이나 법철학을 부흥시킨 학자는 존 롤스(John Rawls, 1921~2002년)라는 하버드대학의 철학 교수로, 그는 자유주의의 기초를 세웠다. 또한 롤스를 비판한 로버트 노직(Robert Nozick, 1938~2002년)은 자유지상주의의 창시자로, 그 역시 동료 교수였다. 그리고 롤스를 비판한 또 한 사람의 철학자가 바로 정치철학 교수 샌델이다. 우연히도 자유주의와 자유지상주의의 대표자나 그들을 비판한 샌델 모두 하버드대학의 교수다. 이래저래 하버드는 정치철학의 세계적 중심이라 부를 만한 대학이다. 특히 샌델은 옥스퍼드대학에서 박사학위를 취득했고 유럽의 사상도 잘 알고 있다. 따라서 그의 논의 안에는 유럽의 사상까지도 담겨 있다.

이제 현재의 철학계로 눈을 돌려보자. 샌델의 스승인 찰스 테일러(Charles Taylor, 1931~)는 캐나다의 철학자로 헤겔 철학 연구를 비롯해 독창적인 철학의 흐름을 만든 인물이다. 그런 테일러의 수제자가 샌델이고 샌델의 정치철학은 그 명예에 상당하는 깊이를 갖고 있다고 할 수 있다.

일본의 전후 지식의 붐에 대해 생각해보면 초기에는 마르크스주의가 주류였기 때문에, 좌익 사상이 매우 융성 했었다. 그 계보에서 최근까지 사상계의 중심에 있던 것은 포스트모던이라 불리는 프랑스계의 현대사상이었다. 그러나 포스트모던 사상 안에서 우리는 어떻게 살아야 하는가? 정치경제는 어떠해야 하는가? 라는 질문에 대한 건설적인 답을 찾아낼 수 없었다. 애당초 포스트모던은 그런 이상이나 진리의 체계를 비판하는 것에서 생겨난 지식이기 때문이다. 원리적으로 이상을 찾아내지 못하는 사상은 지식의 자살 행위라고도 말할 수 있을 것이다.

샌델의 입장은 포스트모던 사상과는 전혀 다르다. 포스트모던의 방향성과는 반대로 샌델은 〈하버드 강의〉에서 근현대의 사상부터 소개하면서 그리스 시대의 아리스토텔레스로 거슬러 올라간다. 그리고 그의 논리는 목적과 선이라는 의미 있는 사고와 행동으로 연결된다. 거기에 실천성이 존재한다. 소리 높여 주장하지 않지만 삶의 기준이라든가 정치경제의 지침이 될 만한 요소가 확실히 존재한다. 시청자들은 바로 이런 긍정적인 벡터를 민감하게 감지한 것 같다. 우리는 어떻게 살아야 하는가? 정치경제나 사회는 어떤 모습이어야 하는가? 같은 중요한 문제에 대한 중대한 힌트를 얻을 수 있다는 가능성을 직감적으로 알아챈 것이다.

포스트모던 사상을 대신할 새로운 지식의 흐름은 바로 여기에서 생겨난 것이다.

정치철학이 일본에 가져온 것

왜 일본에는 그동안 정치철학이 없었을까?

일본 국립대학의 경우 정치학은 주로 법학부에서 가르치고 있는데 정치사상사는 있어도 정치철학은 거의 없다. 전후 최고의 정치학자인 마루야마 마사오 이래 정치사상사의 연구자는 정치학이나 시민들에게 큰 영향을 끼쳐 왔다. 그러나 이들 대부분은 정치사상사연구를 통해 통찰을 얻고 그것을 활용한 정치사상사가로, 현재의 문제에 대해 철학적 관점에서 어떻게 해야 할까? 라는 규범적인 정치철학은 소개하지 않았다.

왜 일본에는 정치철학이 도입되지 않았을까? 다양한 학문이 도입된 메이지시대에는 정치철학을 연구하면 바로 주권이나 천황제의 문제 등에 접근할 수 있어서 그 위험을 피하고자 했다는 설이 유력하다. 전후 주권재민이 되었음에도 메이지시대의 학문적 전통이 여전히 영향을 끼치고 있었다. 현재는 정치철학에 대해 연구하려고 해도 가르쳐줄 스승이 거의 없어서 학위를 취득하기도 어려운 상황이다.

법학부에는 법철학 강의가 있고 법철학 전문가 역시 상당수다. 법철학 전문가들 사이에서 정치철학의 존재는 알려져 있었고 그에 관계된 논의도 계속되고 있었다. 그러나 법을 중심으로 생각하기 때문에 권리나 법적 수속 등의 논리가 중심이다. 이것은 정치에서는 법적 수속이나 권리의 개념만으로는 충분하지 않다고 주장하는 샌델 같은 정치철학과는 양립되지 않는다. 그래서 법철학 연구자들도 정치철학을 적극적으로 소개하는 일이 많지 않았다.

미국의 경우 정치과학이 융성하면서 정치철학은 쇠퇴의 길을 걸었다. 그러다가 1970년대 이후 정치철학의 연구가 눈부시게 부흥했다. 샌델이 바로 그 대표자 중의 한 사람으로 그의 강렬한 등장이 일본에 정치철학이 본격적으로 뿌리내릴 수 있는 귀중한 찬스가 된 것 같다. 지금까지 알려지지 않았던 정치철학적 사고방식이 실은 매우 중요한 의미를 갖는다는 의식이 순식간에 사람들 머릿속에 자리 잡게 된 것이다.

이런 정치철학이 발전한다면 어떤 현상이 나타날까? 샌델 등으로 대표되는 정치철학은 〈하버드 강의〉에서 얘기되고 있듯이 일상생활의 자명성을 뒤흔들지만 결코 회의주의적인 철학은 아니다. 회의주의적인 철학은 길고긴 의논 끝에 결론은 없다 또는 어떻게 해야 될지 철학 분야에서는 말할 수 없다는 식으로 끝나버린다. 그런탓에 현실 문제의 해결이나 사태의 개선을 기대하기 어렵다.

이에 비해 정치철학은 실천적인 의미를 갖는 것으로, 추상적인 공리공론이 아니라 현실을 바꿔나갈 수 있는 힘을 가진 학문이다. 강의 마지막에 샌델은 "이 강의가 철학은 세계를 바꿀 수 있다는 것을 보여주었다"고 말했다. 이 말은 우리에게 큰 의미를 갖는다. 정치철학은 동시대를 살아가는 사람들을 촉발해서 보다 좋은 세계로 변혁해 나가는 학문인 것이다.

10년 전, 정책이 강조된 시대가 있었다. 당시에는 정책연구를 담당하는 대학이나 연구소를 만들려는 움직임도 활발했다. 정책연구는 매우 중요하다. 그런데 정책을 진지하게 생각하고 제기하려면 정책의 기초가 되는 정치철학에 대해서도 생각하지 않을 수 없다. 어느 한쪽에 치우치지 않고 정치철학과 정책연구를 왕복하는 것, 샌델의 말처럼 원리와 실례를 왕복하는 균형이 중요하다.

공공철학의 새로운 전개

정치철학과 관련하여 공공철학에 대해서도 이야기해보자.

공공철학이라는 말은 하버드대학 출신의 저널리스트 월터 리프먼이 1955년에 《공공철학》이라는 책을 저술하면서 제기되었다. 이는 사람들이 공유하고 있는 현실 속의 정치와 사회를 움직이는 사상이나 사고를 가리킨다. 이 관념이 널리 퍼진 것은 1980년대로, 샌델을 비롯한 공동체주의론자들이 공공철학public philosophy을 상소하면서 세계적으로 알려졌다.

일본의 공공철학 프로젝트 역시 이런 흐름에 자극을 받아 시작되었고 후에는 독자적으로 전개되고 있다. 공공성이란 개념을 다시금 문제삼아 바람직한 공공성을 실현하려는 것이다. 학문의 현실적 유효성이 의심받고 있는 상황에서 시작된 이 운동은 공공성을 중심 개념으로 삼아 실천적인 학문을 구축해보려는 움직임이다.

일본의 공공철학 역시 대화적 성격을 특징으로 하고 있다. 지금까지 일본의 공공철학 프로젝트는 연구자나 문제의식이 높은 실무자들의 밀도 높은 대화와 토론을 통해서 실천성을 끌어내려고 했다. 반면 샌델의 하버드 강의는 전문가가 아닌 대규모의 학생들과 행해졌고, 이런 신선함이 〈하버드 강의〉의 유행을 지지했다. 이것은 공공철학의 대화적 방법에 새 방식을 더한 것으로 볼 수 있다. 샌델의 논의를 충분히 인식하게 함으로서, 공공철학의 세계적 조류를 재인식하는 것과 동시에 교육적인 면에서도 새로운 대화형 교수법을 도입했다. 이 같은 공공철학 운동을 더욱 발전시키고자 하는 시도는 지금도 계속 요구되고 있다.

샌델은 〈하버드 강의〉에서 공공철학에 대해서는 거의 다루고 있지 않다. 다만 《정의》에서는 마지막 장에서 공공철학과 밀접하게 관련되어 있는 공동선의 정치에 대해 얘기하고 있다. 저서에서는 다루고 있지 않아도 강의에서는 소개된 것도 있고 반대로 방송에는 등장하지만 저서에는 없는 것도 있다. 《정의》를 소개할때 그런 차이까지 포함해서 총괄적으로 설명하고자 한다.

대화형 커뮤니케이션의 가능성

〈하버드 강의〉방송이 시작된 후 다양한 질문이 쏟아졌다. 대부분은 참고자료나 문헌에 대한 문의로 내가 운영하는 사이트 등에 그 참고문헌을 올려두었다. (권말의 참고문헌 참조) 가끔 놀라운 고백도 많았다.

"저는 평소에 주위 사람들과 커뮤니케이션이 잘 되지 않아 많이 힘들었는데, 이 방송을 보면서 저도 그런 강의에 참가하면 주위 사람들과 소통할 수 있을 것 같은 기분이 들었습니다. 저도 대화형 강의에 참가할 수 있을까요?"

이분은 평범한 가정주부였다. 병으로 요양 중인 분에게도 비슷한 질문을 받았다. 요양 중에 〈하버드 강의〉를 보고 "방송을 보면서 열심히 생각한 끝에 답을 하나 찾아냈습니다. 이번 방송을 통해 저도 사회로 돌아갈 수 있고 사회와의 관계도 회복할 수 있을 것 같은 자신감을 얻었습니다."라는 이야기였다.

이런 사연은 더욱 특별하게 느껴졌다. 나는 그저 해설자에 지나지 않음에도 불구하고 많은 사람들이 어떻게든 감상을 전하고 싶어 계속해서 전화를 걸고 진지한 대화를 청했던 것이다.

이들의 질문을 통해 느낀 점은 진지한 대화의 장이 너무 적다는 것이었다. 이것은 공공철학에서도 중요한 논점이 되고 있다. 또한 그 방송에서 지적인 흥분을 얻었을 뿐만 아니라 다른 사람과의 커뮤니케이션의 가능성을 느끼거나 사회와의 관계를 회복할 희망을 얻은 사람이 있다는 것이다. 〈하버드 강의〉의 대화와 토론이 시청자들의 마음에 다양하고 깊은 감동을 준 것이다.

이러한 발견은 뒤에서 설명할 공동체주의의 문제의식과 맥락을 같이 하고 있다. 커뮤니케이션이 어려울 정도로 고립된 사람이 다른 사람과 언어를 교환하거나 함께 행동할 수 있는 채널이 많지 않다. 이런 억압감과 폐색감은 사회적 문제와 범죄로도 통할 수 있기 때문에 반드시 극복해야만 한다. 그 해결책 제시가 샌델의 논리를 비롯한 공동체주의의 중요한 목적이다. 공동체주의가 중요하게 여기는 것은 바로 함께 행동하여 소통하는 공통성이다. 대화형 강의는 함께 살고 함께 행동하는 일의 시작이 될 수 있다.

대화형 강의에 의한 교육 개혁

대화형 강의는 교육에도 큰 영향을 끼쳤을 가능성이 있다. 특히 대학의 연구자나 중고등학교 교사들이 관심을 갖고 시청하면서 우리도 저런 교육을 하고 싶다는 의견을 내고 있다. 샌델은 공동체주의자이지만 논쟁의 적이라 할 수 있는 자유지상주의론자나 자유파역시 이 강의 형식에 감명을 받고 대화형 강의의 도입을 시도하고있다고 한다.

　일방적인 지식의 전달이 아니라 스스로 생각하게 하는 교육이 중요하다는 것은 예전부터 얘기되어 왔다. 그럼 어떻게 해야 좋을까?라는 문제에 대한 해법은 찾지 못했는데 바로 샌델의 강의가 그 이상적인 모델을 제공한 것이다.

　실제로 나는 〈하버드 강의〉의 큰 반향을 보고 2010년도에 공공철학 강의(등록자 약 150명)를 대화형으로 시도해 보았다. 소규모 세미나는 대화형으로 해왔지만 대규모 강의를 대화형으로 해본 것은 처음이었다. 학생들에게 가능한 한 방송을 미리 보고 오게 해서 강의에서는 그 사례나 논점에 대한 의견을 말하거나 그에 대응하는 일본의 사례를 들어 의논하게 했다. 처음에는 손을 드는 학생이 몇 명 없었지만, 회가 거듭될수록 점점 늘어나서 나중에는 감당할 수 없을정도가 되었다. 그야말로 텔레비전에서 본 〈하버드 강의〉의 모습이었다. 이렇게 되기 위해서는 교사나 학생들 역시 앞서 설명한 몇 가지 조건이 필요하겠지만, 역시 대화형 강의가 성공할 수 있다는 가능성을 느꼈다.

학생들은 스스로 생각하게 되었고 대화를 통해 논의하거나 문헌에 대해 적극적으로 질문하게 되었다. 최근 일부 대학에서 교수에게 강의 요약본 만들기를 권하는 경우가 많은데 이것은 의욕이 부족한 학생들을 위해 교사가 일일이 시중을 드는 것이나 마찬가지다. 이에 비해 대화형 강의는 학생이 자발적으로 학습하고, 사고할 수 있게 한다. 이야말로 교육의 본래 모습이자 진짜 교육 개혁이라 할 수 있다.

물론 과목에 따라서는 지식의 전달이 중요해서 대화형 강의와 맞지 않는 경우도 있다. 철학이나 윤리학 등의 인문계 학문에는 대화형 강의가 잘 맞는다고 생각한다. 대화형 강의가 확장되는 것은 철학적 사고가 확장된다는 것을 의미한다. 앞서 소개한 것처럼 철학의 부활은 곧 교양의 깊이로 연결된다.

요즘 대학에서는 교양과정들을 축소 또는 폐지하고 있다. 물론 전문 지식이나 기능이 중요하기는 하지만 그에 못지않게 깊이 있는 일반교양도 중요하다. 샌델의 대화형 강의 이후로 인문학이 부흥되고 나아가 교육 개혁이 진행되길 기대한다.

지식과 미덕의 르네상스

학문 개혁과 교육 개혁이 실현된다면 새로운 지식이 생겨나게 된다. 이는 단순한 지식의 재생을 뜻하지 않는다. 샌델의 정치철학은 지식과 함께 미덕 역시 재생시키기 때문이다.

샌델의 정치철학의 핵심은 선이 있는 정의다. 즉 미덕을 촉진하는 정의로서 미덕이나 좋은 삶과 관계 깊은 정의다. 이것은 서양의 아리스토텔레스를 비롯한 그리스 도덕 철학의 전통에 그 원천이 있으며 동아시아의 유교적 전통과도 맥락을 같이 한다.

〈하버드 강의〉의 붐은 철학의 원점, 학문의 원점으로의 회귀를 통해 오래되고 새로운 지식의 세계를 개척하는 것과 동시에 미덕의 부흥도 촉진한다. 여기에는 지식과 미덕의 르네상스의 가능성이 잠재되어 있나. 샌델 붐을 계기로 학문 개혁과 교육 개혁이 성공저으로 진행되어 새로운 지식과 미덕의 시대가 열리길 기대해본다.

CONTENT

part3 공화주의의 재생을 위하여 민주정에 대한 불만

3-1 절차공화국의 헌법 공화주의적 헌정사

MICHAEL J. SANDEL

CONTENT

MICHAEL J. SANDEL

MICHAEL J. SANDEL

JUSTICE

하버드 강의의
사상적 에센스

《정의》의 탐구

《정의》와 《하버드 강의》의 특징

학술서로서는 매우 드물게 베스트셀러가 된 《정의》와 〈하버드 강의〉부터 설명해보자.

전자는 하버드대학에서 매년 열리고 있는 강의 〈정의〉의 내용을 샌델이 일반인들을 위해 알기 쉽게 집필한 책이다. 이 책은 일본에서뿐만 아니라 한국에서도 역시 베스트셀러가 되었다.

이 책의 타이틀은 《정의》다. 원제는 Justice : What's the Right Thing to Do?로 〈정의 : 무엇이 해야만 하는 옳은 일인가?〉라고 직역된다. 하버드 강의명 역시 〈정의〉로 그는 이 강의의 참고문헌으로 《정의-독본》(2007년, 국내 미발간)을 간행했다. 기존의 샌델의 사상을 아는 사람들은 〈정의〉라는 타이틀이 조금 이상하게 느껴질 것이다. 그도 그럴 것이 그의 중심 테마는 정의와 선의 관계이고, 선에 대한 정의의 우위를 설명하면서 자유주의 정치철학을 비판하고 있기 때문이다.

이 점을 샌델에게 물었더니 "미국에서는 정의의 개념이 매우 중요하기 때문입니다"라고 대답했다. 확실히 미국의 정치철학에서는 정의가 기본개념이자 일상용어로서 자주 사용되고 있다. 정의라는 테마에 대해서는 마지막 장에서 다시 이야기하도록 하자.

부제에 있는 right에도 주목하길 바란다. right라는 개념은 자유주의의 정치철학에서 자주 사용되는 rights, 권리라는 의미다. 그리고 Right Thing to Do는 해야만 하는 옳은 일이다. 즉 권리에 한하지 않고 올바른 일 전체를 가리키는 확장된 의미로서 말하자면 윤리적인 옳음이란 뜻을 담고있다.《정의》의 메인 테마는 선에 관한 윤리적·정신적인 정의 개념을 제기하는데 있다. 그것은 책의 부제에 명확히 드러나있다.

우선 두 개의 방법적인 특징을 지적해두고자 한다. 첫 번째는 대화 적·변증법적인 방법으로 도덕적 딜레마를 생각하는 점, 두 번째는 현 대에서 근대 그리고 고대로 거슬러 올라가면서 논의를 전개하고 있는 점이다.

샌델은 〈하버드 강의〉와 책에서 다양한 사례를 들고 있다. 사례에 대 한 구체적인 판단과 그것을 설명하는 원리 사이를 왕복하면서 논리를 풀어나간다. 그래서 어떤 사례에 대해, 처음에 생각하고 있던 판단이 원 리를 따라가다 바뀌는 경우도 있고, 반대로 사례를 생각하다가 처음 선 택한 원리가 바뀌는 경우도 있다. 이런 왕복운동을 통해 구체적인 판단 이나 그것을 설명하는 원리가 차츰 다듬어지는 것이다. 이것이 샌델이 말하는 변증법적인 논법이다.

그가 제시하는 사례들은 쉽게 판단할 수 없는 도덕적 딜레마를 안고 있어서 독자들에게 매우 선명한 인상을 주었다. 각 장마다 다양한 사례 의 고찰을 통해 지금까지의 도덕적 원리나 이론의 한계가 떠오르게 되 고 다음의 논리로 진행된다.

공통점이 있다면 강의와 책 모두 마지막에서 샌델이 선호하는 정치 철학이 검토된다는 것이다. 어떤 의미에서는 샌델이 말하는 대화적·변 증법적인 방법에 의해 보다 우수한 도덕 이론으로 진행되어 간다.

예를 들어 처음에 결과주의적인 공리주의로 시작해서 의무권리론적 인 자유지상주의와 롤스적인 자유주의를 거쳐 마지막으로 목적론적인 공동체주의로 진행된다. 이것은 그 원류라 할 수 있는 철학에 빗대어 생각하면 근대의 벤담에서 시작해 로크, 칸트 그리고 마지막으로 아리스토텔레스로 거슬러 올라가는 것으로 철학사를 거꾸로 뒤집는듯한 구성이다. 즉 현재의 문제를 생각하기 위해서는 근대의 사상을 알아보고, 그보다 더 고전으로 역행하는 사고의 확장이 필요하다.

경제학이나 사회학은 18~19세기를 배우면 어느 정도의 전체상이 보이기 시작한다. 그러나 정치사상의 강의에서는 민주주의의 출발점인 그리스나 로마가 매우 중요하다. 그렇다고 고전에서부터 현대의 사상까지 연속해서 배우는 것은 쉽지 않다. 시대를 거슬러 오르는 샌델의 시점은 고전적인 정치철학의 필요성을 독자들에게 알기 쉽게 제시하고 있다.

공리주의에서 자유지상주의로

《정의》제1~3장의 핵심은 시장경제를 중시하는 사고에 대한 비판이다.

신고전파 또는 주류파라고 불리는 경제학은 효용이라는 개념에서도 알 수 있듯이 철학적으로 보면 공리주의의 흐름 속에 있다. 그러니까 공리주의에 대해 다루고 있는 제1·2장에서는 주류파 경제학의 철학적 기초를 설명하는 셈이다. 제3장에서는 경제학 이론에서 신자유주의에 대응한다고 할 수 있는 자유지상주의에 대해 쓰고 있다.

자유지상주의는 정치철학에서 보통 롤스 뒤에 등장한다. 샌델은 주류파 경제학에 영향을 끼치고 있는 공리주의에서 시작해 자유지상주의의 검토로 진행한다. 자유지상주의는 민영화나 규제 완화를 주장하는 신자유주의와 마찬가지로 시장을 매우 중시한다. 따라서 공리주의와 자유지상주의의 사고는 시장주의의 철학적 기초라고 할 수 있다. 샌델은 이 두 가지를 먼저 제시하고 사례를 통해 그 문제점을 부각시켰다.

제4장에서 롤스적인 자유주의를 검토했는데, 이것은 복지를 정당화한다는 점에서 시장주의를 약간 수정한 사상이다. 그는 이 문제점을 지적한 후에 마지막으로 자신의 생각을 소개했다. 이렇게 현대에서 과거로 거슬러 오르며 마지막에 자신의 논리를 전개하는 것이 책과 강의의 진행 방식이다.

chapter1
세 개의 정의관

옳은 일 하기

행복형·자유형·미덕형 정의론

《정의》제1장의 부제 옳은 일 하기는 영어로 Doing The Right Thing이다. 샌델은 정의를 생각하기 위한 방법으로 다음 세 가지 생각을 설명하고 있다.

①행복(welfare)의 극대화 – 결과주의 : 공리주의

②자유의 존중 – 의무권리론 : 자유주의, 자유지상주의

③미덕의 추구 – 목적론 : 공동체주의

이 세 가지 정의론의 유형은 매우 중요한 것으로 본서에서는 각각

①행복(극대화)형 정의론, ②자유형 정의론, ③미덕형 정의론이라 부르도록 한다.

샌델은 허리케인 피해 후 상품 가격 인상에 대한 시비, 전쟁에서 부상을 당한 군인들에게 주는 훈장(상이군인 훈장) 대상자에 심리적 외상자도 포함되어야 하는가? 국비로 구제된 기업의 임원에게 거액의 보너스를 지불해야 하는가? 등을 제시하며 차례로 검토한다.

유럽에서는 지금까지 ①이나 ②의 생각이 주류였지만, 샌델은 거기에 ③의 미덕을 중심으로 하는 생각의 가능성을 제시하고 있다. 허리케인 후의 상품 가격 상승을 예로 들면, 정의롭지 못함에 대한 분노와 경제적 문제인 탐욕은 정의에 반한다는 주장은 미덕이나 품위에 관한 것으로 정의는 미덕이나 좋은 삶과 깊은 관계가 있다는 ③의 이론으로만 설명할 수 있다. 그러니까 바로 이런 생각이 필요하지 않겠는가? 라고 샌델은 문제를 제기하는 것이다.

제1장에서는 〈하버드 강의〉에서 유명해진 폭주하는 기관차의 예를 들고 있다. 폭주하는 열차 앞에 다섯 명의 사람이 있다. 옆의 선로로 진로를 변경하면 그쪽에는 한 명밖에 없다. 이대로 가면 다섯 명이 죽게 되고, 방향을 바꾸면 한 명이 죽는다. 당신이라면 어떻게 하겠는가? 다수가 구원을 받는다면 소수가 희생하더라도 좋은가? 라는 논리로 진행된다.

보통 다수가 죽는 것보다는 소수가 죽는 편이 낫다고 볼 것이다. 이것은 공리주의와 비슷한 발상이다. 그런 발상으로 과연 인간의 귀

한 생명을 다룰 수 있는 것일까? 라는 질문을 제시하고 제2장 공리
주의에서 풀어나간다.

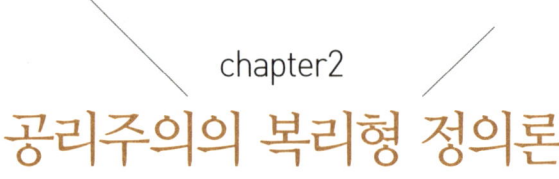

chapter2
공리주의의 복리형 정의론

최대 행복의 원리

공리주의란 무엇인가

공리주의는 개인이 느끼는 기쁨이나 쾌락이 행복이라는 생각에서 출발한다. 고전적인 의미에서 보면 사회를 구성하는 한 사람 한 사람의 행복을 따져보면서 사회 전체의 행복을 생각하고 이를 최대화하는 것은 옳은 일이다. 이때 사람이 무엇을 기쁨이나 쾌락으로 삼는지는 어디까지나 주관적인 것으로 외부에서 판단할 기준은 없다고 생각한다.

공리주의는 도덕성이나 바름의 결과를 보고 판단하기 때문에 귀결주의 혹은 결과주의라고도 불린다. 이 사상은 개개인의 행동이나 정책, 법률에 적용되어, 결과적으로 발생되는 기쁨이나 쾌락의 합계가 가장 많은 것을 지향한다.

현대의 주류파 경제학의 기초는 바로 기쁨이나 쾌락을 효용utility
으로 보는 공리주의utilitarianism의 사고에서 비롯됐다. 미시경제학에서
최초로 배우는 효용함수[4] 또한 공리주의의 틀 안에 위치한다고 볼
수 있다.

공리주의적 발상이 단적으로 나타난 예는 경제지표인 GNP를 중
시하는 견해다. 돈이 곧 기쁨이나 쾌락과 연동된다고 생각한다면,
기쁨이나 쾌락의 합계는 GNP라는 지표로 알아볼 수 있다. 또한
GNP의 성장이 사회의 최대 행복이다. 여기에서 경제성장을 높이는
것이 정치의 목적이다, 라는 주장도 나타났다.

벤담의 공리주의

공리주의는 영국의 철학자 제러미 벤담(1748~1832)이 주장했다. 그
는 쾌락의 존재와 고통의 결여를 선으로 여겼다. 괴로움에 대한 기
쁨의 밸런스 즉 '기쁨-고통=행복'을 최대화하는 것이 도덕의 최고의
원리라고 생각했다. 그에게 올바른 행동이란 (기쁨을 늘리고 고통을 작게
하는) 효용을 최대화하는 것이다. 그의 최대 다수의 최대 행복이라는
말이 알려져 있는데, 벤담은 후에 최대 행복 원칙이라는 말을 사용

---

4 효용함수

소비자의 선호도를 구체적으로 표현하는 수치로, 특정한 상품묶음이 소비자에게 주는 만족감의 정도
를 나타내는 함수를 말한다.

했다.

그는 공리주의에 의해 도덕의 과학을 창출할 수 있다고 생각했고 거기에 기초해서 법제나 정치를 개혁하려고 했다. 그가 제안한 원형 교도소panopticon5와 구빈원6 등은 익히 알려져 있다. 벤담의 공리주의는 경제학에도 큰 영향을 끼쳐서 현대의 롤스가 등장하기 전까지 영미의 철학과 정치철학의 주류를 이루는 사상이 되었다.

공리주의를 검토하기 위해 샌델은 구명보트의 예를 들고 있다. 네 명이 타고 있던 보트가 난파를 당해 식량난에 빠졌다. 기아상태가 극한에 달하자 결국 선장 토마스 더들리는 가장 쇠약한 열일곱 살의 잡무 담당 리처드 파커를 죽여서 남겨진 세 사람의 식량으로 하자는 결단을 내렸다. 구조 후 이 사실이 발각되었고 재판이 열렸다. 이는 실제로 있었던 일이다.

공리주의 입장에서 보면 어차피 곧 죽을 견습생을 희생해서 다른 세 명이 살아남은 것은 용서받을 수 있을지도 모른다. 결과적으로 한 사람의 희생으로 세 명이 살았으니 이는 올바른 행위라고 여길 수도 있다. 하지만 자기가 살자고 다른 사람을 죽여도 괜찮은 걸까?

---

5 원형 교도소(파놉티콘)
그리스어로 '모두'를 뜻하는 'pan'과 '본다'를 뜻하는 'opticon'의 합성어. 벤담이 소수의 감시자가 자신을 드러내지 않고 모든 수용자를 감시할 수 있는 형태의 감옥을 제안하면서 창안된 건축 양식.

6 구빈원
벤담은 극빈자 관리를 위해 거지를 구빈원으로 몰아넣자고 제안했다.

이 같은 윤리적인 물음에 대해 "인간에게는 당연히 살 권리가 있고, 타인을 죽여서는 안 된다는 의무가 있다"는 견해도 있다. 인간의 권리나 의무에서 생각하는 견해(자유형 정의론)에서 보면 아무리 생명을 구하기 위해서였다고 해도 살인은 역시 허락되지 않는다. 공리주의와 다른 시각의 차이가 구명보트 사건에서 전형적으로 나타나고 있는 것이다.

샌델은 또한 그리스도인을 사자 우리에 집어넣고 구경하는 고대 로마시민의 예나 9·11사건 이후 테러리스트에 대한 고문의 예,[7] 어슐러 르귄의 단편 《오멜라스를 떠나는 사람들》[8]을 통해서 인간의 존엄이라는 관점에서 공리주의의 문제점을 지적하고 있다.

효용이라는 공통 통화

벤담과 같은 고전적인 공리주의에서는 사람들의 행복은 계측과 합계가 가능하다고 생각하기 때문에, 행복에 공통의 기준이 성립되어 있다고 여긴다. 벤담의 효용이라는 개념은 공통의 통화를 제공하는 것이다.

이런 생각을 근거로 한 것이 비용편익분석이다. 어떤 정책이나 행

7 정보를 얻기 위해 테러 용의자의 어린 딸을 고문한다는 가정은 공리주의 자체를 평가하게 한다.

8 완벽한 이상향인 오멜라스에서 다수의 행복을 위해 죄 없는 어린아이는 지하에 방치되어 있다. 이것을 행복을 위한 조건이라고 했고 공리주의를 반박하는 예가 되었다.

동이 얼마만큼의 행복을 가져오고 동시에 얼마만큼의 비용이 드는 가를 화폐 가치로 환산해서 그 차액으로 정책이나 행동을 결정하는 것이다.

비용편익분석의 사례로, 체코에서 일어난 필립 모리스 담배 문제가 소개되고 있다. 담배 때문에 사람이 죽게 되는 경우 살아 있는 동안의 국가의 의료비 부담은 늘어나지만, 흡연자는 빨리 사망하기 때문에 의료비, 연금, 고령자를 위한 주택 등의 비용이 절약되어 국가 재정에는 오히려 도움이 된다. 그러니까 국가는 담배를 금지하지 말고 계속 피우게 하는 편이 좋다라는 분석 결과에 인간의 생명을 경시하는, 비인도적 발상이라는 비난 여론이 들끓었다. 결국 필립 모리스는 사죄하게 되었다.

포드사의 자동차 핀토의 비용편익분석에서는 차의 결함으로 인한 사고로 죽는 인간의 생명이나 부상자들의 부상을 화폐로 환산해서 이것을 (수리의) 편익 속에 넣었다. 그리고 결함의 개량에 드는 비용이 편익보다 많기 때문에 인명이 희생되어도 결함은 개량하지 않는 편이 낫다고 했다. 그 외에도 환경보호국의 분석에서 고령자의 생명을 화폐로 환산하면서 할인했다는 예, 자동차의 제한용 편익분석에서 인명을 화폐로 환산해서 인명을 잃은 비용보다 방지대책에 드는 비용이 크다는 이유로 행위나 정책이 정당화되었다는 예도 있다.

그는 비용편익분석과 같은 결과주의의 생각, 즉 인명 희생의 방치나 정당화와 같은 도덕적으로 허용되지 않는 답을 이끌어낸 사례를 지적하면서 인간의 생명과 관련된 문제를 화폐로 환산해도 될까?

인간의 행복을 단일의 척도로 측정해도 좋은가? 라는 문제를 제기한다.

J. S. 밀은 공리주의자인가?

벤담의 공리주의를 받아들이면서 수정을 가한 철학자가 존 스튜어트 밀(1806~1873)이다.

밀은 고급 쾌락과 저급 쾌락의 구별을 시도했다. 예를 들어 투견이나 투계에서 얻는 기쁨은 고급하다고 할 수 없고, 로마시대의 경기 중 하나인 그리스도인 학살 같은 학대의 기쁨도 저급하다고 했다. 한편으로 렘브란트의 그림이나 셰익스피어의 작품은 고급 쾌락을 주는 것으로 간주했다.

밀은 고급 쾌락과 저급 쾌락의 양쪽을 경험한 후 많은 사람들이 선택하는 쪽이 바람직한 기쁨이라고 했다. 샌델은 이 주장을 검증하기 위해 셰익스피어의 작품과 애니메이션 〈심슨 가족〉이라는 오락 방송을 학생들에게 보여주었다. 그러고는 "이 둘 중에서 어느 쪽이 재미있는가?"라고 물었다. 그러자 대부분의 학생들이 〈심슨 가족〉에 손을 들었다. 하지만 "어느 쪽이 질이 높은가?"라고 묻자 셰익스피어를 선택한 사람이 압도적으로 많았다. 결국 밀의 검증법은 성공하지 못한 것이다.

밀의 논리가 과연 공리주의의 틀 안에 있다고 할 수 있을까? 밀에 의하면 고급 쾌락과 저급 쾌락의 차이를 인정하는 것은 공리주의의 개량이라고 한다. 애초에 공리주의는 하나의 기준을 가지고 바람직함을 판단하는 것이 아니다. 그렇다면 기쁨의 양적인 차이가 아니라 질의 차이를 고려하는 생각은 이미 공리주의라고는 말할 수 없지 않을까? 그래서 샌델은 "밀의 주장은 이미 공리주의의 틀을 벗어나고 있는 것이 아닌가?"라고 시사하고 있다.

정치철학의 역사에서는 롤스가 공리주의 비판을 전개하면서 큰 영향을 끼쳤다. 롤스의 논리를 보기 전에 시장경제를 정당화하는 또 하나의 사상인 자유지상주의libertarianism로 이야기를 옮겨 보겠다.

자유지상주의의 자유형 정의론

우리는 우리 자신을 소유하는가?

자유지상주의란?

정의에 대한 세 가지 생각 중 자유형 정의론은 의무론^{deontology}과 관계가 깊다. 비결과주의나 비공리주의의 윤리학을 포괄적으로 의무론이라 하는데, 행위는 초래되는 결과의 좋고 나쁨과는 관계없이 (비결과주의적인) 도덕적 원리 또는 규칙에 따라 의무로서 해야 한다는 주장이다. 공리주의는 결과주의로, 결과가 더 좋게 되도록 한다는 생각이고 의무론은 결과와 상관없이 이것을 하지 않으면 안 되기 때문에 한다는 생각이다.

의무론에는 권리(이익)에 따라 거부권을 행사할 수 있는 권리기반적 이론^{rights-based theory}과 권리지향적 자유지상주의^{rights-oriented}

liberalism가 있다. 자유지상주의는 종종 의무론에 포함시키곤 하는데, 여기서는 쌍방을 통칭해서 의무권리론이라 부르도록 하자.

자유지상주의라는 말은 인간을 별개의 분리된 존재로 생각하고 개인의 자유로운 의사를 존중한다는 점에서 유래했는데, 자유주의와 구별하기 위해 자유지상주의나 자유존중주의로 해석되는 경우도 많다.

자유지상주의는 롤스 자유주의와는 달리 정치적 자유뿐만 아니라 기업 등의 경제적 자유도 중시하며, 권리 안에 강한 (사적) 소유권이 포함되어 있다. 따라서 정책적으로 시장원리주의라고도 말할 수있을 정도로 시장경제를 중시하는 사상이다.

그 경제정책을 살펴보면 시장경제의 효율화를 위해서 민영화나 규제완화, 복지의 축소를 주장하는 신자유주의 주장과 공통점이 많다. 이것은 영미의 대처 정권이나 레이건 정권 이래 세계를 석권한 사상으로, 일본에서는 나카소네 내각의 제2차 임시행정조사회나 국철 민영화, 고이즈미 내각의 우정郵政 민영화에서 나타났다. 하지만 리먼 쇼크는 이 같은 정책의 파탄을 의미하는 것으로 자유지상주의도 재검토되어야 할 필요가 있다.

익히 알고 있듯이 미국도 압도적인 부를 가진 대부호들로 인해 빈부 격차가 심하다. 그 속에서 자유지상주의는 시장경제의 자유를 매우 중시하며, 부유한 사람들에게 과세해서 가난한 사람들에게 재분배하자는 제도나 생각을 부정한다. 그리고 국가는 치안이나 시장의 룰을 지켜주는 것으로 충분하며 그 관여는 최소한이어야 한다고 주장한다. 따라서 안전벨트 착용법과 같은 간섭 정치paternalism나 매춘금지법 같은 법률에 도덕적인 생각을 가미한 도덕적 법률, 과세에 의한 소득과 부의 재분배를 거부하는 것이다.

이런 자유지상주의자의 대표자가 하버드대학의 철학교수였던 로버트 노직이다. 노직에 따르면 처음에 갖고 있던 초기 재산이 정의에 맞게 형성됐고, 그 후 시장에서 교환이나 증여에 기초해 재산의 이동이 올바르게 행해졌다면, 현재 보유한 재산도 정의에 허용되어야 한다고 한다. 예를 들어 처음의 재산이 약탈에 의한 것일 경우에는 초기 재산이 부정하기 때문에 그 후 아무리 시장의 정당한 교환 등을 통해 부를 얻어도 그 결과는 바르지 않다. 또한 사기 등에 의해 도중의 이동이 부정한 경우에는 결과로서 보유한 재산도 부정한 것이 된다.

역으로 말하자면 초기 재산의 정의와 이전移轉의 정의가 만족된다면 재산이 늘거나 줄거나 하는 것은 모두 정의에 합당하다. 그러므로 그 재산을 국가가 강압적으로 빼앗는 것은 허용될 수 없다는 것이다.

이들 지지하는 중요한 논리는 바로 자기 소유의 사고다. 인간온 육체를 소유하고 있다. 이는 자기를 소유하고 있다고 바꿔 말할 수 있다. 그렇기 때문에 자신의 육체를 사용해서 노동하면 그 노동의 성과도 자신의 소유가 되고, 노동의 결과 생겨난 재산도 자신이 소유하게 된다. 즉 육체에서 재산까지 모두를 자신의 소유물로 생각하는 것이 자기 소유의 사고인 것이다.

이런 자기 소유의 사고에 기초해 자신의 노동으로 얻은 재산은 처음 상황이 정의에 합당하다면 소유할 권리(소유권)를 갖게 된다. 따라서 재산을 빼앗는 과세는 국가에서 재산을 강압적으로 내놓게 하는 것과 마찬가지다. 자유지상주의자들의 입장에서 보면 과세는 강제노동이자 일종의 노예제도인 셈이다.

자유지상주의에 대한 비판

자유지상주의와 과세의 예로써 샌델은 마이크로소프트 회장인 빌 게이츠와 농구 선수 마이클 조던을 언급하고 있다. 게이츠나 조던은 어마어마한 돈을 벌고 있다. 그들의 소득에 과세를 해도 되는 것일까?

과세를 부정하는 자유지상주의자에 대한 반론 중에 조던은 운이 좋다는 주장이 있다. 그가 재능을 가진 것도 우연이었고, 그 재능을 살릴 수 있었던 것도 시대 배경에 의한 것이다. 그러니까 그의 수입을 모두 그 개인의 것으로 삼을 권리가 있다고는 단정 지을 수 없다는 주장이다. 그런데 자유지상주의에서는 자기 소유(권)를 주장한다. 하지만 그것이 정말 절대적인 것일까? 제3장 우리는 우리 자신을 소유하는가? 라는 제목은 자기 소유라는 생각 자체에 대한 의문을 제기하고 있는 셈이다.

자유지상주의의 생각을 적용시켜 보자. 매춘의 경우 자신의 몸을 어떻게 사용할지는 여성의 자유이기 때문에 그것을 도덕적 관점에서 법률로 규제하는 것은 옳지 않다는 논리가 성립한다. 간통이나 동성애에 대해서도 도덕적인 판단을 포함한 법률은 부정해야 할 것으로, 성적 동의 연령에 달한 자가 자신의 성 상대를 스스로 고르는 것은 자유이기 때문에 그들을 금지해서는 안 된다고 주장한다. 또한 이식을 위해 시장에서 장기를 매매하는 것도 보통은 윤리적으로 용납될 수 없다고 생각되지만, 자신의 몸은 자신의 소유물이기 때문에 장기를 파는 것도 자유다라는 논리가 성립할 수도 있다. 더 나아가서 안락사도 자신의 생명의 주인은 자신이기 때문에 자신의 목숨을 끝낼 자유도 있고 그것을 위해 의사에게 도움을 구하는 것도 자유여야 한다는 논리가 나온다. 결국에는 합의에 의한 식인도 먹는 측과 먹히는 측이 자유의사에 기초해 합의했다면 무엇이 나쁜가? 라는 식이 될지도 모른다.

자유지상주의의 생각은 이 같은 극단의 결과에 도달할 가능성을 안고 있다. 샌델은 그러니까 자유지상주의의 논리는 지지할 수 없지 않느냐고 넌지시 묻고 있는 것이다.

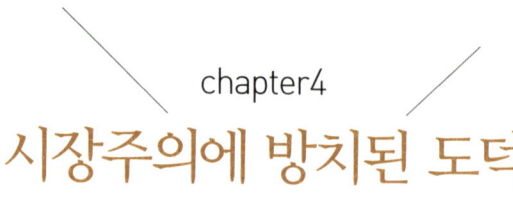

chapter4
시장주의에 방치된 도덕

고용된 대리인

시장주의의 딜레마

　자유지상주의는 시장경제의 논리에 기초한 것으로 그들은 자신의 사상적 원류를 존 로크에게서 찾고 있다.《정의》에서는 생략되었지만,〈하버드 강의〉에서는 사회계약론의 대표적 논자 존 로크의 사상이 다뤄지고 있으며, 존 로크는 자유지상주의의 사상적 원류인가? 라는 문제도 제기되었다.

　이 장에서 그는 시장주의위 문제를 구체적인 사례로써 전개했다. 병역 문제나 대리모 계약 문제 등을 들어 시장주의를 철저하게 적용하면 어떤 도덕적 딜레마가 생겨나는지 보여주면서 시장주의 절대화의 위험성을 지적하고 있다.

예를 들어 국가가 군사를 강제적으로 모집하는 징병제와 급여와 맞교환으로 희망자를 모집하는 지원병제(시장체제) 그리고 본인을 대신할 대리인을 돈으로 고용해도 좋다는 조건적 징병제의 세 가지를 살펴보자.

이 중에서 조건적 징병제는 남북전쟁 때에 실시된 제도다. 병사가 되면 자신과 적이 서로 목숨을 빼앗는 상황에 빠지게 된다. 그런데 과연 자기가 징병되는 대신에 돈으로 다른 사람을 고용해서 군대에 가게 해도 될까? 라는 문제가 제기된다.

지원병제는 임금과의 교환이라는 측면이 있기 때문에 급여제로 볼 수 있다. 이것은 자유의사에 의한 지원 제도라는 논리도 가능하지만, 실제로는 역시 가난한 사람들이 보수를 원해서 지원하는 경우가 많다. 이것 역시 시장의 논리에 기초한 군대이기 때문에 샌델은 시장방식이라고 부르기도 한다. 보다 철저한 시장의 논리에 기초한 군대로서 이라크의 민간 위탁 군대와 용병에 대해서도 언급되고 있으며 그 문제성이 지적되고 있다.

애초에 군대에는 애국심에 기초한 시민의 책무로서 나라를 지킨다는 대의명분이 있었다. 그래서 시민의 미덕과 공동선이라는 이유로 시장을 이용한 병역 모집을 반대하는 여론들이 있다. 남북전쟁 때처럼 돈에 의한 대리인은 도덕적으로 용서될 수 없고, 시장체제의 지원병제도 바람직하지 않기 때문에 징병제도로 가야 한다는 주장이 나오고 있는 것이다.

보수를 받고 계약주의 정자를 인공수정해서 임신과 출산을 하는 대리 출산은 원칙적으로 금지되어 있지만 미국에는 일부 허용되는 주(캘리포니아 등)가 있다. 그런 예로서 아기 M사건이 있다. 이 사건에서는 대리 출산 계약을 맺었음에도 불구하고 대리모가 일단 낳고 보니 아이가 사랑스러워서 계약주인 부모에게 넘기지 않아서 소송이 붙었다. 과연 계약대로 아이를 넘겨야 하는가?

자유의사에 기초한 계약이라면 그것은 지켜야만 한다는 것이 계약의 원칙이다. 그러나 그 계약이 대리 출산까지도 강제되어야 하는 걸까? 하급심에서는 계약을 이행해야 한다는 판결이 나왔지만, 뉴저지 대법원에서는 충분한 정보가 없었다는 동의의 결점이 있고, 이것은 아기의 매매에 해당한다는 이유로 이 계약을 무효라고 했다.

현재는 체외수정 기술의 진보 덕분에 다른 여성의 난자에 의해 인공수정을 하는 착상식 대리 출산이 가능해졌다. 이른바 임신을 외부위탁하는 것도 가능해졌고, 인도에서는 상업적인 대리 출산이 합법화되었다. 임신이 산업이 되면서 도덕적 문제는 더욱 불거진 것이다. 샌델은 도덕철학자 엘리자베스 앤더슨의 논리를 채용하면서 아기와 임신을 상품으로 취급하는 것은 그들을 멸시하는 것 아니냐는 물음을 제기하고 있다.

제4장에서는 병역제도와 대리 출산을 예로 들면서 시장의 논리를 이런 영역에 적용해도 좋은가? 라고 반박하고 있다. 시장에서는 평가되지 않는 돈으로 살 수 없는 미덕이나 고급의 가치가 존재한다는 것이다.

자유지상주의, 신자유주의, 자유주의

샌델의 강의는 구체적인 사례에 대해 서로 다른 철학적 의견을 비교하면서 전개된다. 그럼 여기서 지금까지 언급된 자유지상주의, 신자유주의, 자유주의에 대한 본서의 개념을 정리해두도록 하자. 그 이유는 보통의 의미와는 다르게 사용되거나 일반적으로는 잘 구별되지 않는 개념의 차이가 있기 때문이다.

신자유주의는 시장의 효율을 최대한으로 높여서 경제성장을 실현하는 경제학적 논리다. 그런 점에서는 공리주의나 결과주의와 가깝다. 이에 비해 많은 자유지상주의자들은 철학적 원리를 주장하고 있는데 이는 자유형 정의론이나 의무권리론의 일종이다. 레이건 정권 이후 미국에서는 자유지상주의와 신자유주의가 공통적으로 민영화, 규제 완화, 관세·복지 삭감 같은 정책을 지지하며 추진해왔기 때문에 확실하게 구분되지 않는 부분도 있지만 논리적으로는 위와 같은 차이점이 존재한다. 즉 신자유주의자는 경제성장이라는 결과를 가능하게 하기 위해 이들의 정책을 주장하고, 자유지상주의자는 자기 소유에 기초한 정의를 실현하기 위해 과세에 반대한다.

또한 자유지상주의는 자기 소유라는 사고에서 과세나 복지정책에 반대하면서 동시에 임신중절이나 대리모 계약 등의 옹호, 매춘이나 동성애의 합법화·자유화 같은 문화적 문제에 대해서도 주장한다. 그러나 신자유주의는 경제정책과 복지에 대한 논리로 한정되어 있기 때문에 문화적 문제에 대해서 주장하는 일은 거의 없다.

자유주의liberalism라는 말은 17세기 유럽에서 다양한 형태로 사용되어 왔으며, 오늘날의 정치적 자유를 실현해온 중요한 사상이다. 자유지상주의 역시 자유를 강하게 주장하지만, 정치적 자유뿐만 아니라 기업까지 포함한 경제적 자유를 주장한다. 그런 의미에서 역사적인 자유주의와는 다른 뜻으로 자유지상주의라는 개념이 사용되고 있다.

그런데 미국의 자유주의는 의미가 사뭇 다르다. 독립 후 미국에서는 정치적 자유주의가 전제가 되었다. 자유지상주의와 신자유주의가 경제적 자유를 강조하는 보수주의적인 사고라고 본다면, 자유주의는 정치적으로는 복지를 옹호하는 진보적인 사고를 의미한다.

또한 정치학에서 자유주의라는 말이 사용되었을 때에는 롤스와 같이 자유나 권리의 개념을 선과 같은 윤리적 가치에서 분리시킨 견해를 의미한다. 그런 의미에서 미국의 정치철학에서 말하는 자유주의는 비윤리적인 자유주의다.

유럽의 자유주의에는 존 로크나 밀과 같이 종교적 또는 포괄적인 철학의 기초를 가진 사상이 포함되어 있다. 따라서 유럽 발상의 자유주의와 미국의 정치철학에서의 자유주의는 그 의미가 다르다. 본서에서는 미국의 정치철학에서 말하는 자유주의라는 말을 사용한다.

롤스적인 자유주의와 자유지상주의는 정의나 옳음을 생각할 때, 양쪽 모두 선과 같은 가치의 문제를 다루지 않는 공통점이 있다. 그래서 샌델은 이 점을 염두에 두고 자유지상주의도 자유주의 안에 포함해서 생각하는 경우가 있다. 본서에서는 이 두 가지를 가능한 한 나눠서 생각하고 있지만, 차이점을 명확하게 할 필요가 있을 때에는 자유주의에 대해서는 롤스적 자유주의 또는 평등주의적 자유주의라 부르겠다.

아리스토텔레스 등의 고전적 발상이나 한자어의 어감에서 생각해 보면 정의라는 말에는 종교적인 기초나 윤리성이 포함되어 있다. 반면 미국에서 사용되는 자유주의나 자유지상주의가 말하는 정의란 선이나 윤리성과는 동떨어진 비논리적이고 비정신적인 정의다. 롤스의 자유주의는 공정으로서의 정의를 주장하지만 그 공정함이 특정의 선과는 분리되어 있다는 뜻에서 그의 정의론을 비논리적·비정신적 정의관에 바탕한 것으로 본다.

이 같은 정의론의 대표적인 사상가에는 칸트나 존 로크가 있다. 다음 장에서 샌델은 자유지상주의 관점에서 이들의 사상을 검토하고 있다.

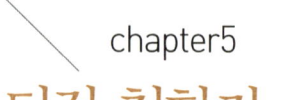

chapter5
도덕적 철학자, 칸트

중요한 것은 동기다

근대적 자유주의의 탄생

샌델의 논리에 따라 큰 맥락에서 본다면 로크, 칸트, 롤스야말로 정치철학의 자유주의를 만든 사람들이다. 사람들의 동의에 의한 계약에 따라 정부를 만든다는 사회계약론을 주장한 로크와, 이성에 기초한 자율적 도덕(법칙)을 생각한 칸트 두 사람은 근대 자유주의의 대표적인 사상가이다. 여기에 이들의 정치철학을 부흥시킨 롤스를 더해서 파악한다면 오늘날 자유주의의 핵심을 알 수 있다. 샌델은 이들을 중심으로 자유주의의 핵심을 설명하고 있다. 〈하버드 강의〉에서는 자유지상주의와의 관계에서 로크를 다루고 있으며, 롤스적 자유주의의 원류로 칸트를 논하고 있다.

〈하버드 강의〉나 《정의》에서 가장 어려운 부분은 칸트에 관한 논의일 것이다. 여기서 샌델은 칸트의 체계 중 이론철학과 인식론(순수이성비판), 목적론·미학(판단력 비판)은 거의 다루지 않고, 《실천이성 비판》에서 다루고 있는 실천철학과 도덕철학에 한해서 이야기를 진행하고 있다.[9] 즉 실제 생활의 도덕이나 실천적 행위에 초점을 맞춰서 설명하고 있는 것이다. 그는 칸트의 실천철학에서 가장 중요한 핵심을 확실하게 전하고 있다. 그 핵심이 바로 '중요한 것은 동기다'라는 내용에 잘 드러나 있다.

칸트의 도덕법칙

칸트는 이성, 자율, 자유 등의 체계를 세웠다는 점에서 근대 사상을 대표하는 철학자라고 볼 수 있다.

고대의 인간은 신이 이런 계시를 내렸기 때문에 혹은 지배자 또는 권력자가 이 같이 결정했기 때문에 자기이외의 타인 또는 외적 권위의 명령, 결정된 법칙이나 규칙에 따라 살아야 한다고 생각했다. 칸트에 의하면 자신의 욕망이나 동기, 이익 등에 따라서 행동하는 것 또한 스스로의 이성적인 의사에 의한 행동이라고는 말할 수 없으며 이것은 모두 타율적인 삶이라는 것이다.

---

9 칸트(Immanuel Kant, 1724~1804)
서유럽 근세철학의 전통을 집대성하고, 전통적 형이상학을 비판하며 비판철학을 탄생시킨 독일의 철학자. 저서에 《순수이성비판》 《실천이성비판》 《판단력비판》 등이 있다.

근대에 들어서 인간은 스스로의 이성으로 생각하고, 자신의 규칙(또는 도덕법칙)을 만들어 그에 따라 행동할 수 있게 되었다. 이를 자율이라고 부른다. 근대에서 이 자율의 생각을 공식화한 사람이 바로 칸트다. 그가 강조한 인간의 존엄성은 오늘날 보편적 인권의 기초가 되고 있다.

칸트는 도덕원리가 이해, 욕망, 선호(취향) 등의 경험적 이유에 기초해서는 안된다며 공리주의에 반대했다. 그에 의하면 인간이 본능적인 욕망이나 충동, 선호와 같은 경향성에 따라 행동하는 것은 실은 자유가 아니라 그것들의 노예가 되는 것이기 때문에 타율이라고 했다. 이와 반대로 인간이 자유롭게 행동한다는 것은 자율적인 행동, 즉 자기 자신이 부여한 법칙에 따라 행동함을 뜻한다. 인간은 (자기를 소유하기 때문이 아니라) 이성적으로 자율적이고 존엄한 존재이기 때문에, 인간을 도구가 아닌 목적 그 자체로서 생각해야 한다.

따라서 칸트는 인간을 수단으로 생각하는 공리주의에 반대했다. 그리고 행동을 도덕적으로 가치 있게 만드는 것은 결과가 아닌 동기이기 때문에, 도덕법칙(도덕률)의 의무로서 행해지는 행위만이 도덕적으로 바른 것이라고 인정했다. 이것이 바로 그의 논리가 의무론이라고 불리는 이유다. 결과에 상관없이 실행해야만 하는 의무로서 도덕을 생각한다. 인간이 자율적으로 법칙을 부여한 실천적 이성은 성장 과정이나 특정 가치관 등에 좌우되지 않는 보편적 이성이기 때문에 도덕법칙은 하나인 것이다.

그럼 도덕성의 최고 원리가 되는 도덕법칙이란 무엇일까? 칸트는 이성에 의한 의사결정에 대해 두 종류의 명령(이성의 명령)을 제시했다. 즉 목적을 위한 수단으로서 행위를 요청하는 가언명령(x를 위해 y를 하라)은 타율적이다. 이에반해 목적 자체를 위해 행위가 요청되는 정언명령(다른 동기없이, 그 자체가 절대적으로 적용되는 실척적법칙)을 따라 행동하는 것이 자율적이다. 간단히 말해서 조건부로 이 같은 결과를 얻고 싶으니 이렇게 하시오라는 것은 가언명령이고 무조건의 의무로서 반드시 이렇게 하시오라는 것이 정언명령이다.

무조건적이고 절대적인 정언명령에는 두 가지 공식이 있다. 첫째는 보편적 법칙의 공식으로 당신의 의사의 준칙이 항상 보편적 법칙이 되도록 행동하라고 명령하는 것이다. 즉 행위의 준칙(행위의 주관적인 원칙·규칙·준칙)을 보편화함으로써 그것이 정언명령인지 아닌지 알 수 있다. 이러한 준칙의 보편화는 자신의 욕구나 욕망을 타인의 그것보다 우선하는가를 조사하기 위한 테스트다.

정언명령의 두번째 공식은 목적으로서의 인간성의 공식으로 이성적 존재인 인간에 대해 당신의 인격이든 다른 사람들의 인격이든 간에 인간성을 단순한 수단이 아닌 목적으로 다루어야 한다고 명령하는 것이다. 거짓말이나 살인, 자살은 모두 인간을 수단으로 사용하는 것으로 이는 인간의 존엄을 침해하는, 해서는 안 되는 행위다.

정언명령의 보편적 법칙의 공식은 도덕법칙이 모든 사람들에게 들어맞는 보편성이라는 점을 보여준다. 목적으로서의 인간성의 공식은 인간의 존엄성의 존중을 요청하는, 오늘날 인권의 기초가 된다. 이 두 가지 공식이 보편적인 권리라는 생각을 근거로 오늘날 자유주의의 사상적 원류가 되고 있는 것이다.

여기에서도 재미있는 사례를 들면서 동기를 둘러싼 칸트의 논리를 설명하고 있다. 가격을 속이지 않는 점주의 동기나 바른거래사무국Better Business Bureau의 표어[10], 선물이 첨부된 서약서로 부정행위를 방지하려고 한 메릴랜드 대학[11], 철자 맞히기 대회[12]에서 우승한 소년이 자신의 실수를 자진신고해서 탈락한 예 등이다.

바른거래사무국의 표어의 경우, 여기서 제시한 정직한 거래를 하는 이유가 이익이 되기 때문에와 정직하게 살고 싶으니까는 동기가 서로 다르기 때문에 칸트에 의하면 후자만이 바른 것이 된다. 이익을 이유로 하는 행동은 칸트의 관점에서는 바람직하지 않은 것이다. 철자 맞히기 대회의 경우 자신이 더러운 인간이 되고 싶지 않으니까가 아니라 진실을 고백하는 것이 바른 것이라고 알고 있기 때문에 정직하게 신고했다면 그것은 칸트가 말하는 바른 이유이고 그의 행동 또한 바른 행동이다.

더 나아가 샌델은 거짓말과 오해를 부를 수 있는 화법으로 진실을 설명하는 것은 도덕적으로 다르다고 말한다. 정언명령에서는 거짓말을 해서는 안 되기 때문에 살인범이 와서 친구가 집에 있는지

---

10 바른거래사무국은 사원을 모집할 때 '정직이 최대 수익을 올리는 최선의 수단이다'라는 광고를 실었다.

11 부정행위를 하지 않겠다고 서명한 대학생에게 상품 구매 할인 쿠폰을 나눠주었다.

12 철자 맞히기 대회에 참가한 소년의 답을 심사위원이 잘못 알아듣고 맞았다고 해서 넘어갈 뻔했지만 소년은 심사위원에게 자신이 틀렸다고 정직하게 말해서 결국 탈락했다.

묻는다면 거짓말을 해서는 안 된다. 하지만 살인범을 속이기 위해 오해를 부를 수 있는 화법으로 진실을 얘기하고 친구를 돕는 것은 허용된다. 거짓말과 오해를 부를 수 있는 진실은 결과주의적 입장에서 보면 그 결과가 같다. 그렇더라도 칸트는 전자와 후자가 서로 다르다고 말한다. 그 이유는 칸트가 도덕성의 기초를 도덕법칙의 형식적인 준수에 두고 있기 때문이다.

샌델은 좋지 않은 넥타이를 선물로 받았을 때의 선의의 거짓말을 예로 들면서 클린턴 대통령이 모니카 르윈스키 사건(섹스 스캔들)을 '부적절한 관계'를 맺지 않았다며 회피한 일화를 언급하고 있다. 거짓말과 회피하는 것은 양쪽 모두 사람을 속인다는 면에서 동기가 같다고 생각할지도 모르지만, 샌델은 교묘하게 회피하는 화법도 진실을 말하는 것으로 도덕법칙에 경의를 표하고 있다고 말한다. 언뜻 보기에는 칸트철학과 어울리지 않는 듯한 매우 재치있는 예이다.

chapter6
존 롤스의 자유형 정의론

평등을 위한 이유

롤스와 샌델

칸트는 정의와 권리는 사회계약에서 유래하며 그 계약(원시계약)은 실제가 아닌 가상적인 이성의 이념이라고 했다. 롤스 역시 계약에 대한 사상을 주장했기 때문에 이 장에서는 칸트에 이어 롤스의 논리를 다루고 있다.

〈하버드 강의〉나 《정의》에 확연히 드러나 있지는 않지만 사실 샌델은 롤스를 비판하면서 세상에 알려진 사람이다.

그러나 〈하버드 강의〉를 처음 보거나 《정의》만 읽은 사람들은 이런 점을 잘 모를 것이다. 여기서는 우선 이러한 두 사람의 관계를 머릿속에 넣어두도록 하자.

롤스의 사고

홉스, 로크, 루소 등에 의한 사회계약론은 근대헌법의 기본적 원리가 되었다. 그 후 흄 등으로부터 '사회계약이 현실에는 존재하지 않았다'라는 취지의 비판을 받으면서 영향력이 쇠퇴했다. 게다가 전후에는 자연과학의 방법론이 사회과학에 영향을 끼치고, 과학적이고 실증적인 정치과학이 융성하면서 정치철학은 쇠퇴의 기로에 놓였다. 이러다 정치철학이 곧 사멸하는 것은 아닐까? 하는 우려의 소리도 나왔다.

이에 롤스는 1971년 《정의론》을 간행하면서 계약론적인 구성을 새롭게 제시했고, 이를 통해 정치철학을 부흥시켰다. 따라서 오늘날의 정치철학이나 정의론을 논하는 데 롤스를 빼놓을 수 없다. 그럼 그의 논리의 요지를 짚어보도록 하자.

우선 모든 사람이 무지의 베일을 쓰고 사회의 기본적인 원리에 대해 합의를 통해 계약한다는 가설적인 상황^{원초상태}을 생각해보자. 이 베일은 자신의 빈부, 계급, 인종, 건강, 용모, 소속된 공동체 등 구체적인 사실을 알 수 없게 하는 베일이다. 베일이 없을 경우, 우리는 무의식 상태에서도 빈부, 계급, 인종, 국가 등의 입장에서 일을 생각해버리기 때문에 합의에 도달하는 것은 쉽지 않다.

그러나 자신이 어떤 사람인지 알지 못한다면 구체적인 입장에 얽매이지 않고 이성적으로 사고할 수 있기 때문에 합의도 쉬워진다. 즉 전원이 무지의 베일을 쓰고 생각한다면 전원이 정의의 원리에 합의할 수 있는 것이다. 그래서 이 가설적인 계약에서 사람들은 정의의 원리에 합의하고 계약한다고 롤스는 주장하는 것이다.

롤스의 정의는 두 개의 원칙으로 이루어져 있어서 정의의 두 가지 원칙이라고 한다. 제1원칙은 평등한 기본적 자유의 원칙으로 이 것은 근대 헌법의 자유권과 그 맥락을 같이 한다. 그리고 제2원칙은 다시 두 원칙으로 설명된다. 첫째는 격차원리로 완전한 결과의 평등이 필요한 것이 아니라 격차를 인정해야 한다는 것이다. 그 격차는 가장 혜택 받지 못한 사람에게 편익이 될 수 있는 격차여야만 하고 그럴 경우에만 경제적·사회적 불평등은 허용된다는 것이다. 샌델은 설명을 생략하고 있지만 제2원칙의 둘째는 공정한 기회균등의 원칙이다.

그럼 《정의론》을 정리해보자.

제1원칙 : 각 개인은 기본적 자유에 대한 평등의 권리를 가져야 한다. 그 기본적 자유의 체계는 다른 사람들과 똑같은 자유의 체계에서 양립한다는 조건 아래, 최대한 광범위하고 전면적인 자유의 체계여야만 한다. – 평등한 기본적 자유의 원칙

제2원칙 : 사회적·경제적 불평등은 다음의 두 가지 조건을 만족시켜야 한다.

(1) 그들의 불평등이 가장 불운한 입장에 있는 사람의 편익을 최대화하는 것 – 격차원리(차등원칙)

(2) 공정한 기회균등이라는 조건 하에서 불평등의 계기가 되는 직위와 직책이 모두에게 개방될 것 – 공정한 기회균등의 원칙(평등주의)

여기서는 격차원리에 대해 간단히 설명한다. 롤스는 완전한 평등의 실현을 주장하지 않는다. 완전한 평등 아래에서는 경제활동의 동기를 유지할 수 없기 때문에 경제발전을 바랄 수 없다. 전체의 파이도 작아지고 결과적으로 가난한 사람도 구제 받을 수 없게 되어버린다는 이유에서다.

그는 자유지상주의와 같은 시장주의에도 반대한다. 자유지상주의는 최초의 재산이나 이전의 과정에 부정이 없는 한 빈부의 격차가 얼마가 되든지 과세에 의해 재분배하는 것은 정의가 아니라면서 반대한다. 하지만 무지의 베일 아래에 있는 사람들은 자신의 성과를 확신할 수 없기 때문에 스스로 가장 가난한 사람일지도 모른다고 여길 수도 있다. 그런 상황이라면 가장 비참한 사람이라도 편익을 얻을 수 있을 정도로 격차를 시정하는 정의의 원리에 합의할 것이라고 롤스는 생각한 것이다.

물론 격차원리에 근거해서 어느 정도의 격차는 인정하지만, 미국과 같은 빈부의 차가 심한 사회에서는 그 격차가 작아지도록 시정하는 일이 정의의 요청이라고 주장한다. 이러한 논리는 미국과 같이 격차가 큰 사회에서 부자에게 과세해서 가난한 사람에게 주려는 복지정책, 재분배 정책을 정당화하는 원리가 된다. 오늘날의 정치철학에서 복지정책이나 복지국가를 정당화하는 논리 중 하나가 바로 롤스의 격차원리다.

계약의 도덕적 한계

　롤스의 가설적 계약의 도덕적 힘을 이해하기 위해서 샌델은 실제 계약의 도덕적 한계에 대해 고찰한다. 사람들은 쌍방이 동의하면 계약이 성립된다고 생각한다. 여기서 필요한 것은 계약을 체결한다는 의사이자 자율성autonomy이다. 그러나 실제로 계약을 했다고 해서 모든 계약이 공정하다고 단정 지을 수 없다. 계약에는 쌍방 당사자의 편익이라는 상호성reciprocity이 필요하다.

　샌델은 화장실의 누수 수리라는 예를 들고 있다. 어느 노부인이 수리공에게 속아서 터무니없는 금액으로 수리에 합의해버렸다. 하지만 다른 사람이 이 비상식적인 금액을 듣고 경찰에 알려서 수리공은 사기죄로 체포되었다. 이 경우 현실의 계약은 존재했지만, 쌍방에 편익을 준다는 상호성이 존재하지 않았다.

　이와는 반대로 계약론을 비판한 회의주의자 데이비드 흄은 에든버러의 집을 다른 이에게 세를 주고 있었다. 그런데 세입자가 주인에게 알리지도 않고 업자에게 집수리를 맡기고는 흄에게 청구서를 보냈다. 흄은 자신은 계약을 하지 않았다는 이유로 지불을 거절했고 결국 재판까지 가게 되었다. 업자는 수리를 할 필요가 있었다고 주장했고 법원에서는 흄에게 지불을 명령했다. 이처럼 본인이 동의해서 계약하지 않았어도 실제 상호적인 편익이 있다면 계약을 이행해야 되는 경우도 있다.

　샌델은 여기서 '계약은 자유의사에 기초한 동의다'라는 생각의 한계를 지적하고 있다. 이런 생각에는 도덕적인 한계가 있기 때문에, 계약이 성립하기 위해서는 상호성이 필요하고 경우에 따라서는 동의라는 자율성이 없어도 상호성이 있으면 계약의 이행을 직면하게 되는 경우도 생기는 것이다.

당사자들의 입장이나 지식, 능력 등이 다른 경우에 계약에 동의했다는 이유만으로는 상호성이 있는지 없는지는 알 수 없다. 따라서 계약이 반드시 공정하다고는 할 수 없다. 이와 반대로 그 같은 당사자 간의 불평등이 모두 없어진다면 이 계약은 항상 공정해진다. 이것이 롤스가 생각한 무지의 베일 아래의 가설적 계약이다. 이러한 계약은 실제 계약보다 열등한 것이 아니라, 실제 계약의 순화된 형태로서 완전한 계약이기 때문에 도덕적인 힘이 생긴다.

통상의 계약은 도덕적으로 완전한 것이 아닐 뿐만 아니라 그 결과로서 분배된 소득도 실제로는 도덕적으로 자의恣意적인 것에 지나지 않는다. 롤스의 격차원리에 대해 원초상태original position에서 계약할 때에 사람들이 도박을 하듯 격차원리를 선택하지 않을지도 모른다는 비판의 목소리가 있다. 어쩌면 무지의 베일을 벗었을 때 자신이 가장 풍족한 인간일지도 모르기 때문이나. 이에 대해 롤스는 원래 소득이나 기회는 자의적인 요소에 근거해서 배분되어야 하는 것이 아니라고 주장했다.

예를 들어 마이클 조던이 매우 높은 수익을 얻고 있는 것은 그의 노력의 결과이기도 하지만, 동시에 그의 타고난 재능에 의한 점도 많다. 롤스에 의하면 자연의 재능은 도덕적으로 자의적인 것이다.

우리가 살고 있는 이 사회가 그처럼 멋진 플레이를 하는 사람을 높이 평가하는 사회이고, 거기에 시장의 원리가 작용하고 있기 때문에 그가 고수입을 얻고 있는 것이다. 그래서 계약 결과에 따른 높은 보수 역시 도덕적으로 바르다고 말할 수 없다. 자유지상주의와 같은 시장원리에 맡긴 정의론에는 도덕적 자의성이 존재하는 것이다.

예전의 봉건제도나 카스트 제도는 출생에 기초한 고정적인 계급 제도로 이 같은 분배의 방식은 도덕적으로 자의적일 뿐만 아니라 롤스의 제1원칙, 즉 평등한 기본적 자유의 원리에 반하고 있다. 자유지상주의는 기회의 형식적 평등에 있어서 제1원칙은 만족시키고 있지만, 자유시장에 맡기기 때문에 사회적·경제적 우위를 분배의 기준으로 하고 있다는 점에서 도덕적으로 자의적이다.

이에 비해 능력주의적 논리meritocratic theory는 교육의 기회균등과 같은 공평한 기회균등의 원칙이 확보되었다는 점에서는 자유지상주의와 다르지만 그럼에도 재능이나 능력에 의한 도덕적 자의성은 존재하게 된다. 그래서 롤스는 격차원리에 기초한 평등주의의 정의론이 바르다고 주장하는 것이다.

무 시 할 수 없 는 도 덕 성

롤스에 의하면 재능은 도덕적으로 자의적이기 때문에, 보수는 그 사람의 인격이나 행위의 도덕적인 가치와는 직접적인 대응 관계가 성립되지 않는다. 즉 그 사람은 보수에 도덕적으로 합당한 것은 아니다. 이것을 보수는 도덕적인 적가 moral desert 가 아니다라고 표현한다.

롤스는 도덕적 적가에 상응하는 것은 분배의 정의가 아니라고 한다. 여기서 중요한 것은 롤스가 분배의 정의를 도덕적 적가에 기초한다고 보지 않고 있다는 점이다. 마이클 조던의 예에서 알 수 있듯이 재능이나 노력도 도덕적으로 자의적인 부분이 있어서 그 사람의 도덕적 가치를 나타내고 있다고는 할 수 없다. 따라서 시장원리에 의한 보수는 도덕적 적가에 기초한 보수라고 말할 수 없는 것이다.

여기서 롤스는 노력에 의한 보수를 정당한 기대에 대한 권리 자격 (권원, 權原, entitlements to legitimate expectations)이라고 하고 있다. 그리고 이런 생각을 도덕적 적가의 관념과는 구별하고 있다.

이 점이 바로 자유지상주의가 자유지상주의일 수 있는 이유다. 반대로 샌델은 선이나 미덕 같은 도덕적 관념을 중시하고 있기 때문에 "도덕적 적가라는 생각도 경시해선 안된다"는 견해를 가지고 있다 그리고 나 역시도 이런 견해에 따라 정치경제의 논리에도 도덕성이 들어갈 수 있지 않을까 생각하고 있다.

샌델은 롤스의 자유주의적인 논리에 반대하지만 복지정책 자체에 반대하고 있는 것은 아니다. '신자유주의≒자유지상주의'에 반대하지만 복지(를 위한 과세)를 옹호하는 점에서는 자유주의에 공통되는 부분도 있다. 다만 옹호를 위한 논리가 자유주의의 그것과는 다르다. 그렇기 때문에 여기에서 유도되는 복지정책의 내용도 다른 경우가 있다. 도덕적 적가라는 관념은 이런 문제와도 밀접하게 관련되어 있어서 샌델의 롤스 비판에서 쟁점이 되고 있다.

chapter7

자유주의의 부조리

소수집단 우대정책을 논하다

대학입학 자격에 대해 생각하다

　미국의 대학 입시에서는 소수집단 우대정책(적극적 차별 시정조치)이 채용되고 있는 경우가 있다. 이것은 흑인이나 중남미인 등 차별 받아온 소수민족들에게 입학시험에서 이점을 주는 것으로 불균형 바로잡기, 과거의 잘못 보상하기, 다양성의 촉진을 근거로 적용하고 있다.

　《정의》에서는 백인(셰릴 홉우드) 측에서 소수집단 우대정책 때문에 합격하지 못했으니 불공정하다는 이유로 소송을 건 예를 들고 있다. 샌델은 롤스에 필적하는 자유주의의 대표적인 법철학자 로널드 드워킨Ronald Dworkin의 견해를 소개했다. 그는 권리가 침해되어 있지는 않다고 생각한다. 대학의 사명이나 선고 기준은 대학이 스스로 정하면 된다는 것이다.

이에 대해 샌델은 1920년대와 1930년대에 반유대인적 정원 제한을 실시한 사례, 백인을 위해 소수집단 우대정책을 한 사례 등을 들며 드워킨의 견해는 이같은 사례들도 긍정하게 된다는 것을 넌지시 지적하고 있다. 즉 대학이 입학 선발 기준을 자유롭게 정하게 되면 이들을 비판하는 것은 어려워진다. 소수집단 우대정책은 보통 차별받는 측을 위한 우대 조치로 생각되지만, 반대의 경우도 생각할 수 있다. 이와 같은 경우를 고려해볼 때, 대학의 의견만으로 입학 기준을 자율적으로 정한다는 생각에는 문제가 있지 않을까?

소수집단 우대정책 옹호론은, 입학 허가는 학생의 능력이나 미덕에 보답하기 위한 명예가 아니라는 주장이다. 이런 생각은 소득 분배의 정의에 관한 롤스의 견해와도 일치하고 있다. 그러나 실제로 분배의 정의는 명예나 보수에 어울리는 자격과 관계되는 경우가 많다. 이런 경우 입학의 명예나 그에 어울리는 자질도 생각할 필요가 있고, 대학을 비롯한 조직의 사명은 그 조직이 장려하고 있는 선(이 경우는 학업의 추진)으로 제약된다. 그렇기 때문에 대학이 시명이나 입학자 선발 기준을 자의적으로 정하는 것에는 문제가 있다고 샌델은 지적하고 있다.

불합격 통지나 합격 통지문을 통해 샌델은 이것을 예증하고 있다. 예를 들어 당신이 합격한(혹은 불합격한) 것은 이 대학이 사회적 목적에 의거해 정한 특질을 갖고 있기(혹은 갖고 있지 않기) 때문으로, 당신의 노력이나 성격 같은 도덕적 가치와는 관계없습니다 라는 취지의 편지를 받는다면 수험자는 의아하게 생각할 것이다.

또한 입학 허가를 대학이 자유롭게 정할 수 있게 된다면 부모가 대학에 거액의 기부를 할 수 있는 지원자를 점수가 낮아도 합격시킬 수 있을 것이다. 입학 허가를 돈으로 파는 것이 허용되는가? 이는 대학의 품위 문제인데 허용해야 할까? 그것은 학술적 성과나 공동선의 추구라는 대학의 목적에서 볼 때 정의가 아니기 때문이다. 이와 같이 샌델은 대학 입학을 둘러싼 정의는 명예와 미덕 그리고 선이라는 주제와 관련되어 있다고 보고 있다.

자유주의의 문제 제기

이와 같이 소수집단 우대정책의 논리를 통해 샌델은 롤스적 자유주의의 문제점을 지적하고 있다. 문제는 도덕적 가치와는 무관하게 재분배를 생각하고 있다는 점이다. 이는 부조리한 결과를 가져올 수도 있다. 대학 입시의 합격 혹은 불합격은, 대학이라는 기관의 목적에 준해서 생각해야 하지 않을까? 자유주의가 주장하듯 대학이 자의적으로 결정해도 상관없다는 것은 아닐 것이다. 샌델은 이 점을 우려하고 있다.

그렇다면 무엇으로 도덕적 가치를 정해야 할까? 이에 관하여 샌델은 생각과 자신의 가까운 논리로서 아리스토텔레스의 사상을 소개하면서 목적론의 논리를 전개한다.

여기서 한 가지 짚어볼 것이 있다. 그것은《정의》의 롤스 비판에는 샌델의 롤스 비판 중 가장 널리 알려진 포인트가 빠져 있다는 점이다.《자유주의와 정의의 한계》의 해설에서 설명하듯 샌델은 (초기) 롤스가 주장했던 무지의 베일 아래의 자신이 추상적이고 형식적이라는 자아관(무연고적 자아)을 비판한다. 그러나 〈하버드 강의〉나《정의》의 롤스를 논하는 부분에서 이런 논의는 나오지 않으며 이후에도 그다지 눈에 띄지 않는 형태로 언급되어 있을 뿐이다. 그 깊은 이유에 대해서는 최종강에서 다루도록 하자.

이 강의에서는 분배의 정의를 주제로, 의무권리론에서 시작해 목적론으로 논의를 전개하고 있다. 그래서 굳이 자아관의 문제는 다루지 않고 소수집단 우대정책만을 논하고 있다. 자아관 비판만 알고 있는 사람도 적지 않겠지만 이 강의에서 중점을 두고있는 도덕적 적가의 문제에도 주목하길 바란다. 단, 자아관 비판이라는 점 역시 샌델의 롤스 비판에서 중요한 부분임을 샌델의 전체상을 이해하기 위해서는 알아둘 필요가 있다.

chapter8

정의론의 고전적 원천, 아리스토텔레스

누가 무엇에 가치를 매기는가?

샌델의 지향점

샌델 본인의 생각은 8장 이후부터 조금씩 드러난다. 제8장에서는 아리스토텔레스부터 시작해, 제9장에서는 공동체의 논의가 나오고, 제10장에서 동성혼의 문제를 다루면서 선을 논해야 되는 필요성과 그 논의법을 생각하고 있다.

《정의》의 제9장에서는 이른바 공동체주의의 논의가 다뤄지고 있다. 샌델은 공동체주의의 대표적 논자로 꼽히고 있는데, 이 장에서 그는 자신의 입장을 명확하게 드러내고 있다. 그런데 〈하버드 강의〉에서는 마치 샌델이 공동체주의 비판자 무리에 들어가 마치 공동체주의를 비판하고 있는 것처럼 보인다. 이것은 시대 상황과 관련이 있는데, 사실 샌델은 공동체주의의 논의가 빠지기 쉬운 문제점을 지적하고 자신은 그보다 더 앞선 논의를 제시하려는 것이다.

그럼 샌델의 지향점은 어디일까? 그것은 제10장에서 설명되듯 선의 논법과 선이 있는 정의라고 말할 수 있는 미덕형 정의론이다. 그의 논의는 아리스토텔레스에 원천을 갖고 있으며, 새로운 목적론에 입각하고 있다. 결과주의에서 의무권리론을 거치면서 목적론에 도달한다. 다양한 제도와 생활 방식을 그들의 목적에서 생각할 수 있다는 발상은 선이나 미덕과 밀접한 관계가 있는 것이다.

아리스토텔레스의 생각

샌델은 첫머리에 휠체어를 탄 치어리더의 예를 소개하고 있다. 치어리더를 결정할 때 기능적인 목적(선수의 응원)뿐만 아니라 치어리더에 적합하다고 생각되는 명예나 모범성에 관한 목적(장점이나 미덕의 칭찬)이 중요한 역할을 하는 것은 아닐까? 라는 문제가 제기되고 있다.

이에 대응해서 제시된 아리스토텔레스의 정의론에는 다음의 두 가지 특징이 있다.

1.정의는 목적론적(teleological)이다. 권리를 정의하기 위해서는 사회적 행위의 텔로스(목적, 목표, 본질)를 이해해야 한다.

2.정의는 명예와 관계한다(honorific). 어떤 행위의 텔로스를 논하는 것은 그 행위가 명예를 수여하고 보상하는 미덕은 무엇인가?를 논하는 것이다.

즉, 목적 면에서 볼 때 미덕을 갖는 것이 명예이자 정의로 이어지는 것이다. 아리스토텔레스의 정의론에는 목적과 명예라는 두 요소가 존재한다. 정의란 적성의 문제로 사람들에게 적합한 역할을 부여해서 미덕에 어울리는 명예를 주는 것이다. 즉 아리스토텔레스에게 정의는 각 개인에게 알맞는 것, 그 사람에게 어울리는 것에 부여된다. 정의는 곧 도덕적 적가에 상응하는 것(적가물)을 준다는 것이다.

예를 들어 누가 플루트를 가질 만한가? 라는 물음에 아리스토텔레스의 논리에 맞는 답은 플루트를 가장 잘 연주하는 사람이다. 또한 누가 대학의 테니스 코트를 사용하는데 적당하가? 라는 물음에는 많은 돈을 낸 사람이나 학장, 저명한 과학자가 아닌 대학의 테니스 팀이 정답이다. 테니스 코트 본래의 목적은 무엇인가? 라는 목적론적 논리에서 이런 답이 유도되는 것이다.

마찬가지로 소수집단 우대정책도 목적에서만 생각하면 대학의 목적은 무엇인가? 라는 관점에서 정책의 문제성이 드러나는 것이다.

원래 아리스토텔레스는 자연이나 세계 전체의 목적까지 생각했지만, 샌델은 사회제도의 목적이라는 논리에 한정해서 인간의 행위로 한정된 목적론을 전개한다. 이른바 행위 한정적 목적론이라고 할 수 있다.

아리스토텔레스의 발상으로 정치적 권력의 분배를 생각하기 위해서는 정치(적 공동체)의 목적을 생각할 필요가 있다. 그것은 선한 인격의 형성, 시민들의 미덕을 높이는 것 그리고 좋은 삶을 실현하는 것이다. 그는 지위나 명예에서도 분배적 정의를 생각해 페리클레스처럼 시민의 미덕을 갖고 선의 추구에 가장 공헌한 사람이야말로 정치적 통치라는 역할을 수행하고 명예를 얻어야 한다고 주장했다. 즉 정의란 적합성의 문제로 미덕이나 초월성을 갖춘 자가 그에 걸맞은 역할을 부여받아야 한다는 것이다. 이것을 적합성 정의론이라고 부를 수 있을 것이다.

아리스토텔레스에 의하면 인간은 본래 폴리스(도시국가)에서 살아야 하는 존재라고 한다. 언어능력을 활용해 동맹시민들과 정치를 논의하고 그와 관련된 능력을 발휘할 수 있는 존재인 것이다. 그리고 행복이란 공리주의자가 말하듯 고통에 대한 쾌락의 크기를 최대한으로 하는 것이 아니라 미덕에 기초한 영혼의 활동이다. 정치를 배우는 모든 사람은 영혼을 배울 필요가 있고, 영혼을 만들고 다듬는 것은 선한 도시의 법률의 목적 중 하나다. 미덕을 몸에 익히기 위해서 필요한 것은 규칙이나 방침을 배우는 것이 아니다. 플루트 연주나 요리처럼 배우기보다 익혀야 한다. 직접적인 실천을 통해 개별 상황의 특징을 간파하고 판단할 수 있어야 하는 것이다.

그리스 철학자들은 종종 노예제를 옹호했다는 비판을 받는다. 따라서 자유를 강조하는 자유주의자들은 그렇다면 목적론은 자유를 침해하는 것이 아닌가? 라고 비판하는 경우도 있다. 그러나 샌델은 아리스토텔레스의 적합성 정의론을 소개하며 이런 관점에서 보아도 노예제도는 잘못된 것으로 정의가 아니라는 논리로 아리스토텔레스를 옹호하고 있다.

아리스토텔레스는 노예제도가 정의에 적합하기 위해서는 사회의 필요성과 노예에 어울리는 사람(노예로서의 자연성)이라는 두 가지 조건이 필요하다고 했다. 그는 태어날 때부터 노예에 어울리는 사람이 있다고 했는데, 아테네 노예의 대부분은 전쟁에 져서 노예가 된 사람들이기 때문에 태어날 때부터 노예에 어울리는 사람은 아니라는 것을 인정하고 있다. 여기서 부정합이 생겨나기 때문에 노예제도는 실은 정의가 아니다. 이와 같이 아리스토텔레스는 노예제도를 옹호하고 있었음에도 불구하고 자신의 개념으로 노예제도가 정의가 아님을 설명할 수 있다. 따라서 그의 목적론이나 적합성 정의론 자체는 원리적으로 틀린 것이 아니다. 이런 논리로 목적론이 반드시 자유를 억압하는 것은 아니라고 샌델은 주장한다.

나아가 케이시 마틴이라는 다리에 장애가 있는 골프 선수가 골프 카트를 사용해서 대회에 출전하고 싶다고 했다가 거부당해서 소송을 건 사례도 나온다. 대법원의 다수파는 카트 사용이 골프의 근본적인 목적과 모순되지 않는다는 이유로 카트 사용의 권리를 인정했다. 여기에는 첫째 걷는 것이 골프의 본질인가? 라는 목적론적 논리가 필요하다. 둘째 명예에 관한 논점도 존재한다. 즉 골프는 스포츠 경기인가, 기술을 사용하는 게임인가? 라는 논점이다. 일부 프로 골퍼들은 골프가 스포츠이며 그 탁월성이나 미덕에는 명예가 있다고 생각했기 때문에 그들은 카트 사용에 반대한 것이다.

돌이켜보면 이 일련의 강의는 근현대에 유행하고 있는 공리주의에서 시작해서, 의무권리론을 거쳐 고전적인 목적론으로 거슬러 올라간다. 정의론에서 보면 근대적·현대적 정의론에서 시작해 원래의 고전적 정의론으로 돌아가는 것이다. 즉 아리스토텔레스적인 관점에서 보면 이런 과정을 통해 본래의 정의론이 재생된 셈이다.

오늘날 세계에서는 과학적 세계관이 발전하면서 목적론적 세계관이 쇠퇴하고 있다. 이에 대해 샌델은 아리스토텔레스와 같이 자연 전체의 목적을 정면에서 논하는 것이 아니라, 플루트나 테니스 코트와 같은 인간의 실천이나 사회적 제도 면에서 목적을 생각함으로써 정의를 논할 수 있음을 보여주고 있다. 자연 전체의 목적론은 어떤 의미에서 형이상학적이 될 수 있다. 하지만 인간의 실천이나 사회적 제도라면 구체적으로 그들의 목적을 논할 수 있다.

샌델은 이런 새로운 논법을 제시함으로써 행위 한정적 목적론이라는 형태로 목적론적 논법을 되살렸다. 그리하여 미덕의 촉진과 도덕적 가치의 관점에서 정의를 논할 가능성을 제기했다.

chapter9
공동체주의와 충직 딜레마

서로 연대된다는 것

공동체의 일원이라는 책임

　여기서는 공동체의 일원으로서 새롭게 태어난 세대는 예전 세대
가 행한 부정에 대한 책임을 지어야 하는가? 라는 문제가 제기된다.

　자유주의가 생각하는 자유롭게 독립된 자신은 종래의 도덕적 속
박에서 자유롭고 자유의사에 따라 선택할 수 있으며 자신이 한 일
에만 책임을 진다. 그렇기 때문에 이런 도덕적 개인주의의 사고를
주장한다면 태어나기 전의 일에 대해 책임을 질 필요가 없다. 과거
세대의 부정행위에 대해 젊은 세대가 사죄하거나 배상할 필요는 없
으니 세대를 초월한 연대책임은 없다는 것이다.

　이런 논리라면 나치즘이나 일본의 전쟁 책임 문제, 오스트레일리

아의 애버리진(원주민) 문제, 미국의 노예제도, 2차 세계대전 때 일본계 미국인을 강제 수용한 문제 등과 같이 과거 세대가 저지른 부정에 대해 새로운 세대가 사죄나 보상을 할 필요가 없어진다.

샌델은 도쿄대 강의의 후반부에서 이 문제를 들며 일본의 동아시아에 대한 전쟁 책임 문제와 미국의 히로시마·나가사키에 대한 원폭 투하 책임 문제를 논의 했다. 도덕적 개인주의에 기초한다면 일본의 젊은 세대는 동아시아에 사죄하거나 보상할 필요가 없고, 미국의 오바마 대통령도 일본에게 원폭 투하를 사죄하거나 보상할 필요가 없다. 과연 그래도 좋은 걸까? 만약 문제가 예전 세대에서 해결되지 않았을 경우 다음 세대에게도 사죄가 필요하다고 생각된다면, 세대를 초월한 공동체의식과 책임감이 필요해지는 것은 아닐까?

롤스적 자유주의에서는 정의는 선보다 우위에 있다면서 좋은 삶의 다양한 생각에 대해 정의는 독립되어 있고 정부는 그 여러 관념에 대해 중립적이어야 한다고 한다. 샌델은 이번 장에서 자신의 입장을 명확하게 밝히며 이런 자유관이나 정의관에 반대하고 있다. 무지의 베일 아래에서 자아는 구체적 상황이 결여된 추상적이고 형식적인 자아로 도덕적 또는 정치적 책무를 지지 않는다. 이것을 샌델은 무연고적 자아unencumbered self라는 용어로 비판하고 정의의 선에 대한 우위성이라는 생각을 비판한다. 이와 같은 비판자들의 사상이 공동체주의라 불리는 것이다.

실제 현실에서 사는 사람들은 가족이나 공동체, 국가 등 다양한 구체적 상황을 짊어지고 있다. 자아란 그런 배경이나 상황을 짊어진 연고적 자아encumbered self다. 알래스데어 매킨타이어(Alasdair Macintyre, 1929~)에 의하면 이야기하는 존재이자 이야기의 일부로서, 서사적 탐색자의 삶을 살아간다. 이런 관점에서 보면 인간에게는 공동체의 구성원으로서의 책임이 존재하기 때문에 보편적인 자연적 의무duty 나 동의에 의한 자발적 책무obligation 외에 구성원으로서 연대의 책임 도 지게 된다.

이와 관련된 많은 예들이 제시되고 있다. 동시에 물에 빠진 두 아이 중에 자신의 아이를 먼저 구하는 것, 2차 세계대전 중에 점령된 고향에 폭탄을 투하하라는 명령을 거부한 프랑스의 레지스탕스 파일럿, 1980년대 전반 기근에 빠진 에티오피아에서 이스라엘 정부가 유대계 민족을 우선해서 구출한 이야기 등 이렇게 다양한 실례를 쫓다보면 역시 공동체의 구성원이나 거기에 있는 사람들의 동맹의식이 현실에서 큰 의미를 갖는 경우가 많다는 것을 명확하게 알 수 있다. 애국심 역시 이 같은 의식과 밀접한 관련이 있다.

간혹 심각한 딜레마로서 이 같은 연대의 책무와 보편적인 도덕원리가 충돌하는 경우가 있다. 예를 들어 남북전쟁의 로버트 리 장군의 일화를 보자. 그는 남부 11개 주가 합중국에서 탈퇴하는 것을 반대했지만, 자신의 출신 지역인 남부 사람들을 배신할 수 없어 남부의 사령관이 되었다. 이외에도 마피아의 일원으로 범죄를 저지른 동생이 있는 곳을 당국에 알리지 않았던 매사추세츠대학 학장 윌리엄 벌저의 이야기나, 반대로 형이 흉악한 폭탄 살인범인 유너버머라는 것을 알고 고발한 동생의 예도 나온다. 이것은 가족에 대한 충성과 보편적 정의가 충돌한 사례다.

　이 같이 인간에게는 자유로운 의사나 선택뿐만 아니라 구성원으로서의 책무도 존재한다. 왜냐하면 이야기를 통해서 우리는 자신의 인생이나 공동체를 해석하고, 그 이야기가 구성원으로서의 책무와 연결되어 있기 때문이다. 아리스토텔레스가 말했듯이 이야기적인 좋은 삶을 고려하지 않고 정의를 생각하는 것은 불가능하고 정의를 생각할 때 도덕적 또는 종교적 문제를 빠뜨릴 수 없는 것이다.

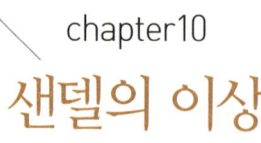

chapter10

샌델의 이상

정의와 공동선

오바마 정권에 대한 기대

〈하버드 강의〉는 부시 정권 시대에 강의한 것으로 전쟁 상황이 반영되어 있다. 이에 비해 《정의》의 집필 시점은 오바마 대통령으로 정권이 교체되었기에 제10장에서는 오바마 대통령이 수차례 언급되고 있다.

오바마 대통령은 민주당의 대통령 후보로 지명되기 직전에 스스로 기독교 신앙에 대해 말하고 종교와 정치적 논의의 관련성을 긍정했다. 또한 체인지(변화)를 강조하면서 빈곤이나 인종차별 등의 사회적 문제에 대처하기 위해서는 도덕적 변혁이나 마음과 머리의 변혁이 필요하다고 말했다.

미국의 진보적인 지도자를 보면 케네디 대통령의 경우 인기는 매우 높았지만 종교를 사적인 것이라고 공언하면서 자유주의적인 공공철학의 입장에 섰다. 이 같은 자유주의는 공화당과 민주당 모두에 영향을 끼쳤다. 공화당은 경제정책에 있어서 정부의 중립을 주장하며 정부의 개입을 반대했고, 민주당은 다양한 사회문화적 문제에 대해 정부의 중립성을 주장했다. 즉 쌍방 모두 정부의 중립성을 주장하며 도덕적인 선에 대해서는 소극적이었던 것이다.

이런 중립성의 주장을 강력하게 뒷받침해준 것이 바로 롤스의 논리였다. 특히 이런 주장은 도덕적이고 종교적인 논리를 정치에서 밀어내버렸다. 그 결과 잃어버린 도덕의 회복을 주장하며 대두된 것이 기독교 우파로, 레이건 정권과 부시 정권이 이들 우파의 지원에 힘입어 성립되었다.

미국 정치의 큰 흐름이 이렇게 흐를 수 있었던 것은 사람들의 마음속에 도덕적·정신적인 갈망과 보다 큰 의미의 공공적 삶에 대한 소망이 있기 때문이었다. 이런 갈망에 맞춰 오바마 대통령은 자유주의적인 중립성을 초월한 도덕적·정신적 차원을 포함한 용어를 사용했던 것이다.

예를 들어 임신중절이나 줄기세포, 동성애 등은 모두 정의와 선에 대한 생각을 빼놓을 수 없는 문제들이다. 매사추세츠 대법원의 판결에서도 알 수 있듯이 동성혼의 인정 여부를 결정하기 위해서는 결혼의 목적(텔로스)을 생각할 필요가 있다. 이 문제에 대한 올바른 답을 찾아내기 위해서는 좋은 삶에 대한 도덕적 논리를 빼놓을 수 없는 것이다.

샌델은 이와 같이 설명하면서 미덕형 정의론을 지지하고 있음을 밝히고 있다. 정의에는 미덕의 함양과 공동선에 대한 논의가 포함된다는 것이다. 그러므로 바른 사회를 만들기 위해서는 선에 대해 사람들이 공적으로 논의할 필요가 있다.

미국에서는 전후에 로버트 케네디가 이런 방향을 제시하면서 고결한 도덕적 목적과 공동체의식을 호소했다. 그가 암살당하면서 이런 분위기가 사라지는 것 같았지만, 오바마 대통령에 의해 강한 도덕과 정신성을 요구하는 정치가 다시 시작되었다. 공동선에 기초한 새로운 정치로의 전환이 이루어질 가능성이 생긴 것이다.

공동선의 정치

그럼 샌델은 어떤 정치를 바람직하다고 생각할까?

우선 그는 정치적인 좌우를 초월한 논리를 제기한다. 앞에서도 설명했듯이 공화당이나 민주당, 지금까지 미국의 정당은 어떤 형태로든 자유주의와 자유지상주의의 영향을 크게 받아왔다. 하지만 이런 분위기 속에서는 그가 추구하는 정치적 이상을 찾을 수 없다. 그래서 샌델은 기존의 좌우 쌍방에 결여되어 있던 발상을 제기한 것이다.

그는 이런 정치의 이상을 공동선의 정치라 부르고 《정의》의 최종장 말미에서 약술하고 있다. 거기에는 1. 시민의식, 희생, 봉사 2. 시장의 도덕적 한계 3. 불평등, 연대, 시민적 미덕 4. 도덕에 기초하는 정치로 정리되어 있다.

1은 시민의식citizenship의 문제로 공동체 감각을 키우기 위해서 사람들 마음속에 전체에 대한 배려와 공동선에 대한 헌신을 북돋울 필요가 있다. 사람들의 마음의 관습이 중요하며 좋은 삶을 사적인 관념으로 여기지 말고 시민의 미덕을 함양해야 한다고 설명한다.

2에서는 병역이나 대리모, 장기 매매 등 예전에는 시장 이외의 기준이 적용되었던 영역에 이제는 시장 지향의 논법이 퍼져 있다. 따라서 우리는 시장의 도덕적 한계에 대해 공적으로 논할 필요가 있다고 말한다.

3에서는 불평등의 확대로 부자와 가난한 자가 서로 다른 삶을 살게 되면서 공공적 영역이 잠식되고 있다. 그리고 이로 인해 연대와 공동체의식의 향상도 어려워지고 있다. 그래서 우리는 시민의 공공생활 기반을 재구성하고, 공동체의 연대를 살리고 시민적 미덕을 쇄신해야 한다. 그래야만 공동선을 위한 분배의 정의를 실현하는 것이 가능해진다고 주장한다.

마시막 4에서는 정치에서 도딕직·종교적 문제를 회피하지 않고 바른 사회를 실현하기 위해서는 도덕적인 문제를 공공적으로 토의하고 다양한 생각에 대해 상호적으로 존중하면서 도덕에 관여하는 정치가 필요하다고 주장한다.

이상은 샌델이 《정의》의 결론 부분에서 제시하고 있는 공동선의 정치의 비전이다. 이것이 바로 그가 주장하는 공공철학의 에센스라고 말할 수 있을 것이다.

선이 있는 정의

샌델의 정치철학의 최대 주제는 선과 정의의 관계다. 다음 강의에서 등장하는 《자유주의와 정의의 한계》라는 서명에도 나타나듯 원래는 정의의 한계에 역점을 두고 있다. 그러나 여기서는 새로운 정의론을 적극적으로 펼치고 있지는 않다.

《정의》에서는 정의가 주제이기 때문에 정의의 한계가 아니라 정의 자체를 탐구하는 방법이 제시되어 있다. 이것은 선과의 관계에서 정의를 생각하는 방법이다. 즉 무엇이 옳은지를 생각할 때 윤리적·정신적인 선을 생각해야 하고, 정의는 선과의 상관적인 관계에서 생각해야 한다는 것이다.

일반적으로 샌델의 자기관은 연고적 자아라고 얘기된다. 그에 따르면 이런 관점은 선이 있는 정의라는 표현에 집약되어 있다. 본서에서는 이와 같은 정의를 선이 있는 정의라고 부르고 있다. 이것은 선과 관련한다는 의미에서 윤리적·정신적인 정의다.

이런 정의의 사고가 《정의》에서는 도입부에서 제시한 세 가지 유형 중 세 번째인 미덕형 정의로 나타나고 있다. 이 세 가지 유형이 〈하버드 강의〉에 명시되어 있지 않은 것으로 보아 《정의》 집필의 단계에서 결실을 맺은 것 같다. 이런 유형에 의해 샌델은 롤스의 정의론을 대신할 새로운 정의론을 명확하게 제시한 셈이다.

샌델을 비롯한 공동체주의자들은, 공동체의 다수파가 잘못된 정의를 믿고 있다면 어떻게 될까? 라는 비판을 받는다. 이에 대해 그는 자신이 상대주의적·다수파주의적인 공동체주의 지지자는 아니라는 것을 분명히 밝히고 있다. 샌델에게 중요한 것은 공동체 다수파의 신념이 아니라 어디까지나 선과 관계 있는 정의로, 선과 정의는 특정 시대, 특정 공동체의 다수파의 생각을 초월한 것이다.

그래서 특정 공동체의 틀을 넘어 대화를 통해 선을 찾고, 그것과의 관계에서 정의를 탐구해야 한다. 이것은 새로운 사상적 도전이다. 대화적·변증법적 논법은 샌델이 제시하는 정치철학의 방법으로, 이 논법에 따른 선이 있는 정의의 탐구야말로 본래의 정치철학이 지향해야 할 길인 것이다.

이것이 바로 롤스적 정의론을 대신하는 새로운 정의론의 시도다. 이는 아리스토텔레스적인 관점에서 본다면 본래의 정의론이자 오늘날의 새로운 정의론이기도 하다. 샌델이 《정의》를 통해 하고자 하는 것은 도덕적 혹은 목적론적 정의론, 즉 본래의 정의론을 부활시키려는 사상적 도전이라고 말할 수 있을 것이다.

MICHAEL J. SANDEL

LIBERALISM AND THE LIMITS OF JUSTICE

존 롤스의
마술을 푼다

자유주의와 정의의 한계

출발점은 롤스 비판

샌델은 공동체주의의 대표적 논자로 알려져 있는데, 그 출발점이 된 것이 지금부터 소개할 《자유주의와 정의의 한계》다. 이 책을 계기로 공동체주의라는 일련의 사상적 조류가 널리 인식되었다.

샌델의 논점을 알고자 하면 이 책을 빼놓을 수 없는데 철학적인 내용이 많기 때문에 다소 어려운 편이다. 그래서 가능한 한 알기 쉽게 해설해보도록 하겠다.

이 책의 주제는 존 롤스의 《정의론》에 대한 비판으로 《자유주의와 정의의 한계》라는 서명에서 말하듯 샌델은 자유주의의 정의론에 대한 비판자로서 두각을 나타냈다. 전통적으로 말하면 정의란 개념은 기독교와 같은 초월적인 관념이나 선을 비롯한 윤리적 관념의 지지를 받아 정의 자체도 윤리성과 정신성을 띠고 있었다. 근현대에 들어서면서 그런 철학적 세계관과 종교적 세계관이 쇠퇴했고, 정의라는 개념의 근거를 마련하는 것이 불가능해졌다. 게다가 자연과학의 영향으로 정치학도 실증주의적인 정치과학으로 변화하면서 정치철학 자체가 없어지는 것 같았다.

이에 롤스가 새로운 계약론의 논리를 제시하면서 정의의 원리에 합의가 성립한다는 주장으로 정치철학을 다시 부활시켰다. 이는 매우 훌륭한 일이고 여기에는 이른바 논리적인 마술이 존재한다. 사람들을 현혹시켜 다수의 합의에 의한 정의가 성립한다고 믿게 만든 롤스의 마법을 샌델이 풀어낸 것이다. 그럼 먼저 롤스의 정의론에 대한 설명에서부터 시작하겠다.

chapter1

롤스의 정의론

전후의 정치철학

정치철학은 정치는 어떤 모습이어야 하는가, 정치가는 어떻게해야 하는가 같은 규범적인 논의를 전개하는 학문이다. 이런 정치사상은 예전부터 다양한 형태로 존재했지만, 오늘날 학문 분야로서 정치철학이라고 말할 때에는 현대 정치에 대해 규범적인 논의를 하는 학문 영역을 의미한다. 이에 비해 정치사상사나 정치학사 같은 분야는 과거의 징치사상의 역사를 다루는 것으로 서양의 경우 근현대, 즉 19세기부터 20세기까지의 정치사상사를 연구하거나 가르치는 것이다.

대부분의 일본 대학에서 정치사상사 혹은 정치학사 강의는 있었지만 정치철학 강의는 존재하지 않았다. 서양의 경우 과거에는 기독교 세계관에 기초한 정치철학이 존재했다. 하지만 자연과학이 갑자기 왕성해지면서 종교적 세계관이 후퇴하자 정치철학은 입지가 곤란해졌다. 그나마 사회계약론이나 공리주의, 칸트철학 등에 기초한 정치철학이 존재했지만 이마저도 2차 세계대전 후에는 크게 쇠퇴했다. 그 이유는 경제학을 비롯한 사회과학에 자연과학의 과학적 방법이 도입되었기 때문이다. 예를 들면 컴퓨터를 통해 데이터를 분석하는 수리적, 실증적인 정치과학political science이 정치연구를 위한 방법으로 여겨지게 되었다. 선거분석 등이 그 전형적인 예다.

또한 정치이론 면에서는 1960년대 로버트 달 등의 다원주의론 pluralism이나 데이비드 이스턴 등의 정치체계이론이 중심이 되었다. 그리고 가치를 논하는 규범적 연구는 과학적 연구의 대상이 아니라고 여겨서 정치학에서도 그 사상적 연구가 쇠퇴하면서 정치철학 사멸의 위험성까지 운운하게 되었다.

그런 상황에서도 지속적으로 정치철학을 연구한 것이 미국의 한나 아렌트, 레오 스트라우스, 에릭 훼겔린과 같은 사람들이다. 그들은 나치즘의 박해를 피해 유럽에서 미국으로 망명한 유대계 독일인으로 당시의 미국 주류파의 정치과학과는 다른 연구를 했다.

아렌트는 그리스의 정치 자체를 동경해 활동action이라는 개념을 중심으로 언론에 의한 공공정치를 부활시키려고 했다. 스트라우스는 그리스의 플라톤 철학 등을 근거로 고전적인 정치철학을 재생시키려고 했다. 또한 훼훼린은 유대교, 기독교, 그리스 전통 등을 추적해서 초월적인 사상의 의의를 강조했다.

그들은 그리스 사상, 혹은 유대·기독교적 전통의 고전적인 정치나 사상을 실마리로 삼아서 독특한 정치철학을 전개해나갔다. 정치 과학을 추진하는 정치학에서 보면 주류에서 갈라진 비주류였지만, 정치철학의 복권과 함께 주목을 받게 되었다. 하지만 당시 정치과학의 주류 속에서는 이런 정치철학은 시대착오라고 무시되었다.

1960년대 후반부터 베트남 반전운동과 시민권 운동이 활발해지면서 미국에서는 그전까지 주류라 여겨진 전통적인 생각들이 다방면에서 의심받기 시작했다. 당시 미국인들은 미국의 정치를 기본적으로 선진적인 민주주의로 여겼고 외국이 그것을 배워야 한다고 생각하고 있었다. 그래서 정치의 이상이나 규범을 내세우는 정치철학의 필요성을 느끼지 않았다. 그저 현실의 민주정치를 경험적으로 분석하는 것이 정치학의 역할이라고 생각했던 것이다.

그런 미국이 베트남 전쟁을 하고 흑인차별 문제를 내포했다는 것에 비판이 일자 그때까지의 정치과학, 더 나아가서 사회과학 전체에 대한 반성이 생겨났다. 그리고 정치의 이념과 원리를 근본부터 다시 생각하려는 분위기가 조성됐다. 이것이 롤스의 《정의론》의 출현 배경으로 그가 제기한 계약론적 논리에 의해 정치철학이 복권된 것이다.

계약론은 허구?

사회계약론은 개개인이 모여서 계약을 통해 정부를 설립한다는 것이다. 이것이 헌법상의 인권 규정 발상의 근원이 되었으며, 미국이나 일본 모두 헌법 설립에 존 로크 등의 계약론적 사상의 영향을 많이 받았다. 일반적인 사상사에서는 이런 계약론이 근대 헌법이나 민주정치의 기본으로 생각되고 있다.

그러나 18세기 흄먼의 비판을 시작으로 사회계약론이 주장하는 계약은 역사적으로 존재하지 않았다. 대부분의 경우 다른 국가를 정복하거나 우수한 리더가 실력을 발휘해 국가를 통일시켰다. 그렇기 때문에 계약론은 허구다라는 논리가 우세해졌다. 19세기 이후 역사학에서도 실증적이고 경험적인 사고가 중심이 되면서, 실제로는 존재하지 않았던 계약을 근거로 하는 사회계약론은 영향력을 잃었다. 헌법이나 인권의 기반에 사회계약론이 있다는 것은 고등학교 교과서에도 실려 있고 많은 사람들이 알고 있다. 하지만 오늘날의 정치학에서 사회계약론을 믿는 사람은 거의 없다.

이런 현상은 실제 사법이나 정치에 어떤 영향을 끼치고 있을까? 예를 들어 인권은 매우 중요한 개념으로, 그것이 현대 자유주의국가의 정치나 법률의 기초가 된다는 사실은 누구나 알고 있다. 그러나 그 사상적인 기초가 학문적으로 존재하는가? 라고 묻는다면 로크와 같은 사회계약론이 오늘날의 정치철학에서 통용되지 않게 되었으므로, 인권은 그 근거를 잃어버린 셈이다.

이것은 복지 면에서도 마찬가지다. 20세기에는 사회민주주의 세력 등의 영향을 받으면서 어느 정도의 복지정책이 실현되었고 많은 복지국가가 나타났다. 그러나 이들의 논리적 근거를 묻는다면 사회주의나 사회민주주의 쪽에는 일정한 이론이 존재하지만, 정치철학에서 볼 때는 그 기초가 애매하다. 사회권이라는 개념은 존재하지만, 자유권과의 관계라는 문제에서 로크 이래 사회계약론에 의심을 품게 되면서 권리라는 개념의 논리적 기초가 약해진 것이다.

계약론을 대신해 19세기 특히 영미에서 크게 영향력을 끼치게 된 것이 최대 다수의 최대 행복으로 잘 알려진 공리주의다. 제1강에서 설명했듯 현재도 주류의 경제학은 공리주의의 발상에서 구축되어 있다. 경제학의 기본 이론에 효용함수라는 개념이 나오는데 그 개념의 출발점이 바로 공리주의다.

공리주의는 영미권의 철학 분야에서도 압도적인 영향력을 갖고 있었지만, 인권에 관해서는 확고한 논리를 제공하지 못했다. 즉 정치철학이라는 관점에서 보면 인권에 대한 논리적 기초가 빠진 채 실제의 정치경제가 움직이는 불안정한 상황이었다.

이런 분위기 속에서 하버드대학의 철학 교수였던 존 롤스가 1971년에 그의 대표작 《정의론》을 발표했다. 이 발표로 정치철학이 일순간에 부흥된 것이다. 특히 이 사건은 현대에 새로운 규범을 제시했다는 의미를 갖는다. 롤스는 이 저서에서 계약론적인 논리를 제기했고 정치철학은 새로운 형태로 부활되었다.

롤스의 공리주의 비판과 정의론

롤스가 《정의론》에서 우선적으로 비판한 것은 공리주의였다. 샌델의 〈하버드 강의〉나 《정의》에서는 충돌하는 기관차나 구명보트, 비용편익분석의 사례 등 매우 인상적인 예와 함께 '결과를 좋게 하기 위해 인간의 목숨을 희생하거나 수치화해도 좋은가?' 라는 중요한 물음이 제기되었다. 사실 이 비판의 논리는 롤스가 공리주의에 대해 비판한 논리와 기본적으로 같다. 〈하버드 강의〉에서 롤스의 공리주의 비판에 상응하는 논의가 등장한 것은 근대의 주류파 사상에 대한 비판이라는 점에서 볼 때 극히 자연스러운 것이다.

공리주의에는 여러 가지 문제점이 있다. 공리주의는 기쁨이나 쾌락을 좋은 것good 선으로 보는데, 그것이 과연 적절한 것일까? 또한 기쁨-고통이나 쾌락-고통인 행복을 최대화하려고 하는데 과연 여러 사람의 주관적인 쾌락이나 만족을 일률적으로 평가할 수 있을까? 벤담은 최대 다수의 최대 행복이라고 했지만, 주관적인 평가를 합계하는 것이 가능한 일일까?

벤담은 쾌락의 계산이 가능하다고 주장했다(양적 쾌락주의). 즉 '효용'이 측정 가능하다고 주장하며 각 개인의 효용을 합하면 사회의 효용을 계산할 수 있다고 생각했다(기수적 효용). 나중에 이것이 과연 가능한지에 대한 의심의 목소리가 나오면서 이 사상을 약간 수정했다. 우선 여러 개인의 효용의 측정 가능성 대신 '두 개의 선택지 중에서 어느 쪽이 좋은가?' 라는 비교에 기초한 효용의 사상(서수적 효용)으로 수정되었다. 하지만 이것 역시 효용의 개인 간 비교가 가능한지에 대한 의심이 제기됐다. 이에 대해 J. S. 밀은 기쁨 내지 쾌락에 질적 차이가 있다고 인정했다(질적 쾌락주의).

롤스의 공리주의 비판의 가장 중요한 포인트는 '공리주의에 의거해서 생각하면 한 사람 한 사람의 존엄이나 인권이 억압당하거나 경시될 위험이 있다'는 점이었다. 예를 들어 A, B, C 세 사람이 있고 정책 ①의 결과로서 각각이 얻는 기쁨이 단순히 합계 가능하다고 하자. 그것이 3:3:4가 된다면 합계는 10이 된다. 이에 대해 다른 정책 ②에 대한 기쁨을 측정했더니 A, B, C는 7:4:0으로 합계 11이 되었다. 단순한 공리주의의 계산으로 본다면 합계가 큰 정책 ②가 좋은 쪽이 된다. 그러나 이 경우 C는 기쁨이 0이 되고, A와 B는 정책 ①의 경우보다 크게 만족할 수 있다. C의 행복이 철저하게 무시된 것이다. 이걸로 좋은 걸까?

좀 더 극단적인 예로 샌델이 〈하버드 강의〉에서 제시한 '어떤 사람을 죽여서라도 전체의 행복에서 보면 결과적으로 좋아진다'는 가능성도 있을 수 있다. 그렇다면 '단 한 사람을 죽이는 편이 좋은 것 아닌가?' 라는 결론에 도달할지도 모른다. 이것은 개개인의 권리나 존엄이 경시되고 생명조차 위험에 방치될 가능성이 있다. 공리주의는 이런 문제점을 피할 수 없다. 즉 공리주의에서는 인권이라는 개념에 대한 충분한 기초가 세워져 있지 않은 것이다.

아무리 전체의 행복이라는 관점에서 좋아 보이는 것일지라도 개개인의 존엄이나 인권을 무시해서는 안 된다는 것이 롤스의 공리주의 비판의 중심점이다. 롤스는 개개인의 인권을 정의라는 개념에서 정의론을 생각한 것이다.

정의의 두 가지 원리

그렇다면 구체적으로 어떤 논리로 정의를 생각해야 할까?

오늘날의 정치철학은 '사회계약론은 현실에 존재하지 않는다'는 것을 전제로 하고 있기 때문에 사회계약론의 논리를 그대로 사용할 수는 없다. 또한 일본 메이지시대 등에서 주장된 천부인권, 즉 인권은 자연이나 하늘에 기초한다는 논리 역시 현대에 적용하기는 어렵다. 실제로 로크와 같은 사회계약론의 고전에도 하늘이라는 관념이 있고 하늘에 호소하다appeal to heaven라는 주장을 포함하고 있지만, 그 같은 논리도 오늘날에는 적용하기 어렵다. 그렇다면 어떻게 해야 인권이나 개인의 존엄에 근거를 부여할 수 있을까?

근대 철학자 중에서 개인의 존엄을 공식화한 사람은 칸트다. 그러나 칸트의 철학은 미국에서는 오히려 난해한 형이상적 논리로 인정받는 경향이 있다. 이에 칸트의 논리를 보다 평이하게 전개해보인 사람이 롤스다.

사회계약론은 그 계약이 실제로 존재하지 않았다는 점에서 비판을 당했기 때문에 롤스는 그 대신 사람들이 머릿속으로 그런 계약을 맺었다고 가설적으로 생각하게 한다. 우선 원초상태original position라는 상황을 생각하고, 그 상황에서 사람들에게 무지의 베일이 씌여 있다고 가정하는 것이다. 그런 상태에서 사람들이 합의하는 정의를 롤스는 공정한 정의justice as fairness라고 부른다.

롤스의 정의에는 두 가지 원리가 있다. 제1원리는 평등한 기본적 자유의 원리다. 이 원리는 오늘날 헌법에서 말하는 자유권, 즉 언론의 자유나 직업 선택의 자유, 결사의 자유 등에 해당한다. 이것은 사람들은 기본적인 자유에 대한 평등한 권리를 갖고 있다는 근대의 자유주의의 근간을 이루는 생각이다. 무지의 베일을 쓴 가설적 상황에 있으면 누구든지 억압당하고 싶다고는 생각하지 않기 때문에 제1원리에 합의한다고 생각한 것이다.

롤스는 이들 자유는 다른 자유와의 충돌에 의해서만 제한된다고 말하면서, 여러 자유 속에서 우선순위를 생각했다. 이에 대한 다른 논리가 있을 수 있지만, 자유의 원리 자체를 비판하는 논리는 선진국에서는 거의 찾아볼 수 없다. 이것이 로크의 사회계약론을 대신하는 오늘날의 헌법체제, 인권의 근거를 부여하고 있는 것이다.

이에 대해 제2원리는 여러 가지 논쟁을 만들고 있다. 제2원리는 평등에 관한 원리로 두 개의 원리로 나뉜다. 그 첫 번째(앞에서 말한 공식화에서는 두 번째)가 공정한 기회균등의 원리다. 이것은 기회균등의 확보를 의미하며 격차원리보다 우선한다.

예전의 신분제 사회처럼 자유가 존재하지 않는 상황은 제1원리에 반하는 것이다. 선진국의 경우 제1원리는 헌법 능에서 인정받고 있지만, 공정한 기회균등에 관해서는 아직 충분히 인정받지 못하고 있다. 지금도 상속이나 교육의 문제를 살펴보면 태어난 환경 등에 의해 기회가 불균등하게 주어진다는 생각이 뿌리 깊다. 이런 점을 수정해서 공정한 기회균등을 실현해야 한다는 논리가 나오는 것이다. 또한 취직에서 성별, 국적, 인종에 의한 차별이 존재한다면 그 역시 이런 원리에 의해 바뀌어야 할 것이다.

격차원리

제2원리의 또 한 가지 원리는 롤스의 정의론에서 가장 큰 논란을 불러일으킨 격차원리다. 이것은 결과의 평등과 관련이 있다. 경제적·사회적 불평등은 가장 불운한 사람이 기대할 수 있는 편익을 최대치로 높이는 불평등이어야 한다는 것이다. 제2원리의 이런 두 가지 원리가 이루어졌을 때 비로소 사회적·경제적 불평등이 허용된다고 한다.

가령 자신이 부자거나 능력이 있다는 것을 안다면 자신의 수입이 많을 거라 생각하기 때문에 복지를 위해 많이 과세하는 것에 반대할지도 모른다. 그러나 무지의 베일 아래서는 자신의 구체적인 상황을 알 수 없다. 그래서 그 베일을 들춰 보았을 때 자신이 병이 들었거나 재능이 없거나 불운하고 비참한 상태일지도 모른다. 롤스는 '자신이 어떤 상황인지 모른다'는 조건 아래서는 자신이 가장 불운한 인간이라도 괜찮아질 수 있는 원리에 동의하지 않을까 생각한 것이다.

이 원리를 이상적으로 생각하는 사회는 일정 수준의 복지가 실시되어 격차가 어느 정도 감소하는 것이다. 언뜻 보면 소박한 공산주의의 이상처럼 격차가 완전히 평준화된 사회로 좋아 보일 수도 있다. 만약 그렇게 된다면 일을 하고자 하는 동기까지 없어져버릴 위험이 있다. 경제성장이 멈춰서 모두가 가난해지는 것보다는 발전하는 경제 속에서 복지를 통해 은혜 받지 못한 사람도 경제성장의 혜택을 보게 하는 편이 낫다. 격차가 과하게 벌어지는 것은 허용할 수 없지만, 그 불평등을 어느 정도 수정해서 경제적 약자도 혜택을 받을 수 있을 정도의 불평등은 바람직하다고 롤스는 생각한 것이다.

공산주의나 사회주의와 같이 결과로서의 보수를 기본적으로 모두 평등하게 한다면 사회적·경제적 불평등은 없어지지만 경제가 정체될 위험성이 높아진다. 이와 정반대의 상황은 모든 것을 시장경제에 맡기고 빈부 격차가 얼마나 크게 벌어지든 국가가 복지 따위는 신경 쓰지 않는 것이다. 그러나 그럴 경우 베일을 벗었을 때 자신이 가장 가난한 사람이라는 것을 알게 되면 그는 매우 불행해질 것이다. 그래서 롤스는 그런 양 극단을 배척하고 일정 수준의 복지와 격차를 옹호한 것이다.

간단히 정리하면 제1원리는 가능한 한 자유는 평등하게 모든 사람에게 부여할 것을 인정한다. 제2원리는 가장 비참한 사람을 위해 어느 정도의 평등을 실현하고, 심한 불평등은 개정한다는 것이다. 이렇게 사회주의나 사회민주주의와는 다른 정치철학을 통해 복지국기를 정당화할 수 있게 되었다.

미국에서는 사회주의가 사상적으로나 정치적으로 매우 약하기 때문에 빈곤문제에 대처하는 방법으로 롤스의 이런 논리가 매우 유력하게 제기되었다. 그래서 정치적으로 자유파라고 불리는 진영에서는 롤스적인 발상을 찬성하는 사람이 많다.

일본의 전문가들 역시 인권이나 복지 면에서는 정치철학이나 경제철학의 기초가 약하다는 공통의 이해를 갖고 있기 때문에, 롤스의 정의론으로 복지국가를 옹호하는 경우가 있다.

과학은 사물을 경험적으로 분석하기 때문에 자연과학이나 정치과학의 입장에서 정의를 주장하는 것은 불가능하다. 그래서 정치철학이 쇠퇴한 후에도 롤스의 《정의론》의 등장으로 새로운 논리를 얻은 정치철학이 기세를 회복한 것이다. 그리고 롤스의 논리를 중심으로 정치는 어떠해야 하는가? 라는 규범적인 논의가 시작되었다. 주요 무대가 미국이었기 때문에 자유에 대해 의심하는 논리는 적었지만, 당시 복지는 큰 문제였고 그에 대해 롤스적인 논의는 일정 수준의 복지정책과 복지국가를 옹호하게 된 것이다.

동양의 정의

이러한 롤스의 세약론적 논리는 정치규범적인 논의와 정치철학 자체를 부흥시키는 강력한 효과를 가져왔다. 그런데 이 정의라는 개념에는 주의가 필요하다. 한자를 사용하는 동양권에서 정의라고 하면 보통 윤리적인 정의를 생각한다. 유교적 관념에서 의가 인·의·예·지·신 오덕의 한 가지로 인식되듯 정의는 초월적·윤리적인 의미를 띠고 있다. 그러나 롤스가 말하는 정의는 가설적인 계약이라는 상황에서 모든 사람이 합의할 수 있는 정의이자 모두가 이성적으로 바르다고 생각하는 것이다. 따라서 여기에는 초월적·윤리적 의미는 포함되어 있지 않다. 이런 점에서 동양의 정의라는 말과는 약간 다르다. 실제로 롤스의 논리에는 저스티스 외에 정right, 올바름 rightness, 공정fair 같은 말도 종종 사용된다. 그가 말하는 정의는 공정한 정의에서의 정正 내지 올바름인 것이다.

서양에서도 아리스토텔레스나 그보다 더 오래된 플라톤 등의 고전적인 정치철학에서 정의는 덕이나 선과 밀접한, 윤리적인 관념이었다. 그러나 오늘의 사회에서는 종교적·윤리적인 생각이 쇠퇴하고 또 다양해졌기 때문에 그런 근거로 정의를 주장하기는 힘들어졌다. 이에 롤스는 선을 비롯한 윤리적 관념과는 독립시켜 인간의 합의로서 정의를 생각한 것이다. 이것은 모든 사람이 합의할 수 있을 만한 정의이자 의무(권리)론이라 불리는 것처럼 사람들은 그 정의를 지켜야만 한다. 이런 이유로 종교적·윤리적인 근거 없이 정의를 보편적으로 주장할 수 있었고 롤스의 논리는 매우 큰 임팩트를 얻게 된 것이다.

칸트적 자유주의

롤스의 《정의론》 사상은 칸트적 자유주의라고도 할 수 있다. 칸트의 도덕법칙에서 설명한 것처럼 칸트는 인간의 존엄을 지키는 것을 당연히 지켜야 할 의무론으로 내세웠고, 계약론도 주장했다.

《정의론》에서 롤스는 공정함의 정의를 칸트의 사상에 입각해서, 원초상태는 칸트의 자율과 정언명령이라는 관념을 절차적으로 해석한 것으로 볼 수 있다고 말했다. 즉 원초상태에서의 생각은, 칸트

가 말하는 지성계에 존재하는 본체적 자기noumenal selves 상태에서의
생각이라고 볼 수 있다는 말이다.

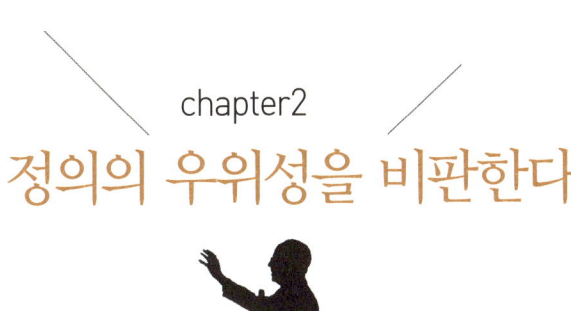

chapter2
정의의 우위성을 비판한다

정의와 선

　롤스의 《정의론》 간행 후 10년이 지난 1982년, 샌델은 《자유주의와 정의의 한계》를 출판했다. 샌델은 1953년 미국에서 태어나 브랜다이스대학교를 졸업 후 옥스퍼드대학(밸리올 칼리지)에서 찰스 테일러라는 캐나다 철학자에게 가르침을 받고 박사학위를 취득했다. 헤겔 철학으로 연구를 시작한 테일러는 유럽 철학에도 매우 조예가 깊은 사람으로 그는 훗날 공동체주의의 내표적인 철학자 중 한 명이 되었다. 그의 영향 덕분에 샌델의 견해 속에는 유럽 철학의 발상이 포함되어 있다. 영미에서는 아무래도 공리주의 혹은 계약론적 발상이 중심이 되지만 유럽적 철학, 그중에서도 헤겔 철학에는 공동체주의적 발상이 존재하기 때문이다.

　샌델의 롤스 비판에서 가장 중요한 점은 롤스 같은 자유주의의 정의론을 정의의 우위성the primacy of justice 또는 올바른 것의 선(좋은)에 대한 우위성the priority of the right over justice이라고 특징지으며 비판한 것이다. 선이란 인간이 어떻게 살아야 하는가? 무엇을 윤리적으로 좋다고 할 것인가? 라는 물음에서 나타나는 윤리적 관념이다. 그러나 샌델에 의하면 롤스의 논의에서는 좋은 삶의 방법에 대한 생각이 사람에 따라 다양하게 존재하기 때문에 선보다는 모든 사람이 합의할 수 있는 정의가 우위에 있다고 한다. 그렇기 때문에 정의가 우위라고 한 것이다.

이 정의의 중심 개념은 권리다. 롤스와 함께 자유주의를 대표하는 법철학자 드워킨은 《권리론》(*Taking Rights Seriously*, Duckworth, London, 1977)에서 평등한 배려와 존중의 권리를 주장했다. 또한 정의를 통해 확보된 권리는 사회 전체에 대해 특정 선에 기초한 정책에 반대하기 위한 개개인에 의해 유지되는 비장의 카드 기능을 갖는다고 했다. 영어권에서는 언어적인 면에서 봐도 올바름right은 권리rights와 밀접한 관계가 있으며, 자유주의 사상에서는 권리와 정의가 거의 동일시되고 있다.

무연고적 자아를 비판한다

롤스는 정의는 좋은 삶에 대한 특정 생각(구상, conception)에 의거하지 않는다고 했다. 예를 들어 기독교의 세계관이 절대시되던 중세와는 달리 오늘날에는 어떤 삶이 좋은 삶인가? 라는 질문에 대한 답은 사람마다 다르다. 이처럼 개개인의 가치관에 따라 선에 대한 생각이 달라진다면, 정의가 특정 가치관을 따를 경우 모든 사람이 합의하는 것은 불가능하다. 그래서 정의는 특정 선에 대한 생각에 의존하지 않는다. 선에 대한 생각은 다양하더라도 정의는 하나여야만 한다. 가설적인 계약에 있어서 모든 사람이 합의할 때야말로 정의가 성립되기 때문이다.

이런 생각의 밑바탕에는 각 개인은 자유롭게 독립된 인간이라는 인간관이 있다. 이런 인간은 롤스가 말하는 무지의 베일을 덮어써서 자신이 어떤 인간인가? 라는 구체적 속성, 예를 들면 성격 등의 특징을 알지 못하는 존재다. 샌델은 롤스가 설정한 이 원초상태에서의 인간에 대해 무연고적 자아, 부하負荷 없는 자아, 유리된 자아라고 부르며 비판했다.

부하라고 하면 나쁜 의미로 들릴 수 있지만 원어인 encumbered는 '다양한 특징을 갖고 있다, 짊어지고 있다'는 의미다. 예를 들어 어느 가족의 한 사람이다, 대학이나 기업의 일원이다, 한 나라의 국민의 한 사람이다 같은 구체적인 속성을 갖고 있는 것이다. 이와 같은 자아를 샌델은 언고적 자아 혹은 파묻힌 자아embedded self, 위치 지어진 자아situated self 등으로 부른다. 이런 것을 무시하고 만들어낸 추상적인 인간을 무연고적 자아라고 부르는 것이다.

롤스는 무연고적 자아를 생각하고 그런 사람들이 합의할 수 있는 원리로서 정의를 생각했다. 그러나 샌델은 이런 무연고적 자아라는 인간관에 문제가 있다고 주장했다. 현실의 인간은 다양하고 구체적인 소속을 갖고 특정 공동체, 특정 그룹의 구성원으로서 도덕적 혹은 정치적인 책무를 지고 있다. 각각의 독특한 상황 속에서 상황 지어진 연고적 자아가 한 사람 한 사람의 삶 그 자체인 것이다. 그런 상황에서 중요한 것 중 하나가 공동체다. 그렇기 때문에 샌델은 무연고적 자아라는 롤스의 자아관과 인간관을 비판했다. 그리고 연고적 자아라는 자아관과 인간관을 제기하고 그 자아가 놓인 상황인 공동체를 중시했다. 여기에서 공동체주의라는 말이 나오게 되었다.

일반적으로 《자유주의와 정의의 한계》의 가장 중요한 포인트는 무연고적 자아 비판이라고들 말한다. 틀린 말은 아니지만 이 책에서의 롤스 비판은 그게 다가 아니다. 〈하버드 강의〉나 《정의》에서 나온 중요한 철학적 골격이 모두 여기에 등장하고 있다. 이것은 공동체주의의 초보적인 해설에는 나오지 않는 중요한 논점이다. 〈하버드 강의〉에서 롤스 비판으로 나온 적가desert의 논의나 최종편에서 나온 목적론은 모두 《자유주의와 정의의 한계》에서 주요 논점으로 제기되었다.

형이상학 없는 정의론

자유주의와 정의의 우위성

칸트와 롤스의 차이

　〈하버드 강의〉에서는 칸트의 철학 중 의무론에 대해 설명했다. 의무론이란 결과에는 관계없이 도덕적 원리 내지 규칙에 기초한 행위를 의무로서 해야만 한다는 논리다. 공리주의가 행위나 정책 그리고 규칙의 결과를 최대치로 만든다는 점에서 결과주의처럼 보이는 반면, 칸트의 의무론은 어떤 도덕법칙을 무조건으로 수행해야만 하고 침해해서는 안 된다는 생각이 강하다. 롤스 본인이 스스로의 이론을 의무론이라고 부르고 있기 때문에 샌델은 롤스의 의무론적 자유주의 혹은 의무론적 윤리학을 비판하고 있다. 그리고 이러한 롤스의 생각을 대치할 수 있는 사상이 〈하버드 강의〉나《정의》에서 설명된 목적론이라고 주장하는 것이다.

칸트는 인간은 감각적인 세계(감성계)에서 경험적 대상으로 존재하지만, 동시에 생각할 수 있는 세계(지성계, 可知界)에도 존재한다고 주장한다. 그리고 지성계의 사람들은 도덕법칙을 자율적으로 정하고 그것을 지켜야 한다는 것이다. 이것이 칸트의 의무론의 골격이다.

이 같은 법칙을 정하는 주체는, 경험적으로는 알 수 없음에도 불구하고 스스로의 다양한 지각을 통일적으로 파악하는 주체이자 경험의 주체이다. 이런 주체(초월론적 주체)는 경험에 우선해 독립적으로 존재하고 있다.

샌델은 이 같은 주체관을 비판하고 있다. 근대 철학에서는 인간의 주체성이 중요하다고 여긴다. 예를 들면 공동체에서 개개인이 해방되어 분리되는 것이 중요하다는 것이다. 이같은 주체에 대한 생각을 칸트가 철학적으로 완성한 셈이다.

이런 칸트의 생각은 당시 눈에 보이지 않는 세계에 대해 정면으로 논한 헤겔 등에 비하면 형이상학적 사상은 아니다. 칸트는 당시의 독단적인 형이상학을 비판하고 자신의 비판철학을 제기했다. 그러나 영미철학의 발상에서 보면 그럼에도 불구하고 형이상학적으로 보인다. 지성계나 초월적 주체 혹은 본체론적 주체, 정언명령 같은 생각이 경험적 인간이나 세계에서 떨어진 견해라는 점에서 형이상학적으로 보이는 것이다.

샌델에 의하면 롤스의 정의론은 칸트적인 발상을 디딤돌로 하고 있지만 칸트철학 자체에 입각하고 있지는 않다고 한다. 칸트의 관념론적인 형이상학을 수정해서 형이상학 없는 자유주의의 전개를 꾀한 것이다. 그래서 더 큰 영향력을 갖게 되었을 것이다.

실제로 롤스는 칸트의 해석도 시사하고 있지만 그 논리에 있어서는 칸트철학에 입각한 것이 아니라 원초상태나 무지의 베일이라는 개념을 이용하고 있다. 계약의 상황을 가설적으로 상정하고는 있지만, 그 상황 속에서 합의한 정의를 합리적인 경험론의 발상이라고 생각하는 것이다. 샌델은 그것을 수정주의자revisionist의 의무론이라고 부르면서 그런 정의론의 문제점을 짚고 있다.

chapter4
롤스가 생각하는 자아란?

정의와 도덕 주체

합리적이고 무관심한 자아

샌델에 의하면 칸트와 마찬가지로 롤스 역시 의무론적 자유파로서, 정의는 사회제도의 최대의 미덕이자 가치 중의 가치로 여겼다. 즉 정의가 다른 가치보다 우위에 있어야 한다는 정의의 우위성이다. 이것은 도덕적으로 해야만 한다는 의미와 다른 많은 가치와는 별개라는 의미를 포함하고 있다.

롤스의 출발점이 되는 자아는 자신이 선택한 목적보다 선행해서 존재하며(자아의 선행성, 우위성, the priority of the self) 구체성이 박탈되어 있다. 그런 자아가 원초상태에서 주체로서 정의의 원리를 선택한다. 즉 롤스는 자신에게 구체적인 정보는 없지만 논리적으로 사고할 수 있다는 점에서 합리적 자아를 생각하고 있다.

그렇다면 합리적 자아는 무엇을 원할까? 우선 살아가기 위해 필요한 사회적 주요재산primary social goods을 원한다. 어떤 특정한 가치관에 의해 평가되는 재산이 아니라 합리적인 인간이라면 누구라도 원할 만한 재산으로 권리, 자유, 기회, 권력, 수입이나 부 등이다. 이런 주요 재산 일람표의 내용은 롤스가 말하는 선(좋은것)의 희박이론thin theory of the goods에 의해 부여된다. 이것은 옳은 것에 대한 생각들 중에서, 자유나 권리처럼 널리 의의가 있다고 생각되는 최소한의 사항을 가리킨다. 이에 비해 특정 가치나 목적에 관계하는 이론을 롤스는 선(좋은것)의 완전이론full theory of the goods이라고 부른다.

원초상태는 칸트의 도덕·정치철학을 경험론의 범위에서 재공식화한 것이다. 하지만 이것이 과연 칸트의 형이상학적 부분을 회피하고 의무론적 자유주의의 기초를 형성할 수 있을까? 샌델은 이런 의문을 제기한다.

이것을 고찰하기 위해서는 롤스가 말하는 정의의 상황the circumstances of justice이란 관념으로 눈을 돌릴 필요가 있다. 정의의 상황이란 경험론자 흄의 개념으로 정의가 성립되기 위한 조건이자 인간의 협력을 가능하게 하고 필요로 하는 조건이다.

예를 들어 남아돌 정도로 넉넉한 자원이 있다면 격차를 허용할 필요 없이 모두가 평등해져서 모든 사람이 갖고 싶은 만큼 가지면 된다는 공산주의적 발상이 퍼질 것이다. 그렇기 때문에 객관적인 정의의 상황으로서 자원의 안정적인 희소성이 필요해진다.

또 한 가지 주관적인 정의의 상황은 원초상태의 사람들은 서로 무관심하다는 것이다. 다른 사람을 고려해 정의의 원리를 생각하는 것이 아니라 어디까지나 자기 자신의 선을 기준으로 자신의 목적을 실현한다고 가정하고 있다. 즉 다른 사람이 빈곤하고 불쌍하다고 격차원리에 합의하는 것이 아니라 자신이 어쩌면 가장 비참한 상황일지도 모른다고 생각해 자신에게 이득이 되도록 합리적으로 생각하기 때문에 격차원리에 합의하는 것이다.

여기서 잠시 샌델의 논의에 대한 나의 생각을 설명해두자. 사실 인간은 다른 사람에게도 관심이 있기 때문에, 보통 사회보장을 논의할 때 빈곤한 사람을 그냥 두는 것은 비인도적인 일이니 가난한 사람을 돕자고 한다. 그런데 롤스의 논리에서는 인간은 가설적인 상황 아래에서 다른 사람에게 무관심하기 때문에 다른 사람의 이익은 생각하지 않고 어디까지나 자신의 이익을 합리적으로 생각한다고 인간 주체를 상정하고 있는 것이다.

보통 가난한 타인은 어찌되든지 나만 풍족해지면 그만이라고 생각하는 사람을 이기주의적 인간이라고 여긴다. 그런데 롤스는 매우 역설적으로 타인에게 무관심하지만 합리적인 주체를 생각했다. 자신에게 무지의 베일이 씌워져 있기 때문에 합리적인 주체는 자신이 최악의 상황에 놓여 있을 경우를 생각하게 되고, 격차원리에 합의하는 것이다. 그렇기 때문에 이 원리는 현실 세계에 적용할 경우 가장 가난한 사람을 위한 내용이 된다.

이 같은 사고는 보통 상황에서 생각하면 가장 비참한 사람의 입장에 서서 생각한다는 것으로 그 사람의 이해를 자신의 것과 동일시한다는 것을 의미한다. 이것은 보통 사람에게는 좀처럼 불가능한 일이다. 그것을 가능하게 하는 것이 원초상태라는 가설적인 상황인 것이다. 칸트가 격률(格率, 행위의 개인적·주관적 원칙)에 대해 보편화 가능성을 테스트하는 것과 마찬가지로, 롤스는 원초상태라는 가설적 상황을 상정해서 합리적 인간이 가장 가난한 사람의 입장에서 생각한다는 논리를 가능하게 만들었다.

이것은 매우 중요한 부분으로 롤스를 포함한 영미 대부분의 정치철학자들은 다른 사람이 아닌 자신의 합리적인 이익을 생각하는 인간상을 상정한다. 주류파 경제학에서도 역시 이익의 최대화를 이른바 공리로 생각하고 있다. 그 같은 생각에 기초한 합리적 선택이론(공공선택이론)도 발전하고 있고 롤스도 그런 흐름을 의식해서 자신의 이론을 전개하고 있다.

가령 롤스가 불쌍한 사람을 위해 복지를 해야 한다와 같은 논의를 제기했다면 그의 《정의론》은 큰 임팩트를 갖지 못했을 것이다. 오히려 타인에게 무관심하지만 합리적인 주체를 상정하고 있기 때문에 그렇다면 누구라도 합의할 것이고 그런 결과는 복지옹호의 논리가 된다고 보았기에 큰 영향을 미친 것이다.

다원성, 소유의 주체, 주의주의主意主義

샌델에 따르면 이런 정의의 상황은 경제론적으로 해석하면, 사람들이 이상적인 가족처럼 선의나 우애의 미덕에 기초해서 행동한다면 인애나 우애의 상황이 성립하기 때문에 정의의 상황이 될 수 없다고 한다. 반대로 선의나 우애가 없어졌을 때에 비로소 정의의 상황이 성립한다는 것이 샌델의 해석이다.

하지만 그렇게 되면 이것은 의무론적 사고에는 맞지 않는다. 칸트의 정언명령과 같이 의무론적인 주장은 우연의 상황에 의해 좌우되는 것이 아니기 때문이다. 롤스는 칸트의 관념론적인 형이상학을 떠나서 경험론적으로 설명할 수 있는 논리를 제기하려고 했지만, 여기에는 의무론과 경험론적인 정의의 상황이라는 개념 사이에 이론적인 불일치가 존재한다.

이에 대해 의무론적 관점에서 원초상태는 원래 경험적인 사실을 나타내고 있는 것이 아니기 때문에 이 같은 비판은 성립하지 않는다는 반론이 나올 수 있다. 원리와 도덕적 직관을 서로 맞춰가며·생각하는 반조적返照的 균형이라는 방법에 기초해 원초상태의 논의가 성립하고 있다. 따라서 이것은 원래 정의의 원리를 발현하기 위한 허구이자 궁리라는 주장이다.

이 같이 생각하면 롤스의 논리 전체에 도덕주체에 대한 특정한 사고가 암묵적으로 존재한다고 볼 수 있다. 그것은 우선 자타 관계에 있어서 개개인이 다원적이고 각각 별개the plurality and distinctiveness라는 인간관이다. 인간 사이의 통일성보다 다원성이 우선되고 자타의 한계가 명확하게 존재하는 것이다.

다음으로 자아와 목적을 별도로 분리해 자아를 소유의 주체로서 보는 인간관이 존재한다. 아이덴티티를 구성하는 나와 나의 것을 구별하는 것이다. 그리고 자아가 그런 의사에 의해 소유의 대상을 선택한다는 주의주의voluntarism적인 생각이 존재한다.

단, 서로에게 무관심한 인간을 상정하고 있다고 해서 롤스가 반드시 현실에서 옹졸한 개인주의적 인간, 바꿔 말하면 이기주의적 인간을 상정하고 있는 것은 아니다. 현실에는 공동체주의적인 가치관을 가진 인간도 있을 것이다. 그러나 롤스가 말하는 주체는 자타의 경계가 있고, 일찍이 개인화되어 소유하는 주체이기 때문에 깊은 의미에서 볼 때 개인주의적이다.

롤스의 견해는 가족·공동체·계급·국가 등에 책임이나 책무를 갖고 있다는 간주관間主觀적인 인간관과 대립한다. 이런 인간관에서는 자아가 개인 이상의 것을 포함하고 있다고 상정하고 있기 때문이다. 이 같이 자아에 기초한 공동체를 샌델은 구성적 의미(본질적 의미, constitutive sense)에서의 공동체라고 표현한다.

자유주의파의 이론가들도 현실에서 공동체가 존재하는 것은 인정하지만, 공동체의 한 사람은 다원적인 개인이자 독립적 의사를 갖고 선택한다는 견해를 갖는다. 즉 개인이 먼저 존재하고 그 개인들이 공동체를 만드는 것이다. 이에 비해 구성적인 의미의 공동체라는 것은 가족이나 지역공동체 등의 일원이라는 자각이 자아의 아이덴티티를 구성하는 상황을 가리킨다. 이런 경우 무엇을 선택하거나 생각할 때의 가치관도 공동체와의 관계에 기반을 두게 된다. 따라서 공동체에서 독립한 자신이 우선시되지만 그 개인이 자신의 의사로 결정하는 것이 아니다. 즉 자신의 아이덴티티는 공동체와의 관계 속에서 구성적인 의미의 공동체라고 표현하는 것이다.

샌델은 롤스가 상정하고 있는 도덕주체를 이 같이 파헤친다. 이 책의 결론부에는 무연고적 자아를 주장하는 롤스에 대한 비판이 나온다. 여기에는 그 비판을 위한 이론적 정리가 되어 있고 그런 의미에서 중요하다.

오늘날 일반 철학 분야에서는 자아와 타인의 관계에 주목하는 논리가 적지 않은데, 샌델 역시 이 점에 주목하고 있다. 롤스 이후 샌델 등의 비판이 영향력을 갖기 전까지 사상계에는 자유주의가 압도적으로 우세했다. 지금까지도 마찬가지이기 때문에 새롭게 자아관을 묻는 경우는 많지 않다. 이런 분위기 속에서 자유주의가 상정하고 있는 자아관에 의문을 던지는 것이 샌델의 논점이다.

chapter5
소득은 도덕적 가치와 무관한가?

소유·적가·분배의 정의

자유주의와 자유지상주의

　롤스의《정의론》이 등장한 후로 사상계에는 평등을 존중하고 사회보장을 옹호하는 자유주의가 주류를 이루었다. 그 대표적 논자가 바로 로널드 드워킨이다. 이에 대해 계약론과 의무론이라는 자유주의와 비슷한 논리를 적용하면서노 복시정책을 정면으로 비판한 자유지상주의의 대표적 논자는 1974년에《무정부, 국가 그리고 유토피아》*Anarchy, State and Utopia,* Blackwell를 발표한 로버트 노직이다. 1970년대 후반부터 공동체주의의 논의가 나타날 때까지는 롤스 대 노직, 바꿔 말하면 자유주의 대 자유지상주의라는 논의가 주류였다.

앞서 언급한 것처럼 유럽의 정치적 자유를 옹호해온 자유주의와 미국의 정치철학에서 말하는 자유주의는 내용이 약간 다르기 때문에 유의해야 한다. 또한 정치적 입장을 나타내는 자유주의와 정치철학에서의 자유주의도 그 의미가 다르다. 《자유주의와 정의의 한계》에서 비판하고 있는 자유주의는 미국의 정치철학이나 법철학 논리에서의 자유주의다.

정치철학 분야에는 자유를 둘러싸고 고찰하는 부분도 있기 때문에 여기서 전체를 설명할 수는 없지만, 간단히 정리하자면 다음과 같다.

유럽에서 정치적 자유를 확립한 사상가 중 유명한 로크나 J. S. 밀은 종교적 사고나 포괄적 철학 등 일정한 가치관과 세계관을 전제로 자유를 옹호했다. 이에 비해 롤스를 비롯한 미국의 자유주의자들은 특정의 선 또는 가치관이나 세계관에 기초하지 않고 자유를 옹호한다. 롤스가 말하는 정의의 원리의 중심에 있는 것 또한 자유다. 미국의 정치철학에서 자유주의는 자유의 옹호라는 점에서 유럽의 전통적인 자유주의와 공통점이 있지만, 선 등의 가치관이나 세계관과는 떨어져 있다. 이런 미국적 의미의 자유주의는 자유지상주의에도 포함되어 있다.

정치적인 면에서 볼 때 미국에서는 보수주의가 시장경제를 중시하며 복지 등에 냉담한데, 자유지상주의는 이런 점에서 보수주의적이라고 할 수 있다. 이와는 달리 자유주의는 진보적인 입장에서 복지를 옹호하는 경향이 강하다. 롤스적인 자유주의가 바로 이런 입장이다. 그렇기 때문에 미국의 자유주의에는 유럽의 자유주의에 비해 사회민주주의에 가까운 이미지가 있다.

미국과 계약의 친화성

계약론적인 면에서 미국에는 큰 특색이 있다. 실은 미국 건국의 경우 어느 정도 계약에 가까운 형태로 국가의 시초가 이뤄졌다.

1620년 청교도들이 신앙의 자유를 찾아 미국으로 이주했을 때, 그들은 메이플라워호에서 메이플라워 서약을 맺었다. 그 후 동부 13주가 만들어졌고, 이들이 영국에서 독립해서 사회계약론의 논리를 이용해 헌법을 제정했다. 즉 영국에서 바다를 건너온 청교도들이 계약에 의해 국가의 원형을 만들고 주(방, 邦)를 나누어 국가(연방, 蓮邦)를 세우게 되었다. 따라서 애초에 그들은 계약론의 논리를 받아들이기 쉬웠다.

게다가 독립한 후에는 왕권을 지지하는 세력이 없어졌기 때문에 귀족이나 신분제도를 옹호하는 보수주의자가 극히 적었다. 유럽에서는 보수주의자들이 왕권이나 귀족 같은 상류계급을 옹호하는 경우가 많았지만, 미국은 그렇지 않았다. 물론 부유한 자가 상류계급을 구성하지만 그들이 신분제적인 귀족은 아니다.

한편 유럽에서는 마르크스주의나 사회주의가 영향력을 갖고 있었으며 일본 역시 전후에는 마찬가지였지만 미국에서는 그렇지 않았다. 사회주의나 공산주의에서는 자유보다 평등을 중시하지만, 미국에서는 자유의 나라, 미국이라는 생각이 강했기 때문에 사회주의는 상대적으로 약할 수밖에 없었다.

즉 미국에서는 보수주의든 자유주의든 간에 거의 모든 사람들이 신분제에는 반대하고 정치적 자유를 존중하는 것에 동의한다. 그런 의미에서 기본적으로는 넓은 의미의 자유주의에 동의하고 있다. 그러나 넓은 의미의 자유주의 속에는 정치적 자유의 존중뿐만 아니라 다양한 생각이 존재하고 있다. 이처럼 그들이 생각하는 자유liberty, freedom라는 관념 속에는 다양한 의미가 포함되어 있어서 이해하기가 쉽지 않다.

경제적 자유로 나뉜 사상

미국의 정치사상은 어떤 자유를 옹호하는가? 라는 질문에 대한 답변에 따라 두 갈래로 나뉜다.

롤스적 자유주의는 복지를 옹호하기 때문에 평등을 중시하는 점에서 좌익이 되고 정당으로는 민주당 쪽에 가깝다. 또한 평등지향이라는 점에서, 가난한 자를 돕기 위해 사회복지를 마련해야 한다, 이를 위해 부유한 사람이나 기업에게 소득세나 법인세를 부과해야 한다는 복지정책에 대한 주장이나 건전한 시장경제를 지키기 위해서는 기업을 규제해야만 한다라는 식으로 기업이나 경제활동의 자유를 속박하는 주장이 나온다.

이에 비해 자유지상주의는 우익에 해당하는 공화당에 가깝다. 시장경제를 옹호하고 빈부의 차는 어쩔 수 없다는 생각 때문에 부유한 사람들의 지지층이 많다. 정치적 자유뿐만 아니라 기업이 시장경제 속에서 자유롭게 경제활동을 하는 것이 중요하다면서 경제적 자유도 강하게 주장한다. 이들은 기업이 자유를 잃게 된다는 점에서 과세나 규제에 비판적이다. 이 같이 모두가 정치적 자유에는 찬성한다 해도 경제적 자유 면에서는 논의가 나뉘게 된다.

자유지상주의는 경제적 자유를 포함해서 자유를 특히 강조하기 때문에 긍정적으로 해석할 때에는 자유존중주의로 번역된다. 신자유주의가 시장원리주의라고도 불리는 것과 대응해서 그와 정책적 공통성을 나타내는 데에는 이런 해석이 편리하다. 기본적으로 원리주의는 지나치게 경직적인 생각에 이용되는 경우가 많은 용어이기 때문에 자유지상주의에 비판적인 입장을 담은 번역어라고도 할 수 있을 것이다. 하지만 번역어의 사상적 입장이 모두 일치하는 것은 아니기 때문에 최근에는 원어 그대로 리버타리아니즘^{libertarianism}으로 표기하는 경우가 많다. 마찬가지로 자유주의도 유럽의 일반적인 자유주의와 구별하기 위해 미국의 정치철학적 의미라는 뜻에서 리버럴리즘^{liberalism}이라고 하는 경우가 늘고 있나.

자유지상주의자들은 자유주의파보다 자유를 존중하고 있다고 스스로 주장한다. 미국에서는 자유를 중시하기 때문에 이런 사상이 사람들에게 아메리칸 드림을 체현하는 사상이라고 생각한다. 이를 받드는 사람들이 바로 리버타리안(자유지상주의자)들이다.

이보다 더 극단적으로 국가권력은 불필요하다고 하는 사고로서 아나키즘(무정부주의)이 있다. 이 가운데 우파는(무정부적 자본주의, Anarcho-capitalism) 인간이 국가의 규제 없이 자유롭게 행동한다면 시장이 발전할 수 있으니 국가권력을 없애자고 주장한다. 역으로 좌파적인 아나키즘은 국가의 간섭이 없다면 사람들이 서로 도와가며 이상적인 사회를 만들 수 있으니 국가를 없애자고 주장한다.

노직 같은 자유지상주의자도 아나키즘은 지나친 극단으로 문제가 있다고 생각한다. 국가권력이 없다면 인간은 서로를 죽이거나 재산을 빼앗으려고 분쟁을 일으킬 것이다. 자유지상주의자들은 이런 문제점을 인정하기 때문에 치안이나 시장의 룰의 유지를 위해서 국가권력이 필요하다고 주장한다. 복지 등을 위해서가 아니라 이들의 최소한의 목적을 위해서만 국가가 존재해야 한다는 것이다. 노직은 최소한의 국가minimum state를 주장하면서 국가권력은 최소한으로 하고 개인은 자유롭게 행동해야 한다고 말한다.

또한 자유지상주의자들도 개개인이 이기주의적으로 서로 빼앗아도 괜찮다고 주장하는 것은 아니다. 인간이 자유롭게 행동하면 서로 도우며 자발적으로 NPO나 NGO를 통한 공공적 활동을 할지도 모른다. 그러니 국가권력이 개입해서 그들을 억압할 필요 없이 자유롭게 활동하게 두면 된다. 국가는 최소한으로 작아지고 사람들이 자유롭게 행동하게 하면 자발적인 유토피아가 실현될지도 모른다. 이것이 바로 노직의 저서 《무정부, 국가 그리고 유토피아》의 주장이다.

자유지상주의와 소유

경제정책에서의 신자유주의는 경제학자 밀턴 프리드먼의《선택의 자유》등으로 대표된다. 이들은 경제의 효율성을 중시해서 큰 정부는 오히려 경제의 효율성을 방해한다며 민영화나 규제완화를 주장한다. 자유지상주의도 경제정책에 대해서는 거의 같은 주장을 하지만, 신자유주의가 경제적 발전이라는 결과론적인 면에서의 주장인 것에 비해 자유지상주의의 대부분은 의무권리론이다.

롤스는 타인에게 무관심하고 합리적인 주체를 상정하고 그런 인간이 다원성이나 독자성을 갖고 있다고 생각했는데, 노직 역시 인간을 분리된 존재separate existences라고 보았다. 인간이 각각 독립된 개인이라는 것을 철저하게 강조하는 것이 바로 자유지상주의다.

양쪽 모두 공리주의를 부정하고 있는데, 공리주의는 개인의 기쁨을 합계해서 전체로서의 사회적인 좋은 일social good을 생각하기 때문에 개인의 분리성·독자성·다원성을 경시한다. 이런 생각은 기관차나 구명보트의 예에서 다룬 것처럼 개인의 생명에 대한 무시를 부른다. 그렇기 때문에 자유주의와 사유지상주의는 공리주의를 부정하고 역으로 개개인의 분리성과 독자성을 강조하는 것이다.

자유지상주의는 자기 소유의 관념에 기초해 자신의 노동의 성과물인 자산은 시장에서의 교환 등에 부정의가 없는 한 정당한 자신의 것이라고 한다. 이런 이론을 골자로 소유에 대해 소유자에게 그 정당한 권리나 자격이 부여되어 있다(그것을 보유하고 있다)는 의미에서

entitlement theory라고 부른다. 일반적으로 권원權原이론이나 권한이론으로 번역되는데 이하에서는 자격(권리)보유이론으로 쓰도록 한다.

예를 들어 어떤 것을 정당한 자신의 것이라고 표현할 때 〈하버드 강의〉에서는 스스로에게 그것을 가질 자격이 있다고 해석하고 있다. 노직은 자신에게 정당한 권원이 있다(소유할 자격이 있다)면 타인이 가져서는 안 되는 것으로, 남이 취득하는 것은 부정의라고 주장한다.

자유지상주의는 소유의 '자격=권리'에 기초해서, 복지를 위해 재산에 과세하는 것은 부정의로 본다. 이것은 의무론적인 ~하지 않으면 안 된다는 논의이기 때문에, 과세는 부정의라는 강한 표현을 쓴 것이다. 어떤 정책이 경제발전을 가져오는지 결과를 놓고 생각하는 논의가 아니다. 거액의 부가 얼마나 있든지 그것이 정당한 것이라면 강제적으로 취하는 것은 부정의라는 것이다.

공동자산 - 롤스의 분배의 논리

롤스의 자유주의와 노직의 자유지상주의는 의무권리론이라는 성격에서 공통점이 있지만, 현실의 복지정책이나 경제정책에 관한 정책적 주장에서는 크게 대립하고 있다. 이런 노직과 롤스의 대립 관계는 매우 중요하다.

우리가 얻는 자산이나 소득은 현실의 재능이나 귀속에 의해 크게 바뀌게 된다. 이들에게 과세하는 것을 자유지상주의자는 부정의라고 하는 데 반해 롤스는 결코 그렇지 않다고 주장한다. 그는 분배의 원리로서 자유지상주의 같은 이론을 자연적 자유로, (자유지상주의와는 달리) 기회균등의 확보가 필요하다고 하는 능력주의meritocracy를 자유주의적 평등으로, 자신의 격차원리를 민주적인 평등이라고 부르면서 반박했다.

롤스의 이론에서는 소유의 주체인 '자기'는 소유물과 별개다. 나는 나의 것이 아니다. 자신의 재산 같은 소유물은 나의 것이지만 '자기'는 아니다. 즉 자유지상주의의 자기 소유라는 사고와는 달리 자기와 자기의 것은 엄격히 나뉘어져 있다.

자유지상주의나 능력주의는 개인의 재능이나 능력은 그 사람의 것(소유물)이라고 생각해 그것에 기초한 보수나 소득 또한 그 사람의 것이라고 생각한다. 그러나 과연 그럴까? 롤스에 의하면 그것은 도덕적으로는 자의적arbitrary이기 때문에 재능이나 능력, 성격(의 분배)은 자연의 혜택에 의한 것이다. 따라서 개인의 소유물이 아니라 공동자산common asset이라고 생각했다. 즉 그 결과로서의 보수가 그 사람의 것이어야 한다고는 말할 수 없는 것이다.

롤스의 정의론에서는 가난한 사람에 이익이 될 수 있도록 복지를 위해 일정한 과세를 하는 것은 정의다. 즉 과세에 의해 자신의 것을 정부가 갖게 하는 것도 정의가 된다. 왜냐하면 그것은 소유하는 것이지 자기 자신은 아니기 때문이다. 롤스의 논리에서는 자신과 자신의 것이 나뉘어져 있고, 자신의 재능이나 자질 같은 속성은 공동의 자산이라고 여긴다. 따라서 재능이나 자질의 차이로 생긴 소유물을 정의에 근거하여 분배할 수 있는 것이다.

그 사람에게 상응하는 적가는?

우리의 자산이나 소득은 특정 시기의 시장 상황이나 사회적 요구, 행운 혹은 불운 등에 의해 변하기 때문에 도덕적 가치와는 관계가 없다. 즉 도덕적으로는 자의적이다. 따라서 시장경제 속에서 어떤 사람이 시장의 규칙에 따라 정당한 기대legitimate expectation에 근거한 소득이나 자산을 얻을 자격(권리)이 있다고 해도 그 재산이 소유자의 본질적인 가치에 기초한 자산이라는 생각은 성립되지 않는다. 즉 그 사람 고유의 가치에 기초한 재산이라는 생각을 롤스는 배척하고 있는 것이다.

이것이 롤스와 노직 그리고 샌델의 논의에서 보이는 큰 차이점이다. 롤스의 정당한 기대라는 개념에 대해 샌델은 desert라는 개념을 중시한다. 이 말은 공적 또는 진가라고 번역되기도 하는데, 사전을 찾아보면 ①당연히 받아야 할 상(벌), 당연한 보상, ②(상이나 벌을 받아야 할) 가치, 공죄 ③공적, 장점이라고 나와 있듯이 그 사람에게 어울리는 가치를 매기는 것을 가리키기 때문이다. 즉 그 사람이 한 일이나 그 사람 고유의 인격적 가치에 값을 매기는 상벌이나 보상을 의미한다. 그 속에는 소득, 재산, 명예 등 다양한 것이 포함된다.

이에 대해 샌델은 노직의 롤스 비판을 언급하면서 롤스의 결점을 지적해간다. 공정한 능력주의에서는 스스로의 실력으로 어떤 지위에 도달한 사람은 그 보수만큼의 가치가 있다고 생각한다. 이에 대해 롤스는 소득 등은 도덕적으로 자의적이고 적가가 아니기 때문에 과세나 재분배는 정당하다고 주장한다. 롤스는 사람들이 가진 특징은 단순히 그 사람의 속성인 점에서 나의 것일 뿐, 그 사람을 구성하고 있는 나 그 자체는 아니라고 한다. 즉 롤스는 적가라는 개념에 필요한 강한 구성적 (본질적인) 의미에서 자아는 아무것도 갖고 있지 않다고 생각하는 것이다. 따라서 롤스에게는 정당한 기대에 대한 '자격=권리'라는 생각만 있고, 누가 무언가에 가치가 있다와 같은 적가라는 개념은 부정한다. 즉 누구든지 무언가에 가치가 있다는 것은 불가능한 것으로 사람들은 모두 아무런 내재적인 가치intrinsic value를 갖고 있지 않다는 것이다.

롤스는 나쁜 짓을 했기 때문에 벌을 받는다는 응보적 정의retributive justice의 생각은 긍정한다. 거기에는 적가에 가까운 발상을 갖고 있었는데, 분배의 정의에서는 그것을 부정하고 있다. 분배에서도 그 사람의 내재적 가치에 대응하는 분배라는 생각이 필요하다고 샌델은 문제를 제기하고 있다.

노직은 이런 샌델의 문제제기를 비판한다. 자산에 자의성이 있다고 해서 적가의 사고를 부정하는 것은 아니다. 적가는 반드시 나에게 가치 있는 것을 의미하는 것이 아니라, 단순히 내가 적법하게 갖고 있다는 것을 의미하기 때문이라는 것이다. 이에 따라 노직은 적가보다 오히려 자기 소유에 기초한 '자격=권리' 보유 같은 관념을 바탕으로 소유물에 과세해서는 안 된다고 주장한다.

롤스는 재분배를 긍정하기 위해서 도덕적 적가에 기초한 소득과 자산, 즉 그 사람에게만 상응하는 소유나 재산이라는 생각을 배재한다. 이에 대해 샌델은 노직의 롤스 비판의 논리를 들어 노직과는 반대로 그 사람은 이 같은 보수에 가치가 있다고 시사하는 것이다.

롤스의 마술을 풀다

롤스가 인간의 다원성이나 개별성을 중시하고 있음에도 불구하고 자연의 재능이나 능력, 성질을 공유자산으로 간주해서 재분배를 정당화하는 것은 결국 공리주의와 마찬가지로 인간의 개별성을 경시하고 있는 것은 아닐까? 하고 노직은 비판한다. 또한 그는 롤스가 말하듯 소유에는 도덕적인 자의성이 존재한다고 해도, 개인의 재능이나 성질이 사회의 공유자산이 된다고는 말할 수 없다고 했다. 롤스 측에서는 인간의 인격person이 아니라 그 속성attribute을 다른 사람의 복리welfare를 위한 수단으로서 이용하는 것에 지나지 않는다, 라고 반론할 수도 있다. 이 같이 말하는 것은 인간의 모든 자질은 우연의 산물이기에 자기로부터 분리할 수 있다고 상정하는 것이 된다. 이렇게 해서 롤스는 구체적 상황에서 분리된disembodied 주체 즉, 경험적 특질이 없는 주체를 상정하게 되고, 칸트적인 (초월론적) 주체 즉, 분리된 추상적 주체를 인정하게 된다. 이것은 바로 샌델이 비판하는 무연고적 자아다.

이런 공유자산의 관념에서는 자기와 타인의 구별이 약하다. 실제로 자기는 경험적인 개별 인간 이상의 존재, 즉 소유의 공통주체라는 가능성과 연결되어 있다. 이것이 간주관적인 자기의 관념이다.

샌델은 이 같이 말하며 격차원리의 생각에는 소유의 주체는 내가 아니라 우리로, 구성적인 의미에서의 공동체가 존재한다는 생각이 성립한다고 지적한다. 사실 롤스는 자연적 재능에 대해 공통의, 집합적인, 사회적인 같은 용어를 사용하고 있고, 사회연합에 대한 설명에서는 공통의 목적과 같은 목적론적인 용어법까지 사용하고 있다.

요컨대 공유자산이라는 생각을 이용해서 롤스는 분배의 정의를 정당화하고 있지만, 잘 생각해 보면 구성적인 의미에서의 공동체라든가, 공동체의 우리라는 생각 없이는 분배의 정의가 성립될 수 없다. 롤스는 재능 등은 공유자산이기 때문에 그 성과는 재분배할 수 있다고 말하지만, 이런 생각이 성립하기 위해서는 강한 의미의 공동체 감각이 필요하다. 개개인의 구별을 넘어선 감각이 없다면 왜 자신의 재능이나 노력의 성과로서의 소득을 과세를 통해 다른 사람들에게 부여할 필요가 있는 것일까? 그렇다면 롤스의 공유자산이라는 생각 속에 실은 공동체의 생각에 가까운 것이 존재하는 것은 아닐까?

즉 롤스는 논리상 우리라든가 강한 의미의 공동체라는 생각을 배제하고 있지만, 그 논리를 잘 살펴보면 공동자산이나 사회연합 같은 표현 속에 실제로는 우리나 공동체 같은 생각이 포함되어 있다. 그렇다면 여기에 논리적인 모순이 있는 것은 아닐까? 결국 복지를 정당화하기 위해서는 어떤 형태로든 공동체의 감각이 있어야 성립하지 않을까? 롤스 본인은 다른 사람을 생각하지 않고 정의의 원리에 합의할 수 있고, 그 결과 복지정책이 정의가 된다고 주장하지만 그것은 논리적으로 성립되지 않는다. 잘 생각해보면 롤스의 논의에서도 실은 공동체가 암암리에 상정되어 있기 때문에 복지정책이 정당화되는 것은 아닐까? 샌델은 이 같이 날카롭게 지적하고 있는 것이다.

애초부터 롤스의 무지의 베일 가정은 자신이 가장 비참한 사람일지도 모른다는 상상을 하게 하고, 결국 정의에의 합의를 유도하고 있다. 실제로 대다수의 사람들이 비참하지도 않은데 비참한 사람의 입장에 서서 생각하게 되는 것이 된다. 무지의 베일이란 가정이 없다면 대다수는 가장 비참한 사람에게 공감하고 그 사람을 위해 생각한다는 것을 의미한다.

롤스의 논리에 따르면 무지의 베일 아래서 사람들은 타인에게 무관심하고 자신을 위해 합리적인 행동을 취하고 있다는 얘기지만 실제로 무지의 베일 없이 이 같은 원리에 합의하는 사람들은, 공동체 안의 가난한 사람에게 깊은 애정을 가진 동포애가 넘치는 사람들일 것이다.

나는 이런 점에서 롤스의 논리가 마술 같은 것이라고 생각한다. 원초상태나 무지의 베일이라는 가정으로 다른 사람들에게는 무관심한 합리적 개인을 상정하게 하고 정의의 원리로서 복지정책의 정당성을 유도하고 있지만, 실제로는 샌델이 지적한 것처럼 역시 공동체의 생각이나 가난한 이웃을 위해 나눠준다는 생각이 들어 있는 것이다.

그게 마술이라 할지라도 《정의론》의 간행이 아무 의미가 없었던 것은 아니다. 이 마술에 끌려서 많은 사람들이 정치철학의 필요성을 깨닫고 복지정책의 정당성을 이해했다. 롤스의 탁월한 마술이 없었다면 애초부터 그것을 비판한 샌델의 논리가 영향력을 갖는 일도 없었을지 모른다. 하지만 그런 사상사적 역할을 달성한 후에는 샌델이 지적한 것처럼 롤스는 정의론의 마술을 풀고, 복지를 위해서는 공동체나 우리라는 사고, 즉 동포애의 발상이 필요하다고 솔직하게 인정했어야 했다.

chapter6

계약의 정체는 원리의 발견

계약론과 정당화

계약은 그 내용이 어떠하든 자유의사에 의해 이루어지는 것이므로 계약이 성립되면 그대로 실행해야만 한다고 생각할 것이다. 여기서는 계약이 그렇게 단순하지만은 않다는 것을 지적하고 있다. 왜냐하면 계약에는 자율적인 개인으로서 동의하는 자율성autonomy의 요소도 있지만, 다른 한편으로 계약을 통해 쌍방이 이익을 얻는다는 상호성reciprocity의 요소도 포함되어 있기 때문이다.

이 점은 〈하버드 강의〉나 《정의》에서도 노부인과 악덕 수리공의 계약 문제나 대리모와의 갈등으로 유명한 아기 M사건으로 설명하고 있다. 이들은 계약이 맺어졌다고는 하지만 상호성이 없기 때문에 정당한 계약이라고는 볼 수 없다는 사법 판결을 받았다. 사실 이 논리는 롤스 비판과 연결되는 것으로 《자유주의와 정의의 한계》에서 설명되어 있다.

근대의 정치철학에서는 로크와 칸트가 중심이 되어 계약론을 구성했고 롤스가 계약론의 전통을 재생시켰다. 따라서 롤스의 정의론의 평가는 계약론을 어떻게 생각하는가에 달려 있다. 샌델은 롤스의 개념을 이용해 계약에 필요한 조건에 초점을 맞추고 계약에는 자율성과 함께 상호성이 존재한다는 것을 지적하고 있다. 롤스의 계약론은 동의라고 하는 자율성을 중심으로 논리를 펴고 있지만, 실제로는 상호성의 입장에서 계약을 논하고 있다. 그 원리는 사람들이 동의했기 때문에 성립한 것이 아니라, 쌍방에게 편익이 되기 때문에 공정한 정의의 원리라고 인정되어야 한다고 본다.

샌델의 이야기처럼 롤스의 계약론에는 합리적인 개인의 자유의사에 따른 선택이나 합의를 통해 원리에 도달한다는 주의주의적인 설명이 존재한다. 그러나 동시에 잘 읽어보면 한 사람 한 사람이 자신의 가치관에 기초해서 선택하는 것이 아니라 사람들의 발견이나 집합적 통찰에 의해 원리에 도달한다는 인지론적인 설명도 있음을 알수 있다. 롤스 본인도 처음에는 선택에 의해 공정으로서의 정의의 원리를 결정한 깃처럼 썼음에도 불구히고 다른 부분에서는 기존의 원리를 당사자가 인정하거나 받아들이는 것과 같이 표현하고 있다.

정말 이것은 개개인의 자유의사로 맺어진 계약일까? 사실 롤스의 계약론은 흡사 자유의사에 의한 주의주의적인 계약처럼 묘사되면서, 합리적인 인간이 마땅히 생각해야 할 정의의 원리를 무지의 베일 아래에서 발견하도록 구성된 것은 아닐까? 선택과 동의의 윤리학으로서 시작한 것이 예기치 않게 통찰과 자아 이해의 윤리학으로 끝나는 것은 아닐까?

롤스가 말하는 타인에게 무관심한 사람의 합리적 선택 안에는 사실 공동체적인 생각이 숨겨져 있기 때문에 재분배가 정당화되는 것이라고 샌델은 지적한다. 롤스의 이론을 믿기 시작하면 지금까지 종교 등의 가치관이 전제가 되어 있던 규범적 정의의 원리에 자유의사를 통해 합리적으로 도달했다고 여기게 되지만, 사실은 그의 논리적 마술에 현혹된 것이다.

계약에 관해서도 롤스가 말하는 가설적 계약은 사람들이 흡사 자유의사에 의해 합의한 것처럼 쓰여 있다. 그러나 그 논리 구성은 당연히 있어야 할 공정한 정의의 원리를 인지하고 발견해가는 과정으로 되어 있다. 그럼에도 불구하고 사람들은 이런 공정한 정의의 원리를 롤스의 윤리적 마술 때문에 자유의사에 의해 동의한 원리처럼 생각해버린다. 하지만 그 마술을 풀어보면 원초상태에서 진행하고 있는 것은 계약이 아니라 간주관적 존재의 자기 인식에 도달하는 과정일 뿐이다.

chapter7
진짜 공동체와 선이란

공동체와 선

　정의와 선은 샌델과 이 책의 중심 주제다. 이 장은 소수집단 우대 정책의 사례로 시작한다. 이것은 〈하버드 강의〉나 《정의》에도 나온 사례로 자유주의파의 대표적 논자 드워킨의 옹호론(선택 기준은 대학이 결정하면 된다고 하는 소수집단 우대정책 옹호)을 들면서 그 결점을 지적하고 있다. 샌델은 만약 드워킨 같은 옹호론을 펼친다면 롤스의 공유자 산의 논의처럼 자신들을 가족·공동체·계급·국민 같은 넓은 주체 의 일원으로 인정할 필요가 있다고 지적한다. 자기 자산의 희생을 정당화시킬 수 있는 것은 모르는 타인의 목적을 위해서가 아니라 아이덴티티 차원에서 소속감을 느끼는 공동체의 목적에 기여한다 는 실감을 가질 때이기 때문이다.

　여기서 공동체에 대해 생각해보자. 상식적인 개인주의 관점에서는, 주체의 자기이익을 상정하고 사적 목적을 추구하기 위해서 협동하는 사적 사회처럼 공동체를 도구로서 보는 견해(공동체의 도구적인 생각)가 있다. 그러나 롤스는 이와 달리 참가자가 최종 목적을 공유하기 위해 협력하는 틀 자체를 좋은 것으로 보고 있다. 이런 롤스의 공동체관은 조직 내에 관여하고 있는 사람들의 감정이나 정감까지 논한다는 점에서 정감적인 사고라고 할 수 있다.

이에 대해 공동체를 단순히 (공동체주의적인 것도 포함해서) 감정적인 애착으로서만 포착하는 것이 아니라 공동체의 선이 인격 깊숙이 작용해서, 공동체가 행위자의 아이덴티티의 일부를 구성한다는 자기이해의 방법이 존재한다. 이것은 공동체의 구성적인 사고라고 말할 수 있다. 우리의 아이덴티티는 공동체에 의해 형성되는 면이 있기 때문에, 공동체는 자아의 존재에 관여하고 있다는 공동체관이다. 샌델 자신은 이와 같은 공동체관을 갖고 있다.

이러한 관점은 인간의 욕구에 대한 성찰reflection의 이해 방식에도 적용된다. 롤스의 경우 욕구의 대상만을 성찰하는 것에 비해 이 구성적인 의미의 공동체라는 생각을 가진 이론가(테일러 등)들은 욕구의 주체인 자신의 모습을 성찰한다는 깊은 의미를 포함하고 있다.

샌델에 의하면 롤스가 말하는 선택은 개개인의 선은 자발적이라고 하지만, 이것은 행위자의 기존 욕망이나 욕구에 따르는 것일 뿐 깊은 의미의 선택은 아니다. 롤스는 공리주의를 비판하지만 그것은 주관적인 기쁨을 합계한다는 점에 대한 비판일 뿐 한 사람의 인간에 대한 견해에 있어서는 공리주의적인 발상이 존재하고 있다. 개개인을 욕구의 체계로 보지만 욕구 속에 있는 질적인 가치의 구별은 하지 않는다. 〈하버드 강의〉에서는 J. S. 밀이 벤담의 공리주의에 대해 기쁨(쾌락)에는 질적 차이가 있다고 문제를 제기한 것이 소개되었는데, 그와 유사한 문제가 롤스에게도 존재하는 것이다.

롤스가 정의를 사회의 기본구조를 나타내는 것으로 보는 견해와 마찬가지로 공동체의 구성적 사고는, 그 구성원들이 타인과 관계해서 공동체주의적인 목적을 촉진하고자 하는 욕구나 기질을 가질 뿐만 아니라 사람들 사이에서 공유된 자기이해를 구성하고 제도에도 반영된다고 본다. 공리주의가 인간 구별의 문제를 경시하고 있는 것이라면 이에 비해 롤스의 공정으로서의 정의는 우리의 공통성 commonality을 진지하게 다루지 않는다. 그는 자아를 목적에 선행되어 고정된 것으로 봄으로서, 우리의 공통성을 선(좋은 것)의 한 측면으로 그린다. 그리고 그 선을 무차별한 욕구나 욕망의 우연한 산물로 격하시키고 있다. 따라서 공정으로서의 정의가 가져오는 의무론의 승리는 거짓이라고 샌델은 주장하는 것이다.

연고적 자아의 우정과 성찰

자유주의와 정의의 한계

지금까지의 샌델의 강의를 정리해보면 롤스의 논리는 의무론적 윤리학의 우주로, 그 핵심에 독립된 자아라는 관념이 있다. 이것은 목적론적 세계관과 대립하고 있다. 즉 의무론적 윤리학의 우주는 내재적인 의미를 상실해서 여기에는 객관적인 도덕적 질서나 텔로스(목적)가 존재하지 않는다. 따라서 주체는 목적에서 떨어져서 그보다 선행하는 것으로 여겨지고 있고, 그런 이유로 정의의 원리나 개개인의 의미도 인간이 만든다는 것이다. 즉 정正은 주체적 자아나 원초상태의 사람들이 구성하고, 선은 현실의 개개인이 선택한다는 얘기다. 목적 없는 세계의 주민으로서 이미 존재하는 가치 질서에 제약받지 않고 개인이 자유롭게 정의의 원리를 구성하는 것이다.

그러나 이런 의무론적 비전에는 결함이 있다. 애착attachment이 빠져 있기 때문에 이런 자아는 자유롭다기보다는 그저 힘이 빠진 상태일 뿐이다. 실제 롤스의 논리에서는 정의를 진짜 구성하지 않고, 선을 진짜 선택하지 않는다. 그리고 의무론적 자아는 본질적으로 속성을 지나치게 소홀히 하고 있는 나머지 어울림이라는 가치(적가)를 생각할 수 없다.

이 같은 자아는 애착이 없기 때문에 가족이나 국민의 구성원으로서의 충성이나 신념을 소홀히 하게 되고 도덕적인 깊이도 갖고 있지 않다. 실제의 인간은 스스로 해석하는 존재self-interpreting being로서 성찰할 수 있지만, 의무론적 자아는 연고가 없고 구체성을 갖고 있지 않기 때문에 자아인식을 가질 수 없어서 자신의 아이덴티티에 대한 자아성찰을 할 수도 없다.

무연고적 자아는 인격을 구성하는 애착도 없고 성찰 또한 불가능하다. 애착이나 성격은 우정에 있어서 상호 간의 통찰을 얻기 위해서라도 필요하다. 선을 추구하기 위해서는 자신의 아이덴티티를 탐구하고, 인생사를 해석하고, 스스로 명확하지 않았던 것을 알아야한다. 그래서 우리는 친구와 함께 숙고함으로서 스스로 깨닫지 못했던 것을 알 수 있다. 이런 것을 통해 우리는 보다 풍부하게 구성된 자아를 얻을 수 있다. 의무론적 자아와는 달리 이런 성격, 성찰, 우정과 같은 특질과 애착이나 자기이해를 공유함으로써 보다 깊은 공통성을 가질 수 있는 것이다.

그러나 의무론은 이에 대해 농밀하게 구성된 사적 자아라는 생각은 인정해도 사적 아이덴티티와 공적 아이덴티티를 구별해서 후자가 무연고적 자아로서 정의를 구축한다고 말할지도 모른다. 그러나 사적 목적이 자아를 구성하고 있는 이상, 공공적 목적도 자아를 구성할 수 있다는 가능성을 부정할 수는 없다. 우리가 서로에 대해서 그 목적을 충분히 알 수 없다면 공동선만으로 정치를 할 수 없기 때문이다. 따라서 정의는 필요하지만 정의가 항상 우위에 선다고는 단정 지을 수 없고, 강한 의미에서의 공동체가 존재할 가능성이 존재한다. 자유주의는 현실의 자아를 정치의 틀 밖에 둠으로서 정치의 파토스(pathos, 정열, 충동)와 그 샘솟는 가능성을 잃고 있다. 나 혼자서는 알 수 없는 공동의 선을 알 수 있다는 가능성까지 포기하고 있는 것이다.

결론부에서는 〈하버드 강의〉나 《정의》에서 강조된 텔로스라는 개념이나 목적론적 세계관을 언급하고 있다. 그리고 롤스의 무연고적 자아관을 총괄적으로 비판한다. 얕은 자아가 아닌 연고적 자아라고 할 수 있는 농밀하게 구성된 자아관을 주장하는 것이다. 농밀하다 thick는 말은 희박한 추상적 관념이 아니라 깊고 두터운 독자적인 가치관과 세계관이 존재한다는 것을 뜻한다. 이것이 도덕적 깊이, 충성, 우정, 자아성찰, 강한 의미의 공동체와 거기에서의 공동선을 가능하게 하는 것이다. 이것은 샌델의 사상에 일관된 주조음이라고 말할 수 있을 것이다. 여기서는 공동체의 생각도 강조되고 있기 때문에 그가 공동체주의의 대표적 이론가로서 알려지게 된 데에 일조한 셈이다.

샌델의 연고적 자아라는 인간관, 더 나아가서는 공동체주의의 인간관에 대해 자아가 공동체의 가치관을 그대로 받아들인다는 상정하고 있기 때문에 자신의 가치관의 변화나 수정을 설명할 수 없다고 비판하는 사람도 있다. 하지만 지금까지의 자기해석, 성찰, 우정 등의 논의를 보면 이것이 매우 편협한 비판이라는 것을 알 수 있을 것이다. 이들에 의해 인간이 가치나 자기 이해를 수정하고 발전시키고 있기 때문에 샌델은 의무론적 자아관을 비판하고 연고적 자아라는 생각을 제기하고 있는 것이다.

chapter9

공동체주의의 출발

도덕성과 자유주의 이상

샌델의 《정의》가 간행되기 전인 1981년 아리스토텔레스의 영향을 받은 저명한 윤리학자이자 공동체주의자인 알래스데어 매킨타이어의 중요한 책 《덕의 상실》(*After Virtue: A Study in Moral Theory*, University of Notre Dame Press, 1981)가 간행되었다. 이는 윤리학에서 더 이상 미덕을 다루지 않게 된 오늘날에 다시 미덕을 중심으로 하는 윤리학(미덕윤리학)을 부흥시킨 명저다. 그리고 1983년에 마이클 왈저의 《정의의 영역》(*Spheres of Justice: A Defense of Pluralism and Equality*, Basic Books, 1983)이, 1985년에는 찰스 테일러의 《철학적 논문집》(*Philosophical Papers vol.1, 2*, Cambridge University Press, 1985, 1989)이 간행되었다.

1980년대에 계속해서 중요한 저술이 발표되면서 그전까지의 롤스를 비롯해 압도적으로 우위에 있던 자유주의에 대한 도전이 시작되었다. 이들의 사상은 공동체주의로, 그 논자는 공동체주의자로 불리게 되었다. 이렇게 해서 정치철학의 세계에서는 자유주의자 대 공동체주의자 논쟁이라는 큰 논쟁이 시작되었다. 샌델도 이 논쟁의 주역 중 한 사람으로 1984년에 이에 관한 논문집《자유주의와 비판자들》을 편찬했다.

이 시기의 작품으로 〈도덕성과 자유주의의 이상〉이라는 1984년의 논문이 있다. 공동체주의, 특히 샌델의 논리를 매우 명쾌하게 소개했다.

이 논문에서는 〈하버드 강의〉에 나온 아리스토텔레스나 헤겔도 언급하고 있으며 공동체주의라는 말도 사용되고 있다. 또한 매킨타이어의 이야기로서의 인생이라는 견해에 대해서도 언급하고 있다. 샌델은 자유주의를 권리의 정치학, 공동체주의는 공동선의 정치학이라고 정리하면서 연고적 자아, 위치 지어진 자아situated self라는 자아관에 대해 설명하고 있다.

또한 정치와의 관계도 명확하게 정리되어 있다. 자유지상주의는 사적인 경제를 중시하고 자유주의는 복지국가를 중시한다. 이 두 가지 생각에 대항하는 공동체주의는 기업경제나 관료제 국가의 권력 집중에 반대하고 중간적인 공동체가 침식되는 것을 우려한다. 이것은 개인과 국가의 중간에 있는 공동체로 가족이나 로컬 공동체 등이 포함된다.

그는 한나 아렌트 등에 대해 언급하면서 시민적 공화주의의 부흥이 바람직하다고 주장한다. 이 시민적 공화주의라는 것이 바로

《민주정에 대한 불만Democrasy's Discontent》의 최대 주제다.

이 같이 1984년의 논문은 지금부터 소개할 저서의 핵심을 명쾌하게 특징지으면서 다음의 저서《민주정에 대한 불만》의 테마를 암시하고 있다.《자유주의와 정의의 한계》를 번역한 기쿠치 마사오는 이 책을 공동체주의의 정치적 선언이라고 설명했다. 책의 핵심을 바로 짚었다고 할 수 있을 것이다.

chapter10

존 롤스 정리

샌델이 롤스의 마술을 어떻게 풀었는지 짧게 정리해보자.

1장은 자아론에 대한 내용으로, 롤스의 논리는 샌델의 입장에서 보면 무연고적 자아 즉 현실의 구체적인 인간의 다양한 특징을 전혀 모른다고 가정하고 있기 때문에 추상적이고 허구이다. 현실의 인간은 다양한 연고, 문맥, 상황이 있는 자아이기 때문에 롤스의 논리는 현실성을 갖지 않는다. 이 같은 방법으로 롤스의 자아론의 마술을 풀고 있다.

2장은 복지에 대한 것으로 롤스는 사람들이 타인에게 무관심하고 자신의 합리적인 공익을 추구한다는 가정에 따라 정의의 원리에 합의한다며 복지를 정당화했다. 잘 생각해보면 복지는 부유한 사람의 돈을 징수해서 국가권력을 통해 재분배하는 것이기 때문에 타인과의 관계없이는 존재할 수 없다. 롤스는 타인에 대해 생각하지 않고 복지가 정당화될 수 있다고 주장하지만, 실은 롤스의 논리 속에서도 공동체의 발상은 있다. 샌델은 이렇게 복지의 정당화라는 마술도 풀었다.

3장에서는 롤스의 논리의 중심인 계약론에 대해 지적했다. 계약이 사람들의 합의에 의해 가능한 것이 아니라, 거기에 정의의 원리의 발견이나 인식이라는 논리가 포함되어 있기 때문이라며 롤스의 계약론을 해체해 보인 것이다.

샌델은 롤스의 복지의 정당화라는 정책적 결과 자체를 비판하는 것이 아니라 어디까지나 그 논리를 비판한다. 롤스적 자유주의와 자유지상주의는 경제와 복지를 둘러싸고 큰 논쟁을 하고 있다. 이에 대해 샌델은 양쪽 모두를 철학적으로 비판하지만, 복지정책을 옹호한다는 점에서는 자유주의와 매우 가깝다. 그러나 복지의 기초 개념이나 실현 방책이 불충분하기 때문에 자유주의를 비판하고 롤스와는 다른 논리로 복지를 정당화하려는 것이다.

롤스는 간주관적인 우리라는 생각이나 강한 의미의 공동체가 필요 없는 것처럼 정의론을 구성하고 있지만, 실은 이미 그것들이 롤스의 논리 속에 은밀히 숨어 있는 것이다. 그는 사람들이 계약에 의해 정의의 원리에 합의했다고 하지만, 실제는 사람들이 발견하고 인식해야 할, 당연히 그래야 할 정의의 원리가 그 정의론의 내용이라고 샌델은 주장하고 있는 것이다. 좀 더 강하게 얘기하자면 롤스의 정의론에는 논리적인 부정합이 존재하고 그런 마술적 논리는 다양한 폐해를 가져오기 때문에 샌델은 롤스의 논리를 날카롭게 비판한다.

《자유주의와 정의의 한계》의 첫 번째 목적은 롤스를 비롯한 자유주의파가 주장하는 선이 없는 정의, 바꿔 말하면 비윤리적·비정신적 주의가 성립하지 않는다는 것을 논증하는 것이다. 이 단계에서 우선 그는 자유주의의 정의론을 비판함으로서 그것을 대신할 정의의 이론을 나타내고 있다. 그리고 뒤에서 설명하듯 다음 단계에서 이른바 선이 있는 정의 즉 윤리적·정신적인 관념과 밀접한 관계가 있는 정의를 제기한다. 이것을 윤리적·정신적인 정의론이라 부른다.

이 중요한 논리는 그 후의 저작, 그리고 〈하버드 강의〉나 《정의》에 도달할 때까지 골격이 변하지 않는다. 샌델은 중간에 생각을 바꿨다라고 주장하는 사람도 있지만 전혀 그렇지 않다. 이 저작의 논리는 지금까지 일관되고 있다.

이렇게 해서 샌델은 롤스의 마술을 풀고 공동체주의의 기수로 인정받게 되었다. 물론 자유주의 측도 수수방관하고 있지는 않다. 공동체주의는 보수적, 전근대적, 봉건적으로 자유를 억압한다는 반론이 자유주의파에서 계속 나오고 있다. 미국 역시 이런 비판과 함께 공동체주의자는 어떤 성치석인 논리를 전개하는가가 문제가 되었다. 이 과제에 대한 대답이 다음에서 소개할 《민주정에 대한 불만》이다.

MICHAEL J. SANDEL

DEMOCRACY'S DISCONTENT

공화주의의
재생을 위하여

민주정에 대한 불만

미국 헌법과 정치경제

1996년에 간행된 《민주정에 대한 불만 – 공공철학을 찾는 미국》은 《자유주의와 정의의 한계》와 함께 샌델의 저작에서 정치철학의 쌍벽을 이룬다. 철학적이고 추상적인 《자유주의와 정의의 한계》의 논리에 비해 《민주정에 대한 불만》은 미국의 정치경제나 헌법을 다루고 있으며 구체적인 논리가 제시된다.

언뜻 분위기가 상당히 달라 보여서 《자유주의와 정의의 한계》간행 후 14년 동안 샌델이 생각을 바꾼 것은 아니냐는 의견도 있었다. 샌델이 공동체주의의 입장을 버리고 공화주의의 입장을 취했다는 것이다. 전혀 당치 않은 말이다.

공동체주의의 생각은 애초부터 상황이나 맥락을 중시하고, 그 속에서 의견이나 정치적 전개를 생각해보는 경향이 강하다. 《민주정에 대한 불만》은 샌델이 자신의 논리를 공동체주의의 발상에 맞춰 미국의 상황에 의거해서 전개한 것이다.

어조가 바뀐 것은 그가 입장을 바꿔서 공화주의자가 되었기 때문이 아니다. 공동체주의적 공화주의의 입장에서 의견을 전개했기 때문이다.

공화주의란 시민적 미덕에 기초해서 사람들에 의한 자기통치를 지향하는 생각이다. 책의 요점은 미국 공공철학의 자유주의와 공화주의의 각축을 미국의 역사에 의거해서 그리고 있다는 점이다. 건국 초에 대두된 공화주의가 남북전쟁과 혁신주의 등의 시대에는 중요한 역할을 했다가 서서히 쇠퇴하면서 2차 세계대전 후에는 자유주의가 제패하는 시대가 된 것이다. 여기서 샌델은 공공철학을 찾는 미국이라는 부제를 붙여서 바람직한 공공철학으로서 공화주의의 재생이라는 비전을 제시했다. 따라서 공공철학이라는 새로운 지적 운동에 있어서도 기념비적인 의미를 갖는 중요한 작품이다.

먼저 절차공화국의 헌법은 미국 헌법의 판례를 참조하면서 헌법 해석과 정치의 역사에 의거해 공화주의와 자유주의의 공공철학의 대항관계를 그리고 있다. 헌법과 정치의 관계를 그리고 있다는 의미에서 헌정론이다. 즉 미국의 헌정론이라고 할 수 있을 것이다.

다음으로 시민성citizenship의 정치경제는 미국의 정치경제에서 공화주의의 흥망성쇠에 관한 서술이다. 정치경제적인 면에서 공화주의가 점차 자유주의로 바뀌어가는 모습을 그리고 있다.

롤스의 대변화 - 전향인가?

또 한 가지 샌델은 《민주정에 대한 불만》에서 롤스의 사상적 변화에 대응한 논의를 전개하고 있다는 점도 지적해두고 싶다. 공동체주의자를 비롯한 다양한 사상가들에게 비판을 받은 롤스는 《자유주의와 정의의 한계》가 출간된 후 14년 동안 《정의론》의 사상을 크게 변화시켰다. 이것은 1980년대부터 시작되었고 《정치적 자유주의》(1993년)의 출판에 의해 명확해졌다. 《민주정에 대한 불만》은 그로부터 3년 후에 나왔고 롤스의 변화를 반영시켜 저술되었다. 즉 롤스의 《정의론》에 대한 비판이 《자유주의와 정의의 한계》라면, 《정치적 자유주의》에 대한 비판을 책으로 전개한 것이 《민주정에 대한 불만》이라고 할 수 있다.

롤스는 원래 칸트적인 추상적·철학적인 입장에서 《정의론》을 제시했다. 그러나 《정치적 자유주의》에서는 보편주의적 입장을 절반 정도 포기해버리고, 정의를 사람들의 서로 중복되는 합의, 즉 중첩적 합의 overlapping consensus로서 생각할 수 있다는 견해로 바뀐 것이다. 게다가 이 합의는 민주사회의 공공적 문화 속에서의 합의로 한정해서 생각했다. 즉 《정의론》의 보편주의적인 의무론을 포기하고, 일정의 조건 혹은 상황의 전제 하에서 정의론이 성립한다는 것을 롤스 스스로 인정한 것이다.

어떤 의미에서는 《자유주의와 정의의 한계》에서 《정의론》이 이론적으로 불완전 혹은 부정합한 부분이 있다고 지적한 샌델이 옳았다고 말할 수 있을 것이다. 예를 들어 그는 롤스가 정의의 상황을 논의하는 곳에서 경험적인 상황의 상정이나 칸트적인 의무론 사이에 어긋남이 있다는 것을 지적했다. 이런 논점에 대해 롤스는 보편주의적인 칸트적 의무론을 단념하고 이전보다 경험적인 상황을 명시하게 되었다고 말할 수 있을 것이다.

롤스가 이렇게 입장을 바꾸면서 샌델로서는 그런 정치적 자유주의에 대해서도 비판을 할 필요가 생겼다. 이 《민주정에 대한 불만》은 새로운 비판도 포함하고 있다. 정치적 자유주의에서 롤스는 선진국과 같은 민주정 문화의 존재를 전제로 논리를 펼치고 있기 때문에 그에 대한 비판에서도 지역적·시대적 맥락을 고려할 필요성이 생겼다. 만약 당초의 정의론에 대해서라면 《자유주의와 정의의 한계》에서 나타난 것과 같은 철학적·추상적 비판만으로 충분했을지도 모른다. 하지만 롤스가 정치적 자유주의로 변화했으니, 그것을 비판하기 위해서는 구체적인 문화적·역사적 맥락 관계에서 논의를 전개할 필요가 있다고 생각한 것이다.

특히 변화 후의 롤스의 논리에서 중요한 것은 선반에 놓다^{bracket}라는 개념이다. 이것은 괄호로 묶다 등으로 번역되기도 하는데, 사적 영역에서 선을 둘러싼 다원적인 사고가 존재하며 동의가 성립되지 않기 때문에 공공적인 영역에서 가치나 선에 관한 문제는 선반에 올려두고 회피한다는 것이다. 즉 사람들의 합의가 없는 부분 혹은 합의가 불가능한 부분은 선반에 올려놓고 서로 합의된 부분으로 정의를 생각한다. 이것이 후기 롤스가 주장한 정의의 논리로 샌델은 《민주정에 대한 불만》에서 선반에 올려놓는 논의의 약점과 그 한계를 다양한 논점에서 지적하고 있다.

《민주정에 대한 불만 – 공공철학을 찾는 미국》의 원제는 Democracy's Discontent: America in Search of a Public Philosophy다. 이 책은 사람들이 불만을 갖고 있는 민주주의의 현상과 그 진단을 내용으로 하기 때문에 The Predicament of Democracy(민주정의 곤란·역경)나 Democracy and its Discontent(민주성과 불만)라는 제목이 최선이라고 판단한 것이다.

여기서 왜 민주주의가 아니라 민주정으로 번역했는지 이상하게 생각하는 사람이 있을지도 모른다. 나중에 설명하겠지만 자유주의가 미국을 제패했기 때문에 현재의 민주정치가 기능부전에 빠진 것은 아니냐는 것이 본서에서 제기하는 문제다. 즉 샌델은 민주주의의 정치사상 자체에 반대하는 것이 아니라 현재의 민주정치의 존재 방식에 대한 문제점을 지적하는 것이다. 그래서 데모크라시를 민주주의가 아닌 민주정으로 번역했다.

샌델은 본서에서 민주주의의 바람직한 방향으로서 공화주의의 부흥을 주장하고 있다. 그럼 각 장의 포인트를 짚어보고 마지막으로 샌델이 그리는 공화주의에 대해 설명하도록 하자. 제1장 현대 자유주의의 공공철학과 마지막 장인 공공철학을 찾아서는 특히 중요한 이론 부분이다.

3-1

절차공화국의

헌법

공화주의적 헌정사

chapter1

롤스 대 샌델

현대 자유주의의 공공철학

공공철학이란 무엇인가?

샌델은 공공철학의 대중화에 큰 역할을 한 이론가다. 《민주정에 대한 불만》은 공공철학이라는 개념의 정의에서 시작한다.

샌델이 의미하는 공공철학은, 미국의 실제 속에 잠재되어 있는 정치이론 즉 우리들의 공공적 생활을 성격 짓는 시민성citizenship과 자유에 대한 생각이다. 현대 미국 정치가 자기통치와 공동체에 대해 확신 있게 이야기 할 수 없는 것은 우리 삶의 거점이 되는 공공철학과 관계가 있다.

그가 말하는 공공철학은 미국의 현실 정치를 비롯한 공공세계에 이미 영향을 미치고 있는 생각으로, 공공적 시민으로서 살아가는 방법이나 자유에 깊이 관계하고 있다. 샌델은 현실을 움직이는 공공적인 생각으로부터 공공철학을 이끌어내는 것을 강조하고 있다.

현실에 존재하는 공공철학을 찾아낸다는 관점에서 보면 미국 대통령의 취임연설에서 볼 수 있듯이 정권마다 공공철학이 있었음을 발견할 수 있다. 공공철학은 이상 속에만 존재하는 것이 아니라 현실에 다양하게 존재하는 것이다. 《공공철학으로서의 공리주의》(Robert E. Goodin, *Utilitarianism as a Public Philosophy*, Cambridge University Press 1995)라는 책도 있고, 《민주정에 대한 불만》에서는 자유주의의 공공철학과 공화주의의 공공철학의 차이와 함께 두 사상의 역사적인 대항 관계가 설명되어 있다.

공공철학은 불안한 시대에 명석하고 비판적인 성찰의 기회를 제공한다. 즉 시대가 불안하면 할수록 현명한 판단을 내리기 위한 흔들리지 않는 사상적 기반이 요구된다고 샌델은 말한다.

자유주의와 공화주의

그렇다면 자유주의의 공공철학이란 어떤 것일까?

중요한 것은 샌델이 자유주의의 중심 생각으로 도덕적·종교적인 견해에 대해 정부는 중립적이어야 한다는 점이다. 이 중립성은 《자유주의와 정의의 한계》에는 등장하지 않은 것으로 이 책에서 처음으로 강조되고 있다. 자유주의 사상에서의 자유는 스스로 목적을 선택할 수 있다는 뜻이다. 다원적인 개개인을 자유롭게 독립된 존재로 상정하고 선은 사람에 따라 다양하기 때문에 선에 대한 정의 우위를 생각해서, 개개인의 '정의=권리'를 중심으로 생각한다. 자유주의에서 말하는 정의는 권리와 거의 동의어인 것이다. 이는 법률을 중심을 하는 저스티스로서 법의法義라고 말할 수 있고 헌법이나 연방대법원의 판례 등에 명료하게 나타난다.

그렇기 때문에 특정 목적보다 개인의 권리를 행사하기 위한 법적 절차가 중요해진다. 샌델은 소송회사라고 불리는 현재의 미국을 절차공화국이라고 부르고 있다. 본래 공화국이란 공화주의에 기초한 국가여야 하는데, 법률을 비롯한 절차가 중심이 되어서 공화국 본래의 모습을 잃어가고 있다. 샌델은 이런 비아냥거림을 담아 절차공화국이라고 부른 것이다.

주의해야 할 점은 이 책에서 샌델이 말하는 자유주의에는 자유지상주의도 포함되어 있다는 것이다. 선을 고려하지 않고 정의를 생각한다는 롤스적 자유주의와 자유지상주의에 공통된 논리에 주목하고 그것을 자유주의라고 부르고 있다.

그렇다면 공화주의란 무엇일까?

샌델은 시민적 미덕에 기초한 자기통치의 현실을 지향하는 사상으로서 공화주의를 생각한다. 자기통치를 공통적으로 더해갈 때 비로소 자유가 존재한다는 것이다. 자기통치의 어원은 self-government로 자치라고도 해석할 수 있는데, 자치라는 말은 아무래도 지방자치를 연상시킨다. 샌델은 이 말을 국가 레벨이나 경제 등의 의미에서도 사용하고 있기 때문에 나는 자기통치라고 번역하고 있다. 공화주의의 이상은 선한 사회에 대한 특정 생각을 갖고 공동선을 지향하는 자기통치적 공화국이다.

미국의 경우 건국 당초는 공화주의적인 생각이 우세했지만, 최근 수십 년 동안에 자유주의로 변화되었고, 이 책을 출간한 시점에서는 자유주의가 압도적이었다. 샌델은 이것이 바로 민주정에 대한 불만 (다양한 문제점과 한계, 사람들의 무력감)을 초래하고 있다고 진단하고, 대신 공화주의적 전통을 부흥시켜 쇠약해진 시민적 생활을 재생하고자 한 것이다.

롤스의 정치적 자유주의 – 샌델의 승리인가?

철학적 정리와 함께 《자유주의와 정의의 한계》에서는 롤스의 자유주의 비판이 칸트주의적 자유주의에의 비판으로 요약되어 있다. 자유주의적인 자아의 관념에 대해 그것을 무연고적 자아라고 하면서 비판한다. 그리고 〈하버드 강의〉에도 등장한 로버트 E. 리 장군의 예 등을 들면서 집단의 구성원으로서 연대 책임을 갖는 연고적 자아의 상을 대치시킨다.

또한 샌델은 롤스의 정치적 자유주의 이후의 생각을 리처드 로티 등의 생각과 함께 최소주의적 자유minimalist liberalism라 부르며 비판한다.

정치적 자유주의란 무엇일까? J. S. 밀이나 칸트 등의 자유주의는 포괄적 자유주의로, 포괄적인 학설doctrine과 세계관을 제기하는 철학자들이 그것에 기초해 자유를 옹호하고 있다. 포괄적인 학설과 세계관이란 종교·철학·도덕 등의 광범위한 영역에 걸쳐서 인생이나 세계에 대한 폭넓은 견해를 제시하는 것이다. 칸트철학은 자율을 주축으로 하는 포괄적 철학으로, 롤스의 정의론 역시 이에 영향을 받았다. 그렇기 때문에 칸트주의적 자유주의라고 부를 수 있는 것이다.

그런데 그의 생각이 정치적 자유주의로 변했다. 오늘날의 자유, 선진사회에서는 각각의 논리에 적합한 포괄적 학설reasonable comprehensive doctrine이 다원적으로 존재하고 있다. 이것을 도덕에 적합한 다원주의(온당한 다원주의, reasonable pluralism)라고 한다. 이 같은 의견의 차이가 존재하는 상황 속에서 정의롭고 안정된 민주적인 사회를 유지하기 위해서는 어떻게 해야 할까? 일단 포괄적인 철학적·도덕적 견해에 입각하는 것은 단념하고 모든 사람이 지지할 수 있는 정치적인 생각political conception에 기초해서 공공적 이성을 움직여야 한다. 이것이 형이상학적이 아닌 정치적인 자유주의인 것이다. 그렇게 하면 종교적·도덕적·철학적으로 포괄적인 학문들과 공통되어 모두가 동의할 수 있는 부분이 나오게 되고 그 겹쳐진 합의가 중첩적 합의overlapping consensus가 되는 것이다. 이 중첩적 합의야말로 정의다. 롤스는 이런 주장으로 변화했다.

이런 논리에는 형이상학적·철학적인 근거가 존재하지 않고, 자아 본성에 대한 논쟁과도 연관이 없다. 따라서 선에 대한 정正의 우위성 혹은 칸트적인 도덕철학이나 인격 관념과는 관계없이 선에 대해서는 합의가 성립되지 않는다는 사실에 기초한 것에 지나지 않는다. 그래서 샌델은 이것을 최소주의적 자유주의라고 부르는 것이다.

결국 샌델이 날카롭게 비판한 칸트적(초월론적)인 도덕적 주체라는 자아론을 롤스는 포기한 셈이다. 게다가 롤스의 정의론의 핵심이었던 가설적 계약의 논리도 그 비중이 큰 폭으로 줄어들었다. 원초상태에서의 가설적 계약이라는 논리보다도, 다원적이고 포괄적인 학설 속에서 중첩적으로 일치되는 합의라는 논리가 중심이 되었기 때문에 어떤 의미에서 롤스는 샌델의 비판을 거의 다 수용한 셈이다. 자신의 논리를 큰 폭으로 수정해서 정의론을 재구축한 것처럼 보이기 때문이다. 그렇다면 이것은 롤스의 전회轉回, 더 나아가서는 전향이라고 말할 수 있지 않을까? 물론 롤스에 대한 비판은 다양한 방면에서 나왔기 때문에 이 같은 변화가 모두 공동체주의의 비판에 의한 것이라고는 할 수 없다. 또한 롤스 본인은 공동체주의의 비판에 의한 것이라고 인정하지 않는다. 그러나 샌델이 강조하며 비판한 논점을 롤스가 포기해버린 것은 사실이다.

롤스 본인이나 롤스파 사람들은 인정하지 않지만 내가 보기에는 롤스 대 샌델이라는 도식에서 생각해보면《정의론》대《자유주의와 정의의 한계》라는 제1라운드에서 롤스 본인의 전향에 의해 샌델의 승리로 승패가 결정된 것 같다. 그렇다면 이제 문제는《정치적 자유주의》대《민주정에 대한 불만》이라는 제2라운드의 귀추에 있다.

보편주의 없는 정치적 자유주의의 비판

롤스가 새롭게 주장한 중첩적 합의는 어느 정도 자유의 실현이 진행된 사회, 즉 공정한 원리와 기준을 생각하고 지키는 합당성the reasonable이나 목적을 실현하기 위해 필요한 합리성the rational을 많은 사람들이 공유하는 사회에서만 성립된다. 예를 들어 카스트 제도를 긍정하는 사람이 많은 사회에서는 자유에 대해 중첩적 합의가 성립되지 않는다. 그렇다면 롤스가 말하는 공정한 정의가 성립되는 지역이나 시대는 일부로 국한된다. 미국에서 조차도 노예제도를 유지하고 있던 시대에는 성립되지 않는다. 따라서 이 정의론은 보편적이지 않다.

리처드 로티와 같이 이를 긍정적으로 평가하는 이론가도 있다. 그러나 애초부터 롤스의 논리의 매력은 가설적 계약이라는 특별한 논리적 연구에의한 보편적인 정의의 원리 제기에 있었기 때문에 그것을 평가하는 관점에서 이런 수정안은 크게 후퇴한 것으로 보인다. 롤스의 논리는 보편주의적으로 '정의≒권리'는 모든 국가에서 모든 사람이 지켜야만 한다는 것이었는데, 그런 논리가 불가능해졌기 때문이다. 실제로 보편주의적인 자유파 중에서 롤스의 이런 변화에 환멸을 느끼거나 비판하는 사람이 적지 않다.

한편으로 이 정치적 자유주의의 논리는 정의가 선이란 생각에 의거하지 않는다는 점에서 이전의 정의론과 똑같다. 샌델에 의하면 최소주의적 자유주의는 정의에 대해 참된 생각을 제시하는 것이 아니라, 민주적 사회에서 정치적 합의의 기초로서 역할을 하고 있으며 철학에 대한 민주주의의 우위성을 주장하고 있다고 한다. 그것은 철학에서의 정치 분리와 정치에서 도덕적·종교적 문제의 선반에 올려놓기bracket를 주장한다. 칸트적 인격론과 같은 철학적 측면이 소실된 것이다. 샌델의 롤스 비판 제2라운드는 여기에 초점이 맞춰졌다. 이를 선반에 올려놓기 이론 비판이라고 부른다.

여기서 샌델은 최소주의적 자유주의에 대한 비판으로 임신중절 논쟁과 남북전쟁에서 링컨과 더글라스 논쟁의 예[13]를 들면서 정치적인 논의 때문에 선의 문제를 선반 위에 올려놓을 수는 없다고 주장한다.

자유주의파의 경우, 여성의 선택의 자유를 존중한다는 이유에 기초해서 임신중절을 인정해야 한다고 주장하고, 최소주의적 자유주의파는 정치는 임신중절에 대한 도덕적 문제에는 중립적이어야 한다고 생각하기 때문에 관용과 여성의 평등이라는 정치적 가치를 내걸고 이 주장을 지지한다. 그러나 가톨릭의 반대론에서 본다면 임신중절은 태아를 죽이는 살인행위이기 때문에 이를 인정한다는 것은 곧 살인을 인정하는 것이 된다. 이 같은 정책은 임신중절 반대론에서 볼 때 중립적이라는 이유로 옹호할 수는 없는 것이다. 즉 중절을 둘러싼 논의는 실질적인 도덕적·종교적 논쟁을 선반 위에 올려놓

13 링컨과 더글라스 논쟁(1858)
민주당 지도자 스티븐 더글라스와 공화당 후보 링컨이 벌인 노예제도에 대한 첨예한 논쟁을 가리킴. 링컨은 노예해방이라는 도덕적 기치로 국민의 마음을 사로잡았다.

고 회피하는 것이 불가능하다는 얘기다.

남북전쟁 시의 링컨과 더글라스 논쟁에서 남부 쪽의 스티브 더글라스는 노예문제는 도덕성에 관한 합의가 성립되지 않기 때문에 이 문제에 대해 국가는 중립적이어야 한다고 주장하며 각 준주^{準州}의 사람들이 그 판단을 내려야 한다고 주장 했다. 이에 대해 링컨(1809~1865)은 노예제도를 악이라고 간주하고 있었기 때문에 노예제도에 대해 실질적인 도덕적 판단을 회피할 것이 아니라 이 제도가 준주로 확대되는 것을 금지해야 한다고 주장했다. 링컨이 옳았다는 사실은 현재 누구라도 인정하고 있다. 정치적 자유주의의 선반 위에 올려놓기 논법은 결국 더글라스의 의견과 같이 큰 문제가 있다.

게다가 선에 대한 문제를 회피하는 정치적 논의는 정치적 담론을 곤란하게 하고 자기통치에 필요한 도덕적·시민적 요소를 해칠지도 모른다. 예를 들어 오늘날 임신중절 문제와 같은 도덕적 논의를 회피하기만 한다면 정치적 공백을 만들게 되고, 오히려 좁고 관용 없는 보수적 도덕주의가 힘을 갖게 될 위험성이 있다. 오늘날에는 절차공화국의 근거를 확실히 하고 있는 자유주의가 지배적인 공공철학인데 이 철학의 결함이 현실 민주정의 궁핍함으로 나타니고 있다.

실제로 미국에서는 기독교 원리주의와 모럴 머조리티(Moral Majority, 미국의 보수적 기독교 정치단체) 등이 힘을 가지면서 레이건 정권에 이어 부시 정권이 세워졌다. 즉 샌델의 걱정은 이러한 현실과 대응되고 있는 것이다.

이 같이 제1장은 공공철학에 대한 논의 외에 초기 롤스의 칸트주의적 자유주의와 후기 롤스의 최소주의적 자유주의에 대한 철학적 비판이 중심이 되고 있다. 이것은 《민주정에 대한 불만》 또한 전작의 철학적 논의를 받아서 전개하고 있다는 것을 확실히 보여주는 것이다.

건국 당시에는 권리 중심이 아니었다

권리와 중립적 국가

공화주의적 정치이론은 ①정正과 선의 관계, ②자유와 자아통치에 대한 관계라는 점에서 절차공화국의 자유주의와는 다르다.

우선 ②부터 설명하자면 공화주의에서는 사람들이 자기통치Self-government를 더해갈 때 자유가 존재한다는 생각이 기본이 된다. 역으로 말하자면 왕정과 같이 사람들이 자기통치를 할 수 없을 때에는 지유도 없다고 생각한다. 공화주의의 생각은 자유와 자기통치가 관련되어 있다고 여긴다. 즉 자기통치가 가능한 곳에 자유가 있고, 자기통치가 없는 곳에 자유는 없다는 것이 공화주의적인 자유관인 것이다.

이런 자유관에 대해 아이자이어 벌린 같은 자유주의자나 홉스 같은 이론가는 개인의 물리적인 행동의 자유를 강조하고 있다. 정치권력에 방해되지 않는 것이 자유라는 것이다. 예를 들어 왕정 정치가 행해져도 개인의 행동이 방해되지 않으면 개인은 자유라는 것이다.

역으로 공화주의의 생각에서는 아무리 뛰어난 국왕이 선정을 베풀어도 사람들이 자기통치를 할 수 없다면 그 사람들은 자유롭다고 할 수 없다. 따라서 자기통치의 자유에 주목하는가, 아니면 개인의 행동에 방해를 받지 않는다는 의미의 자유에 주목하는가? 이것이 공화주의의 자유와 자유주의의 자유의 결정적 차이인 것이다.

자기통치를 위해서는 동료 시민fellow citizen과 공동선에 대한 충분한 논의가 필요하다. 그리고 그 논의에 있어서는 공공적 사항에 대한 지식이나 공동체의 귀속 의식, 전체에 대한 관심, 공동체 사람들과의 유대가 필수다. 이를 실현하기 위해서는 시민적 미덕civic virtue이 필요하고, 그런 미덕을 터득하기 위해서는 인격 형성이 필요해진다. 따라서 공화주의적 정치란 인격 형성적formative 정치인 것이다.

공화주의의 생각에는 공동선이나 인격 형성이 포함되어 있기 때문에 자유주의 같은 중립적인 생각은 용납되지 않는다. 다양한 선이나 이상 속에서 자기통치적 공화국이라는 선한 사회를 지향하고 공화주의적 관점에서 권리를 해석한다. 즉 앞서 설명한 ①정의 선에 대한 우위성이나 중립성을 주장하는 자유주의와는 명백히 다르다.

샌델은 공화주의의 원천으로 아리스토텔레스를 언급하고 있다. 아리스토텔레스의 사상은 시민적 미덕과 정치 참가라는 합리적인 면에 주목하는 강한 공화주의의 전형으로, 마키아벨리의 사상[14]처럼 제도적인 궁리를 강조하는 약한 공화주의와는 구별된다. 샌델은 공화주의 사상의 차이에 대해서 자세히 설명하고 있지 않지만, 이것은 사상사적으로 큰 문제다.

이 같은 관점에서 미국 연방대법원의 판결에는 ①개인적 권리의 우선, ②중립성, ③자유롭게 선택하는 무연고적 자아라는 자유주의의 생각, 바꿔 말하면 절차공화국의 공공철학이 확실하게 드러나고 있다.

건국 당시의 합중국 헌법

여기서 ①의 권리에 대해 짚어보자. 미국에서는 권리의 개념이 어떻게 확립되어 있을까? 잠시 샌델의 논리를 따라가보자.

사실 초기 공화국에서는 개인의 권리에 기초해서 정부를 제약하는 것이 헌법의 역할이라고 생각하지 않았다. 연방헌법은 1787년에 성립됐는데, 이때는 합중국 헌법의 권리장전 같은 권리에 대한 명확한 규정이 존재하지 않았다.[15]

---

14 Niccolò Machiavelli(1469~1527)
16세기 이탈리아의 정치이론가. 대표작 《군주론》에서 마키아벨리즘이란 용어가 생겼고, 근대 정치사상의 기원이 되었다. 정치는 도덕으로부터 구별된 고유의 영역임을 주장하였다..

15 미국의 권리장전
미국 헌법 제1차 수정헌법의 10개조를 지칭하며 정부의 권력으로부터 개인의 권리를 보호하기 위한 내용이 담겨 있다. 제임스 매디슨이 주도하여 1789년 연방의회를 통과하였고 1791년 각 주의 비준을 얻었다.

미국은 영국과의 독립 전쟁 후 동부 13주가 연방을 구성해서 건국됐는데 연방헌법을 만들 당시, 방(state, 헌법성립 후는 주)과 연방federal의 관계를 어떻게 할 것인지가 큰 문제가 되었다. 연방의 확립을 중시하는 연방주의자federalist와 방의 독립을 중시하는 반연방주의자antifederalist 사이에 논란이 생긴 것이다.

반연방주의자는 연방주의자를 향해 연방헌법에 반대하는 논거로서 권리장전의 결여를 들고 비준 심의에서 논쟁을 실시, 다수파의 전제專制의 위험성을 지적했다. 그러나 이런 주장은 훗날 자유주의와 같이 개인의 권리를 가장 중시한다는 생각에 기초한 것이 아니라 연방이 방의 독립을 위협할 정도로 과도하게 간섭할 수 없도록 연방정부의 권력을 제한해야 한다는 관점에서 제기된 것이다. 연방의 권한을 중시하는 연방주의자는 물론 방의 권한을 중시하는 연방주의 반대자조차 개인의 권리를 중심으로 하는 입장은 취하지 않은 것이다.

연방헌법 제정에 큰 역할을 한 제임스 매디슨은 권리장전의 부가附加에 동의하는 것과 동시에 개인의 권리를 주정부의 침해로부터 보호하도록 하는 수정 조항안을 제안했다. 즉 개인의 권리는 연방뿐만 아니라 주로부터도 보호되어야 한다고 문제를 제기한 것이다. 그러나 이 제안은 상원에 의해 부결되었다. 1791년 연방헌법에 권리장전이 더해진 단계에서도 연방정부만이 개인의 권리를 구속하게 되었다. 즉 연방정부에 대해서는 개인의 권리의 침해가 금지 사항으로 더해졌지만, 주는 구속하지 않은 것이다.

그 후 남북전쟁을 거쳐 제14조 수정안에 의해 모든 주에서 누구든지 법적 절차due process에 의하지 않고 자유나 생명 혹은 재산이나 법의 평등한 보호를 빼앗아서는 안 된다고 규정되었다. 주까지 구속 대상이 되면서 연방이나 주까지 모든 정부의 침해로부터 개인의 권리를 지키게 된 것이다. 이때가 1868년으로 매디슨이 문제를 제기한 지 79년이나 지난 후의 일이었다.

정표의 우위성과 중립성의 출현

이 헌법 개정을 받아들여 대법원에서는 19세기 말부터 주에 의한 산업경제의 규제 입법 등에 대해서 주의 법률이 개인의 권리(특히 재산권이나 계약의 권리)를 침해하고 있다는 위헌 판결을 내리게 되었다. 이렇게 해서 권리라는 개념이 주를 구속하게 되었다.

특히 20세기 초 로크너 법정(로크너 판결로 대표되는 이 시대의 대법원)의 시대에는 경제활동 혹은 계약의 자유를 제한하는 주의 법률은, 그것이 사람들을 보호하는 목적이라도 해도 위헌이라고 판결했다. 산업자본주의를 옹호하고 혁신주의적 개혁을 방해한 것이다. 이 판결의 근저에 있는 것은 자유방임주의laissez-faire로 오늘의 자유지상주의에 의거한 위헌 판결이라고 할 수 있다.

그 후 권리를 기본에 둔 (권리기저법) 판례법리가 서서히 세워지면서, 권리가 트럼프 카드의 조커처럼 이용되게 되었다. 오늘의 자유주의가 주장하듯 선에 대한 정의 우위성이 헌법 판결에 반영된 것이다.

당시 홉스 재판관은 로크너 법원(판결)의 주류였던 자유방임주의에 반대 의견을 나타내며, 사법부는 민주적인 제도를 존경해야 하고 주가 정치적으로 결정한 것에 대해 계속해서 위헌 판결을 내리는 것을 반대했다. 이것은 사법부의 자기 억제를 요구하는 것이다. 동시에 홉스는 언론의 자유라는 시민적 자유를 제판소가 보호해야 한다면서 급진파가 전단을 뿌리는 권리를 옹호했다. 왜냐하면 그는 헌법은 여러 목적과 여러 가치에 대해서 중립이어야 한다고 생각했기 때문이다. 이것은 나중에 내용중립성 법리로 전개된다. 법률의 내용은 선이나 가치 면에서 중립이어야 한다는 의미다.

이 같이 자유주의 생각은 로크너 법원에 의해 권리를 기초로 생각하는 선에 대한 정의 우위성이 성립되고, 그 후 홉스의 반대 의견에 의해 중립성의 생각이 성립되었다. 이후 더욱 전개되어 스톤 판사의 의견을 계기로 인격에 대한 기본 사상이 세워졌다. 개인은 스스로를 위해 목적을 선택할 수 있는 독립된 주체라는 것이다. 이런 개념을 바탕으로 자유주의파가 말하는 정의 선에 대한 우위성을 해석하고 시민적 자유를 보호하기 시작했다.

이런 이행이 확실하게 나타난 것이 바로 국기에 대한 경례를 거부했다는 이유로 공립학교에서 퇴학당한 여호와의 증인 학생 사건이다. 그의 부모는 당시 이것을 종교적 신조에 대한 침해라며 주에 소송을 걸었다. 이 같은 강제적 경례에 대해 1940년 판결에서는 같은 공동체에 속한 국민의 아이덴티티를 함양하기 위한 정당한 수단이라는 판결이 나왔지만, 3년 후인 1943년에는 위헌 판결이 나왔다.

국기에 대한 경례라는 가치나 선을 개인에게 강제해서는 안 된다고 생각한 결과다. 이것은 생각의 변화의 큰 지표라고 볼 수 있다.

헌법상의 절차공화국의 도래는 1943년에 결정적으로 이뤄졌다. 미국의 2세기 이상의 역사를 생각해볼 때 이는 매우 최근에 이루어진 일이다. 역으로 말하자면 그전까지는 오히려 공화주의적인 발상, 즉 선이나 인격 형성에 기초한 헌법이 만들어지고 해석되어온 것이다.

샌델은 이 같이 설명하며 권리를 둘러싼 문제를 몇 개의 영역에서 점검한다. 이것이 바로 3, 4장의 내용으로 이런 절차공화국의 생각이 괜찮은가? 라는 문제를 제기한다.

chapter3
중립성의 논리로 잃어버린 것

종교의 자유와 언론의 자유

종교에 대한 중립성

제3장에서는 2차 세계대전 후에 현저해진 종교의 자유와 언론의
자유의 헌법논의에 초점을 맞추면서 자유주의의 사고가 어떻게 쌓
아올려져 왔는지 논하고 있다.

정부의 중립성이 일관되게 적용된 것은 종교 분야였다. 정부가 종
교에 대해서 중립이어야 한다는 주장은 토머스 제퍼슨(1743~1826)이
1779년에 종교적 자유를 확립한 법안을 제출하고 교회와 국가의
완전 분리를 요구한 때로 거슬러 올라간다. 연방대법원은 제퍼슨의
교회와 국가의 분리의 벽이라는 비유를 애용했는데 그 확립에는 시
간이 걸렸다. 정부가 종교에 대해 중립적이어야 한다는 원리가 성립

된 것은 최근 반세기에 지나지 않은 일로, 1947년에 처음으로 연방 대법원이 판시했다.

종교에 대한 중립성은 1980년대에 개인이 자유의사에 의해 선택하는 것을 최대한 존중한다는 주의주의적인 생각에 의해 정당화되었다. 엄밀하게 말하자면 종교에 대한 존중에서가 아니라, 그 사람의 종교가 무엇이든 자발적으로 선택할 능력을 존중하기 때문에 종교의 자유가 존중된 것이다. 그러나 이것은 무연고적 자아의 상정에 기초한 생각으로, 연고적 자아가 스스로 소속되어 있는 종교적 책무를 달성하지 않을 수 없을 경우에는 그 종교적 자유를 충분히 보장할 수 없다. 바로 여기에 문제가 있다.

샌델은 선택의 자유와 양심의 자유라는 두 가지 관점을 비교하고 있다. 선택의 자유란 자유주의에서 말하는 자유로 주의주의적인 자유의 생각이다. 그런데 사상·종교에 의한 자유나 종교적 자유에는 개인 의사에 따라 자유롭게 선택할 수 없는 것도 있다. 샌델은 그것을 양심의 자유라고 부르며 연고적 자아의 자유는 여기에 상당한다고 주장하고 있다.

공동체 안에서 자라고 그 안에서 선에 대한 생각을 몸에 익힌 사람은, 그 선의 생각이 자신의 아이덴티티를 구성하게 된다. 따라서 이 선은 스스로의 자유의사로 선택한 것은 아니라는 것이다. 즉 선택의 문제가 아니라 자신의 일부가 된 것이다.

연방대법원은 이 연고적 자아의 양심의 자유를 보호하지 않는 쪽으로 방향을 바꿨다. 그 예로 유대교도들의 안식일 준수주의나 키파의 착용, 미국 원주민의 종교 의식용 페이요트 사용 등을 들고 있다. 안식일 준수주의자란 일요일이 아닌 토요일에 휴식하는 사람들을 가리키는 것이고, 키파는 정통파 유대교도가 의식에서 착용하는 작은 모자, 페이요트는 마약으로 작용하는 선인장의 일종이다. 대법원은 이들의 예를 들면서 종교적 이유에 기초한 행동(안식일 휴식, 키파의 착용, 페이요트의 사용)을 인정해야 한다는 주장을 받아들이지 않았다.

또 다른 예로 양심의 자유에 대해 연방대법원이 보호 쪽에 손을 들어준 사례도 있다. 양심적 병역거부나 안식일에 일하지 않는다는 이유로 실직 당한 안식일 재림파, 어린아이를 공동체 속에서 일하게 한다는 이유로 교육적인 마찰을 일으킨 아미시(Amish, 근대적 생활을 거부하는 기독교의 한 파) 등이다. 그러나 안식일 준수주의자, 키파, 페이요트 등의 예는 보호해주지 않았다.

자유주의파의 생각에서는 입장의 선택은 모두 개인의 자유의사에 의한 것이기 때문에 이런 특별한 사람들만 보호하는 것은 불평등하다고 주장한다.

왜 모든 사람에게 같은 권리를 인정하지 않는가? 라는 논리에 의해 종교적인 이유로 특수한 취급은 인정할 수 없는 것이다. 이에 대해 연고적 자아의 양심의 자유라는 생각에서는 종교적인 문제는 그 사람의 아이덴티티에 관한 것으로 자유롭게 선택할 수 있는 것이 아니다. 그렇기 때문에 종교적인 이유에 바탕한 주장도 보호해야 한다고 주장한다. 따라서 자유주의파의 생각에 따르면 이 사람들에 대한 보호를 빼앗는 것이 아니냐는 질문이 나오게 되는 것이다.

언론에 대한 중립성

중립성의 원리는 언론의 자유에도 적용되고 있다. 미국 대법원은 수정 헌법 제1조를 통해 국가가 시민에게 진리나 좋은 삶에 대한 바람직한 생각을 주입하는 것을 금지해왔다. 그런데 대법원이 언론의 자유에 관심을 높인 것은 1917년 스파이 활동 및 반정부활동 관리법을 위한 것에 지나지 않았다. 그 후 대법원이 파괴활동에 대한 유죄판결을 포기하고 언론의 자유를 적극적으로 옹호하기 시작한 것은 1930년대의 일이다.

당시는 모든 언론을 중립적으로 다루어야 한다고 한 것이 아니라 언론을 고급 언론과 저급 언론을 나누어 고급 언론은 지켜야 하지만, 외설물 등 저급한 언론은 지키지 않는다는 주의였다. 이에 대해 1970년 이후 정부는 언론에 대해 중립적이어야 한다는 내용 중립성 법리가 확립되었고, 언론의 내용에 내해서는 관난이나 구별 없이 언론의 자유는 모두 인정한다는 방향으로 바뀌게 되었다.

그 전형적인 예가 바로 외설 규제법에 대한 판결이다. 일찍이 외설은 부도덕하다는 이유로 이 법은 정당화되었지만, 그 후 연방재판소는 이 규제법을 합헌이라고 할 때도 내용이 저급하기 때문에 규제해도 좋다는 논리는 이용하지 않았다. 1973년 하드코어 포르노 영화

상영에 대한 규제법을 합헌이라 하면서도 도덕적 판단은 회피했다. 이후 대법원은 정부가 부도덕을 이유로 성적으로 노골적인 영화를 금지하는 것을 인정하지 않고, 외설물을 허락하면 다양한 2차적 영향으로 문제가 발생하기 때문에 그런 연유로 이 규제법은 외설규제법을 정당화하게 되었다.

언론의 자유(수정안 제1조)의 원리가 정부의 중립성에 의해 변화함에 따라 언론의 자유의 정당화 근거도 바뀌었다. 전통적으로는 자아통치를 위해 정당화되었지만, 1970~1980년대에 걸쳐 개인의 자아실현이나 자아표현을 위해 옹호하는 경향이 현저해졌다.

또 한 가지 예가 집단적 명예훼손의 문제다. 여호와의 증인 신자인 채플린스키는 경찰서장에게 파시스트 같은 놈이라는 모욕적 발언으로 유죄선고를 받았고, 일리노이 주의 백인지상주의자 보하네스는 인종에 대한 집단적 문서비방 사건으로 유죄선고를 받았다. 전자가 개인에 대한 모욕적 발언이었던 것에 비해 후자는 집단적 명예훼손의 문제인데, 둘 다 유죄로 처리되었다. 연방대법원은 1942년, 1951년에 이들을 각각 판결했다. 그 후 집단적 명예훼손은 인정되지 않았다.

일리노이 주의 스코키 마을에는 강제수용소에서 생환된 많은 유대인들이 살고 있었다. 그런데 네오 나치가 도발을 목적으로 그 마을을 행진하려고 했다. 생환자들은 이를 자신들의 아이덴티티와 인권에 대한 문제로 여기며 동맹시민들을 설득하는 등 저항했다. 주정부 또한 그 행진을 금지시키려고 했다. 그러나 대법원은 집단에 대한 명예훼손을 처벌하는 것은 불가능하다며 그 금지에 대해 위헌 판결을 내렸다.

인디애나폴리스에서는 1984년 시조례(市條例)에서 포르노 판매를 규제하려고 했지만, 연방재판소는 포르노는 여성에 대한 집단적 해악(명예포기)이라는 주장을 받아들이지 않았고, 대법원에서도 정부는 선에 대해 중립적이어야 하기 때문에 이 견해를 지지하는 것은 불가능하다면서 원판결을 시인했다. 둘 다 지자체에서 금지하려고 결정한 것에 대해 집단적 명예훼손에 의한 유죄는 인정할 수 없다며 대법원이 위헌이라고 뒤집은 것이다.

샌델은 이 근저에 있는 것이 자유주의의 논리라고 지적한다. 즉 자유주의파의 생각에서는 명예가 아닌 개인의 존엄이 중요하기 때문에 모욕만으로는 (명예는 상처받았어도) 위법적인 침해가 되지 않고, 구체적으로 어떤 손해를 입었는지를 증명하지 못하는 한 명예훼손을 처벌할 수 없다. 또한 개인이라면 몰라도 집단의 명예가 훼손당했다고 해서 그것만으로는 위법 침해가 되지 않기 때문에 집단적인 명예훼손을 처벌하는 것은 불가능하다. 그래서 개인에 대한 손해가 명확하지 않은 네오 나치의 행진이나 포르노 판매 같은 십난석 녕예훼손은 금지되지 않는다.

이와 달리 공동체주의적 논의에서는 개인이 아닌 집단에 주목하기 때문에 집단적인 명예훼손을 규제하는 것이 가능하다. 또한 목적론에서 보면 명예의 문제는 중요하다. 그러나 위헌 판결에 의해 각각의 공동체가 자기통치에 의한 도덕적 판단으로 단속하려는 것은 받아들여지지 않았다. 이것은 바로 절차공화국의 승리를 의미한다.

이와 대비해서 샌델이 제시하는 것은 마틴 루터 킹 목사의 예다. 1965년에 시민권 운동으로 킹 목사가 행진을 선두하려고 했을 때, 당시의 앨라배마 주지사는 행진을 금지하려고 했다. 그런데 킹 목사의 제소에 대해 연방재판소는 그 대의의 정당성을 이유로 킹 목사의 행진을 허가하도록 주에 명령했다. 이에 대해 자유주의파는 스코키 마을이나 인디애나폴리스 경우 같은 논리가 있었기 때문에 킹 목사의 행진도 가능할 수 있었다고 한다.

샌델은 민족 말살과 증오를 장려한 네오 나치와 흑인의 시민권을 위해 운동한 킹 목사의 언론이나 주장의 차이를 생각해보면, 킹 목사의 경우 판결에 내용 중립성은 없었지만 국민의 도덕적 상상력을 자극해서 1965년 투표권법의 성립에 기여했다고 지적한다. 이런 판결은 오늘의 자유주의적 절차공화국에서는 불가능한 것이다. 그러나 이 같은 도덕적 내용의 구별은 충분히 가능한 일로, 더 적극적으로 해야 하지 않을까? 라는 물음으로 샌델은 강의를 끝맺고 있다.

자유파의 주장처럼 도덕적 판단을 선반에 올려놓는 방식으로 종교나 언론의 자유를 보호하려고 해도 중립성은 유지될 수 없다. 위치 지어진 자아로서의 인격에 대한 존중을 잃고 오히려 그 자아를 지키기 위해 민주적으로 행동하는 것조차 곤란해질 수도 있다.

이런 절차공화국은 공동체의 일원으로서의 존중이라는 선뿐만 아니라 자기통치에 의한 공동선의 실현을 꾀하게 된다. 중립성의 논리는 언뜻 보기에 자유를 보장하는 것처럼 보이지만 그로 인해 잃는 것들을 무시해서는 안 된다.

chapter4
성적 관계와 가족 관계

프라이버시권과 가족법

변화하는 프라이버시권의 논리

　현대의 자유주의에는 개인의 자율성을 지킨다는 이유로 프라이버시권이 구성되어 있다. 이는 인간에 대한 주의주의적인 생각이나 중립성이라는 이상을 반영하고 있다. 원래의 프라이버시권은 사적인 사항을 공적인 권력으로부터 보호한다는 취지였다. 프라이버시권은 꽤 오랫동안 주의주의적 자아나 중립적 국가와는 거리가 멀었다.

　1961년 코네티컷 주에서 피임구 사용금지 법률에 대한 시비가 일어났을 때 다수 의견이 제소를 취하했다. 사용을 금지시키기 위해서는 부부의 생활공간인 침실에까지 개입해야 하고 이는 프라이버시권의 침해에 해당한다는 반대 의견이 제시됐기 때문이다. 즉 프라이버시권은 권력의 감시나 간섭으로부터 자유로워야 한다는 전통적인 프라이버시권의 논리를 취하고 있다. 이런 생각은 4년 후에 승리해서 연방대법원은 이 주법을 위헌이라 판결했다.

피임기구 배포 제한이 논란이 된 1972년의 판결에서도 규제를 위헌이라 했지만, 그 이유는 달랐다. 피임기구의 시비나 입수는 어디까지나 개인이 자신의 의사로 결정해야 한다는 이유로 위헌이라고 한 것이다. 배포 제한이란 피임기구의 판매 금지로, 사용 금지처럼 개인의 침실에 들어가서 정부가 성적 행위를 감시할 필요는 없다. 그렇기 때문에 감시로부터의 자유라는 논리라면 배포 제한을 위헌으로 할 요지가 없다. 개인의 자유로운 선택을 존중하는 주의주의적인 관점에서 위헌이라는 판단이 내려진 것이다.

즉 공권력의 감시가 논점이 아니라, 선은 개인이 결정해야 하는 것으로 국가권력이 개입해서는 안 된다는 중립성의 법리에 따라 새로운 프라이버시권 옹호의 논리로 바뀐 것이다.

마찬가지로 새로운 프라이버시권에 의해 1년 후 연방대법원은 임신중절을 제약하는 텍사스 주를 위헌이라 판결했다. 프라이버시권은 여성이 임신중절을 자유롭게 결정할 권리를 포함한다고 확대시킨 것이다. 임신중절에 대해 최소주의적 자유주의는 생명의 시기의 문제, 바꿔 말하면 언제부터 인간인가? 라는 태아의 도덕적 지위의 문제에 관해서 도덕적·종교적 쟁점을 선반 위에 올려놓고 중립적인 입장에서 판단을 내리려 했다. 이 같이 선반 위에 올려놓는 것 자체가 그 논쟁의 암묵적인 생각(임신중절 용인론의 경우 태아는 아직 인간이 아니다라는 생각)에 기초한 것이다.

새로운 프라이버시권의 논리를 동성애 행위의 금지법에 적용한다면 개인의 자유로운 선택을 존중하기 때문에 동성애 행위도 프라이버시로서 보호되어야 할 것이다.《민주정에 대한 불만》이 쓰인 시점에서 다수파는 프라이버시권의 확장에 소극적이었지만, 판결의 소수 의견 중에는 이런 방향의 의견이 나오고 있었다.

이에 대해 샌델은 동성애 행위를 용인할 경우, 주의주의적인 개인이 자유의사로 결정할 수 있도록 동성애 행위를 용인한다와 같은 논리로는 불충분하지 않느냐고 묻는다. 용인한다면 동성애에 대해서도 이성애와 마찬가지로 실질적인 도덕적 가치가 인정되어야 하고, 그것이 더 나아가서는 결혼에 합당하다는 이유에 기초되어야 한다고 말하는 것이다.

무책주의적 가족법의 문제점

과거의 이혼법은 전통적인 성별 역할 분담과 연결되어, 평생 동안 상호 책임과 정절의 의무를 포함하고 있었다. 따라서 한쪽이 이혼을 바라고 소송을 할 경우 기존에는 상대에게 책임이 있기 때문에 이혼을 인정한다는 논리가 적용되었다. 그러나 1970년의 캘리포니아 주법을 시초로 최근 전미에서 상대의 책임을 묻지 않고 도덕적 이유 없이 조화하기 힘든 인격의 불일치의 호소만으로 이혼이 인정되기 시작했다. 그리고 부양료와 같은 금전적인 지불도, 불의밀통不義密通

의 유무 같은 도덕적 고려와 분리해서, 이혼 후의 경제적 자활에 초점을 맞춰 경제적 필요성에 기초해서 결정하게 되었다. 무책주의無責主義적 가족법이란 이 같은 새로운 가족법의 논리를 가리킨다.

무책주의적 가족법의 근저에는 역시 자유주의적인 사상이 존재하고 있다. 상대의 책임 유무와는 관계없이 이혼이 가능하고 부양료가 결정된다는 생각에는 도덕적 판단을 선반 위에 올려놓는 논리가 반영되어 있다. 또한 자신의 일방적 의사로 이혼할 수 있다는 생각이나 평생의 혼인의무라는 생각의 부정에는 자유의사에 의한 선택이라는 주의주의적 무연고적 자아관이라는 논리가 작용하고 있다.

유책주의적 가족법의 경우 책임에 따라 부양료를 지불해야 했지만, 무책주의적 가족법은 이혼한 여성이 부양료나 양육비를 충분히 받아낼 수 없다는 문제가 생겼다. 자녀 부양 의무의 이행 강화에 대한 연방법 제정 등이 이 문제를 보완할 수 있을지도 모르지만, 무책주의적 가족법은 보다 큰 문제를 안고 있다.

그것은 부부나 부모를 비롯한 가족 역할의 구속력이나 그에 수반되는 책무의 감소를 법이 가속시킨다는 것이다. 이는 가정 붕괴나 부친 부재와 같은 사회병리 현상과도 관계가 있다. 전통적으로 결혼에는 가족이라는 구성적 의미에서 공동체를 만들고, 부부가 각자의 역할을 맡는 연고적 자아의 생각이 있었다. 그러나 한쪽의 자유의사에 따라 이혼할 수 있게 되면서 이전 같이 영속하는 가족을 전제로 하는 행동들이 사라지고 있다. 즉 여성이 결혼 후에는 일보다 가정을 우선한다 같은 삶의 방식을 취하기 어려워진 것이다. 왜냐하면 여성이 결혼으로 일을 그만둔 경우, 이혼 후 직장에 복귀하려고 해도 수입이 감소하거나 복귀가 쉽지 않기 때문이다. 그래서 부부가 각각의 역할을 무시하는 무연고적 자아의 생활 방식을 취할 수밖에 없는 것이다.

주의주의의 생각이란 개인이 자신의 자유의사에 의해 선택할 수 있다는 것으로 자유주의는 그런 이유로 다양한 선 사이에서 국가는 중립적이어야 한다고 주장한다. 상황을 생각해보면 이 새로운 법률이 반드시 중립적인 것은 아니다. 예를 들어 결혼 후에도 일을 계속한다는 선에 기초한 라이프스타일을 결혼 후에는 일을 그만둔다는 라이프스타일보다 유리한 입장에 서도록 하기 때문이다. 그 결과 여성들은 결혼 후에도 일을 계속한다는 선의 방향으로 유도되고, 이는 결국 무연고적 자아의 이미지에 따른 결혼 제도로 교체되는 것이다.

프라이버시권이나 가족법의 변화를 논하면서 샌델은 이 같은 변화에 대한 질문을 던진다. 이는 매우 중요한 문제다. 성적 관계나 가족은 사회의 기초를 이루는 것이고 이들을 둘러싼 법률적 변화는 실제 사람들의 생각이나 생활 방식에 영향을 끼친다. 무연고적 자아의 자유로운 선택에 의해 성적 파트너나 가족을 만들거나 포기하면, 가족과 같은 성적 공동체의 지속이나 그 자체의 (육아를 비롯한) 책임 문제가 대두되게 된다. 법률적 변화를 논하면서 성적 관계나 가족 관계를 어떻게 생각해야 할지 근본적 문제가 제기되고 있는 것이다.

희박한 다원주의에서 고차원적 다원주의로

결정적인 순간에 조커처럼 사용되는 권리, 중립적 국가, 가족 같은 무연고적 자아라는 자유주의적인 생각이 최근 10여 년 동안 헌법과 가족법에 큰 영향을 끼쳐 왔다. 절차공화국의 관용은 모든 행위의 가치를 선반 위에 올려놓고, 사람들의 확신이나 생활에 어울리는 가치를 함양하는 것이 아니라 무연고적 자아로서 존중한다. 즉 사회적인 공존이나 평화는 만들 수 있어도 한 사람 한 사람의 고유의 선을 평가하고 긍정하는 인격 및 공동체에서 양성되는 고차원적인 다원성이 실현될 가능성은 거의 없는 것이다.

또한 샌델은 무연고적 자아라는 생각이 과연 자기통치에 적절할까? 라는 의문도 제시하고 있다. 그 이유로 첫째 공화주의 전통 속에서 자기통치를 위해서는 정치적 공동체의 구성원이 시민의 역할이나 책무를 이끌어가야 한다. 또한 시민성이나 공동선에 대한 지향을 함양해야 한다. 그러나 절차공화국이 초래하는 희박한 다원주의는 자기통치에 필요한 시민적 교육을 할 수 없다.

둘째 현대의 복지국가에는 자발적 동의에 기초하지 않은 의존과 기대의 광범위한 네트가 존재한다. 복지국가는 사회적·경제적 자격(보유, 권원)을 포함한 개인의 권리를 신장시키는 한편, 동료 시민들 사이에서의 상호 책임과 도덕적 관여에 대한 강한 의식을 필요로 한다. 그것이 무연고적 자아에게도 가능할까? 그렇다면 구성적 의미에서 공동체를 만들 수 없는 복지국가에 정당성이 있는 것일까? 이 같은 물음으로 마무리하고 있다.

즉 헌법이나 법률에 초점을 맞춤으로서 가족과 인권의 근간을 바로잡고 있다고 할 수 있을 것이다. 일찍이 헤겔은 칸트의 도덕적 법칙이나 추상적 인권 사상으로는 충분치 않다고 하며 가족·시민사회(시장경제)·국가 같은 윤리적 제도(인륜)을 논했다. 여기서는 자유주의 권리관의 신장과 성적 관계·가족 관계에 대한 전개나 영향을 논하고 있다. 그리고 남은 것은 시민사회와 정치경제라는 과제다.

3-2

시민의식의

정치경제

공화주의적 정치경제사

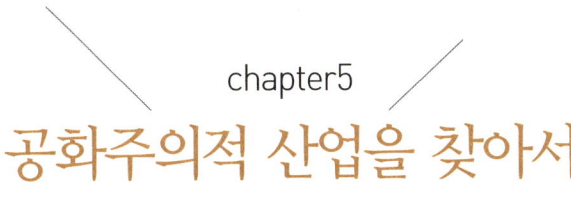

chapter5
공화주의적 산업을 찾아서

초기 공화국의 경제와 미덕

농업과 국내 공업의 공화주의적 이상

　미국 건국의 지도자 중 한 사람인 토머스 제퍼슨은 농업을 매우 중시한 공화주의자였다. 농민적 생활양식이 자기통치에 적절한 유덕한 시민을 만들어낸다고 생각했기 때문이다. 공업의 발달은 시민성을 위해 필요한 독립심을 붕괴시킨다며 매우 비판적인 입장이었다. 결과적으로 농민적 생활을 유지해야 한다는 생각이 확장되지는 않았지만, 자기통치에 필요한 성격의 함양을 필요로 하는 공화주의적 발상은 제퍼슨뿐만 아니라 헌법 기초자 대부분이 공유하고 있었다. 시민적 미덕의 함양이나 공동선을 중시하고 사적 이익에 의한 부패를 경계한 것이다.

또한 미국 헌법의 아버지 제임스 매디슨은 시민적 미덕에 의해 자유를 초래하는 것이 아니라 권력분립 등 서로 경쟁하는 이해관계를 통해 상호 억제할 수 있다고 주장했지만, 그럼에도 그는 유덕자의 통치나 인격의 교육이 중요하다는 점을 인정했다. 공업화를 추진하려고 한 알렉산더 해밀턴(1757~1804)조차 자기 이익에 의한 정치를 옹호한 것이 아니라 이런 의미에서의 공화주의에 찬성했다. 즉 건국의 아버지들founding fathers은 모두 시민적 이상을 갖고 있었다고 말할 수 있다.

이후 헌법이 비준된 나라로 자리 잡아가면서 헌법 기초자들 사이에서도 차이점이 드러나게 되었다. 해밀턴은 재무성 장관으로 영국형 재정 시스템을 확립하려고 했지만, 공화주의의 관점에서 보면 영국형은 상업을 중시하고 있기 때문에 뇌물이나 부패를 가져오기 쉬웠다. 이런 점에서 시민적 미덕의 손실을 불러올 수 있다고 우려한 공화주의자 제퍼슨과 매디슨 등은 민주공화당republica을 형성했고, 해밀턴 등으로 이뤄진 연방당federalist과 대립하게 되었다. 제퍼슨과 매디슨은 미덕의 담당자인 농민의 생활양식을 보호하려 했지만, 해밀턴은 상업이나 공업의 발달에 의한 공동선을 실현하려고 했다. 해밀턴은 공화주의를 포기한 것이 아니라 근대적인 형태로 공화주의의 이상을 실현하려고 한 것이다.

국내의 공업화는 식민지 시대에는 영국에 대항한다는 점에서 자유와 미덕을 위해 옹호되었지만, 독립 후에는 대규모로 공업화 되면 무산계급과 독립적 판단이 불가능한 사람들을 만들어낸다는 걱정이 강해졌다. 한편 국내 공업화 옹호자들은 영국 등 외국의 생필품이 아닌 사치품이 많이 유입되면 미국인의 근면함을 해치고 도덕적 부패를 가져온다고 걱정하면서 국내 공업을 발전시키고 사람들을 고용해서 일하게 할 필요가 있다고 했다.

19세기 초에 접어들면서 제퍼슨주의자들까지 외국 세력에 반대한 결과, 국내 공업이 인정받게 되었는데 그것은 시민성의 정치경제에 도움이 된다는 공화주의적 논리에 기초한 것이었다. 제퍼슨 본인도 만년에는 수출입 금지 조치, 1812년의 영미전쟁의 실패, 외국제품의 과도한 수입이 미국인의 미덕을 부패시킨다는 걱정 때문에 국내 공업을 인정하게 되었다.

국내 공업을 인정하긴 했지만 시민성의 정치경제를 포기한 것이 아니라 어떤 경제적 조직이 자기통치에 있어서 가장 바람직한가? 라는 관점에서 논의를 시작한 것이다. 초기 공업가들은 유럽의 공업 같은 악덕을 피하고 시민성이 필요로 하는 미덕을 함양할 수 있는 형태를 제시하려고 노력했다.

매사추세츠 주 로웰 지역의 섬유공장에서는 뉴잉글랜드의 여성노동자들을 대상으로 도덕적 품격을 높이려는 연구가 실시되었다. 공장은 교외에 설치되었으며 교대제를 채용했고 여성들은 회사의 기숙사에서 사감의 감시 아래 생활했다. 그리고 예배와 설교, 클럽 활동이나 문예지 발행 등을 통해 종교적·도덕적인 향상을 꾀했다. 마을 사람들은 이것이 바로 노동자들이 미덕을 함양할 수 있는 조직, 즉 공화주의적 공동체의 모델이라고 칭송했다.

그러나 이곳 역시 경제 상황의 변화에 따라 임금 삭감을 피치 못하게 되었고 노동 조건이 악화되면서 아일랜드 이민자의 고용이 늘어나게 되었다. 이렇게 해서 미국의 공장에서는 당초의 로웰과 같은 공화주의적 이상을 잃어버렸다.

잭슨 시대의 두 가지 공화주의

앤드루 잭슨 대통령(1767~1845) 시절인 1830~1840년대에 휘그당[16]의 논객은 국립은행, 보호관세, 정부가 주도하는 국내 개발이 경제 성장을 가져온다고 주장했다. 이에 대해 민주당의 잭슨주의자는 그 것은 서민을 희생해서 부자를 풍족하게 하고, 부의 불평등한 분배를 가져온다며 반대했다. 휘그당은 은행가나 산업계의 지지를 받아 산업 발전을 꾀하는 적극적 정당을 지지했고, 민주당은 농민, 기계 공, 노동자의 지지를 받아 자유방임정책을 지지했다.

당시에도 경제성장이나 분배를 논하고는 있었지만 오늘날의 논의 와는 달리 자기통치와의 관계에서 논의되고 있었다. 잭슨주의자는 경제발전에 수반되는 부의 불평등은 자기통치에 위험을 가져온다고 생각했기 때문에 자유방임이라고는 해도 자유지상주의와는 달리 격차의 증대를 비판하고 있었다. 또한 부자나 유력가가 보조금이나

---

16 휘그당(Whig Party, 1834~1860)
앤드루 잭슨의 정책에 반대하여 조직되었다. 왕정에 반대하는 영국 휘그당과 정치적으로 비슷하다. 이 정당은 노예제도를 둘러싼 남북의 정치적 대립에서 명확한 입장을 취하지 못하다가 결국 해산되었다.

특권 등을 써서 정부를 이용하는 것을 금지하려고 했다. 그들은 근면성실함으로 독립한 노동자들만이 자기통치에 필요한 미덕과 독립을 유지할 수 있다고 생각한 것이다. 잭슨은 연방은행을 사적 투자가들이 부정하게 부를 축적시키는 부패의 히드라라고 판단해서, 선한 공화주의적 생활을 가능케 하고 사람들의 도덕을 지키기 위해 제2합중국 은행의 특허 변신을 거부하고 파산으로 몰아넣었다.

이런 민주당에 대립한 휘그당은 연방은행을 해체하려고 한 잭슨의 정치는 전제정치라면서 반대했다. 이 역시 집중된 권력은 자유의 적이라고 하는 공화주의적 주장으로, 연방의 결속을 강화해서 국민적 아이덴티티를 함양하고 공립학교, 구빈원, 소년원, 일요학교, 정신병원, 형무소, (로웰에 있던 것 같은) 공장 공동체 등 공공시설의 건설을 통해 사람들의 도덕을 향상시키려고 했다. 즉 휘그당도 복종, 규율, 자아 통제 등의 자질이 자기통치에 필요하다며 자기통치의 이상을 공유했으니 이런 점에서는 공화주의적이었다. 단 휘그당은 상업이 미덕을 기를 수 있다고 주장했다.

결과적으로 민주당과 휘그당 모두 인간 형성에 대한 강한 바람을 공유하고 있고, 사기 이익보다 공공선을 중요시한다는 점에서는 공화주의적인 정치였다. 지금까지 샌델의 서술을 정리하면 건국 당초에 제퍼슨이 생각한 농업적 공화국이라는 이상은 유지되지 못하고 공업화가 진전했지만, 그 속에서도 공화주의는 계속 살아 있었다. 휘그당은 산업 발전을 축으로 도덕적 향상을 지향했고, 민주당은 연방은행을 공격하고 근면한 노동자에 의한 미덕의 함양과 자기통치를 주장하며 대립했지만, 쌍방 모두 공화주의적 이상을 어느 정도 공유하고 있었다는 내용이다. 농업이든 공업이든 공화주의적 이상을 실현할 수 있도록 산업의 발전이 추진된 것이다.

chapter6
공화주의적인 두 가지 운동

자유노동과 임금노동

자유노동의 관념과 장인적 공화주의

　국내 공업의 허용을 둘러싼 논의가 마무리되자 다음 단계로 임금
노동이 자유와 양립할 수 있는가? 라는 문제가 등장했다. 오늘날에
는 임금노동의 존재가 자명하지만 당시에는 그것 자체의 정당성이
의심되었다. 샌델은 자유주의적 주의주의와 공화주의를 대립시켜
임금노동에 대해서 노동과 자유의사의 관계와 노동운동의 변화에
대한 논의를 전개하고 있다.

　주의주의의 사고로는 임금노동은 자유의사에 기초한 자유노동
이기 때문에 여기에 문제는 없다. 하지만 공화주의에서는 자기통치
에 참가할 때에만 자유가 존재하고 그러기 위해서는 인격적 자질이

필요하다면서 자유노동은 시민이 자기통치에 어울리는, 인격적 자질을 기르는 조건 하에서 행해지는 노동이라고 가리킨다. 그래서 유럽의 무산계급과 같이 먹고살기 위해 하는 임금노동자는 자유로운 시민으로서 판단할 도덕적·정치적 자립성이 손상되었기 때문에 자유노동이라고 말할 수 없다.

제퍼슨은 요먼(자유농민)만이 공화주의적 미덕과 자립을 갖춘 시민이 될 수 있다고 생각했지만 19세기 초 많은 공화주의자들은 장인, 숙련공, 기계공 같은 생산업자들도 가능하다고 믿고 있었다. 예를 들어 장인은 처음에 스승 밑에서 임금노동을 하지만 나중에 독립하기 위한 일시적 상태라고 생각했기 때문에 원칙적으로 자유노동과 모순되지 않는다.

그런데 그들이 임금노동자로서 일생을 보내게 되면, 스승-장인의 관계는 고용자-피고용자로 변하게 되고 자유노동이 아니게 된다. 이에 1830년대에는 직공조합연합 같은 급진적인 장인적 공화주의가 나타나서 저항하기 시작했다. 노동자 중에서도 근면함·절제력·사회적 조화성·창의성 등으로 높은 수익을 거두고, 높은 임금과 자립을 가능케 하는 장인적 공화국의 기업가적 비전을 제시한 사람도 있었다.

그러나 남북전쟁 후 산업자본주의를 옹호하는 흐름 속에서 공화주의적 관념은 버려졌고, 동의에 기초한 임금노동이라는 주의주의적인 생각으로 전환되었다. 노동운동 쪽에서도 19세기 후반까지는 자유노동의 시민적 개념을 유지했지만, 결국 임금노동의 영속성을 인정하고 임금 상승, 노동시간 제한, 노동 조건 개선 등의 요구로 바뀌었다. 이는 시민성의 정치경제에서 분리적 정의의 정치경제로, 공화주의적 공공철학에서 절차공화국의 자유주의적 공공철학으로 대변화가 일어났다고 하겠다.

정치적 반노예제와 공화주의

공화주의적인 노동운동에서는 임금노동은 시민성에 중요한 경제적·정치적 독립을 부여하지 않는다는 의미에서 임금노예와 같다며 비판했다. 이에 대해 당시의 노예제도 폐지론자들 쪽에서는 주의주의적 관점에서 노예가 자유의사에 반해서 일했다는 점을 비판했기 때문에, 임금노동은 자유노동이라고 생각했다. 즉 진짜 노예는 임금노동의 자유도 없기 때문에 거기에서 해방되었을 때 비로소 자유롭게 임금노동을 할 수 있다는 것이다. 임금노동은 노예에 비해 바람직한 것이라고 생각되었다. 공화주의적인 노동운동과 노예해방운동 사이에 임금노동을 둘러싼 생각의 차이가 존재한 것이다.

남북전쟁 전에는 자유노동의 시민적 생각이 우세했다. 1840~1850년대에는 자유토지당이나 공화당 같은 정치적인 반노예제 운동이 주도권을 잡았다. 이때는 공화주의적인 자유 개념에 기초하고 있었다. 남부의 노예 소유자는 노예제 권력slave power인 노예 소유자의 지배력slavocracy을 만들었다는 점에서 자유의 적으로 여겨졌다. 또한 새로운 영토까지 노예제가 확장되면 시민이 스스로 저축

해서 자신의 농장이나 가게를 시작하고 경제적으로 자립해서 자유노동으로 이행한다는 논리가 성립될 수 없게 된다. 이런 이유에서도 노예제의 확대는 자유노동에 대한 위협이었다.

링컨은 정치적인 반노예운동의 대표적인 논자로 자유노동에서의 독립이라는 이상에서 볼 때, 임금노동자에게는 독립의 가능성이 있지만, 노예에게는 독립의 가능성이 없다면서 노예제에 반대했다. 또한 평생 임금노동자로 일하는 것은 노예와 마찬가지라는 견해에서도 자유노동이라는 이상을 품고 있었다. 장인적 공화주의 이후 이같은 자유의 관념이 남북전쟁에서 북부의 결집점이 되었다.

노동자 공화주의의 성쇠

남북전쟁 후 산업자본주의는 더욱 발전했고 임금노동제의 문제는 커져만 갔다. 그래서 공화주의적인 자유노동을 어떻게든 실현하려는 사람들도 있었지만, 그 이념을 포기하고 주의주의적인 관념으로 이행한 자도 있었다. 19세기 말, 금도금 시대라고 불리던 시절[17]에 샌델이 노동자 공화주의라고 부른 운동이 시작되었다. 마침 노동조합연동의 시작 즈음으로 이 시기에 노동기사단(1869~1890년대)이라는 조직이 탄생했다. 노동기사단은 자본가의 독점적 권력에 반대했다.

---

17 1870~1920년 사이에 록펠러, 카네기 등 소수 재벌이 경제를 지배했던 금도금 시대(gilded age)를 말한다..

이들은 임금노동자가 자기통치에 불가결한 인격적 자질 혹은 시민적 미덕을 파괴하는 것을 비판하고 그 폐지를 목적으로 했다. 이외에도 생산자와 노동자가 협동해서 공장, 광산, 은행, 상점 등을 조직해서 윤리적으로 협동적인 공화체cooperative commonwealth를 형성하자고 주장했다. E. L. 고드킨 같은 급진적 공화주의 저널리스트도 나타났는데, 그는 임금노동으로는 유덕한 시민을 육성할 수 없다고 비판하며 협동조합을 주장했다.

19세기 후반까지 자유노동의 주의주의적 관념이 강했기 때문에 보수적인 경제학자나 재판관은 자유방임주의의 입장에서 채용계약의 자유를 주장하게 되었다. 고드킨도 이런 점에서는 주의주의적인 생각을 일부 채용해서 진정으로 자유로운 계약을 위한 평등한 조건을 만들자고 주장했다. 노동운동을 통해 시민적인 인격 형성을 할 수 있도록 하루 8시간 노동을 주장한 것이다.

19세기 말부터 20세기 초두에 걸쳐서(로크너 법원 시기) 재판소는 노동과 임금을 교환하는 권리를 인정하고 (주가 노동자를 보호하는 목적으로 만든) 다양한 노동 입법을 위헌이라고 판단하게 되었다. 이것은 자본가와 노농자가 각각의 자유의사로 맺은 계약은 존숭해야 한다는 생각으로, 주의주의적인 자유방임주의다. 앞에서 권리에 대해 자유방임주의적인 변화를 설명했는데, 그것이 노동에서 나타났다고 말할 수 있을 것이다. 이에 대해 진짜 평등한 입장에서의 계약으로 만들기 위한 노동 입법을 옹호하는 소수 의견과 평론이 있었지만, 이것 역시 주의주의적인 입장이었다.

노동기사단은 공화주의적인 자기통치에 적합한 경제로의 개혁을 기획하고, 임금노동제도의 폐지와 협동의 산업 시스템을 만들려고 했다. 협동조합제도의 시도는 1880년대에 급성장했지만 1890년경에는 급속히 쇠퇴했다. 노동기사단을 대신해 대두된 것이 미국 노동총동맹이었는데, 임금노동의 개념을 받아들인다는 점에서 통상의 노동조합주의였다. 이들은 대규모 자본의 존재를 받아들이고 주의주의적인 계약의 생각을 바탕으로 노동자 계급 또는 임금생활자의 경제 상황이나 노동 조건의 개선을 요구했다. 노동기사단은 생산자 계급의 입장에서 공화주의적인 정치·경제 개혁을 꾀했지만, 노동조합은 발상부터 그것과 달랐다.

　　이처럼 제퍼슨부터 링컨, 노동기사단에 이르기까지 공화주의적 이념은 계속되었고, 반노예제 운동이나 초기 노동운동으로 전개되었다. 시민적인 자유 관념 아래에서 노동운동이 주장되어온 것이다. 하지만 얼마 후 주의주의적인 자유노동으로 생각이 변화되었고 시민성의 정치경제는 쇠퇴하게 되었다. 그리고 공화주의의 공공철학에서 자유주의의 공공철학으로 변하게 되었지만 이 역시 20세기 초기에는 완전히 뿌리내리지 못했다.

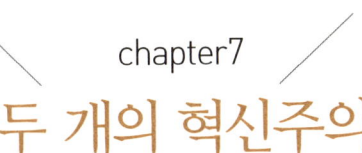

chapter7
두 개의 혁신주의

공동체와 자기통치

혁신주의에서 소비자주의로

 샌델은 오늘날의 민주정에 대한 불만, 즉 절차공화국에 대한 실망과 사람들의 무력감의 근원을 찾기 위해서 19세기 말과 20세기 초의 미국으로 눈을 돌렸다. 이 시대에는 거대한 조직이 나타나고 거대기업으로 권력이 집중되는 한편 선통적인 공동체가 쇠퇴하고 자기통치의 이념이 위기를 맞았다.

 매스 커뮤니케이션은 진전되었지만, 경제생활의 규모와 집단적 아이덴티티 사이에는 거리가 생겼다.

 공공철학의 출발점에 해당하는 듀이[18] 등이 공공적 영역의 쇠퇴를 걱정하면서 위대한 사회great society를 위대한 공동체great community

로 변화시키자고 주장했다.

　정치적으로는 이 같은 문제에 대처하기 위해 우드로 윌슨 대통령
(1856~1924)과 시어도어 루스벨트 대통령(1858~1919)이 혁신주의 운동
을 진행했다. 이 혁신주의 속에는 직업적 관리자·행정관·전문가
에게 의사 결정을 이행시키는 절차적인 접근이 있었다. 한편 놀이
터 운동, 역사적 야외극, 도시계획 운동 등과 같이 그것을 통해 도
덕적·시민적인 인격 형성을 가능케 하는 공화주의적 발상을 볼 수
있다.

　윌슨에게도 영향을 준 루이스 브랜다이스는 변호사에서 판사가
된 인물로 사상적으로 중요한 제언을 했다. 그는 거대기업으로 쏠
린 권력 집중이 민주정에 위협을 가져오고 노동자의 도덕적·시민
적 성격에도 유해하다고 주장했다. 또한 반트러스트법 등을 통한
분권주의로 지역의 민주적 통제를 실현하고, 노동자가 경영에 참여
할 수 있는 산업민주주의도 주장했다. 이를 통해 공민적인 인격 형
성을 가능하게 하고 공화주의적 정치경제의 전통에 따라 자기통치
가 가능한 노동자-시민을 형성하려고 한 것이다. 윌슨은 이것을 참
고로 독점을 공격하고 민주정과 자기통치에 필요한 미덕을 회복하
려고 했다.

　한편 윌슨과 대립한 루스벨트도 중앙정부의 권한을 강화해서 거

---

18 존 듀이(John Dewey, 1859~1952)
미국의 철학자, 교육운동가. 실용주의의 대표적인 철학자로, 탐구보다 행동을 우선하는 실천적 연구
에 중점을 두었다.

대기업을 규제하는 새로운 내셔널리즘을 제창했다. 이는 권력분산을 단념한다는 점에서는 공화주의적 사상과 결별하는 것이지만, 공화주의의 인격 형성적 측면은 고수하고 있었다. 그는 자기통치에 필요한 인격적 자질을 함양하고, 사치가 가져오는 부패를 피하고 공화주의적인 시민의식을 실현하려고 했다. 하버드 크롤리 등도 인격 형성적인 시민교육을 주장했다.

윌슨과 루스벨트는 의견은 대립했지만, 제퍼슨과 마찬가지로 자기통치에 필요한 도덕적 자질이라는 관점에서 정치경제를 논의했다. 그런 점에서 이들은 문제를 공화주의적 관점에서 극복하려고 한 시민성의 정치경제의 시도라고 할 수 있다.

이런 혁신주의 운동 속에서 새롭게 등장해 발전한 것이 소비자주의다. 이것은 공화주의와 같은 시민성을 중시하는 것이 아니라 소비자의 이익이나 경제적 만족을 실현시키려는 생각으로 경제적 풍요와 공정한 분배를 지향하는 것이다. 이것은 시민성의 정치경제에서 소비자복지consumer welfare를 목적으로 하는 정치경제로의 변화를 의미하고, 성장이나 분배적 정의를 중시하는 오늘날 정치경제의 출발점이 되었다.

당시 (지역 공동체에 기여해온) 독립 자영업자나 소규모 점포를 위협하는 체인스토어를 규제하기 위해 반체인스토어 입법이 실시되었다. 이는 독립이라는 공화주의적 이상을 실현하기 위한 입법이었지만, 소비자복지라는 관점에서 반대론이 나왔고 결과적으로 1930년대에 반체인스토어 운동은 끝이 났다.

반체인스토어 입법과 마찬가지로 대규모 독점을 규제하는 반트러스트 운동이 있었는데, 이쪽은 반체인스토어 입법보다 지속되었다. 반트러스트 운동도 당초에는 혁신주의 시대의 브랜다이스에게서 전형적으로 보이듯, 분권화로 작게 독립한 생산자의 (자기통치에 필요한) 독립이나 도덕적·시민적 성격을 지키기 위한 것이었다.

뉴딜기에 서면 아놀드가 사법청의 반트러스트 국장이 되면서 유래 없이 반트러스트를 기소했다. 아놀드의 기소는 소비자 가격을 인하하기 위해 경제를 규제한 것으로, 이것은 시민적 관점이 아니라 소비자복지를 위한 것이었다. 즉 시민성의 정치경제에서 소비자복지의 정치경제로의 이행에 대응할 수 있었기 때문에 반체인스토어 운동이 끝난 후에도 반트러스트는 지속된 것이다.

그 후에도 시민적 입장에서 반트러스트를 주장한 사람도 있었지만, 현재 반트러스트는 소비자복지의 최대화를 위한 것으로 생각되었고, 보수적인 사람들에게 뿐만 아니라 랄프 네이더 같은 자유주의적 개혁자들조차 시민은 소비자라면서 반트러스트를 주장했다.

샌델이 말한 두 가지 혁신주의의 유형은 나중에 뉴딜기에도 나타난 것처럼, 오늘날의 공화주의적 정치경제 개혁의 중요한 규범을 이루고 있다. 공화주의적 정치경제학은 자기통치의 이념에 기초해 시장경제의 근본적인 제도 개혁을 꾀하고 있는 것이다.

chapter8

선이 없는 경제학의 승리

자유주의와 케인스 혁명

정치 논쟁을 회피한 케인시안

　당초의 뉴딜 정책에는 혁신주의 시대의 브랜다이스나 시어도어 루스벨트 등에 대응하는 두 종류의 발상이 있었다. 하나는 브랜다이스와 같이 공화주의적 관점에서 분권화를 지향하려는 생각(반트러스트파)이고 또 하나는 새로운 내셔널리즘이 국가권힌을 강화하려고 한 것처럼 대공황 후, 계획경제를 통해 미국 경제를 합리화해서 재건하려고 한 생각(경제계획파)이다.

　뉴딜 초기에는 경제계획파의 생각이 강해서 1933년에 AAA(농업조정국, Agricultural Adjustment Administration)와 NRA(국가부흥국, National Recovery Administration) 등이 만들어졌는데 결과는 바람직하지 않았

다. 결국 중기에 NRA가 소멸하면서 브랜다이스의 제자였던 펠릭스 프랭크퍼터 등의 반트러스트파가 영향력을 가졌다. 그리고 프랭클린 루스벨트 대통령은 1935년경부터 대기업에 대한 권력과 부의 집중을 민주정에 대한 위협으로 판단하고, 1938년에 아놀드를 사법청 반트러스트국장에 임명해서 반트러스트 정책을 강화했다. 이 같은 분권화 정책도 경제회복에는 큰 성과를 가져오지 못했다. 결과적으로 뉴딜기의 두 노선은 성공하지 못했고, 후기에 케인스의 재정정책에 의존하게 되었다.

프랭클린 루스벨트 대통령은 균형 재정의 생각을 갖고 있었기 때문에 다소 소극적이었지만 경제구조를 개혁하는 방책이 성공하지 못하자 1938년부터 지출 증대를 통해 유효 수요를 환기하는 방법을 택했다. 이것이 바로 공화주의가 소멸하고 현대 자유주의가 부흥하는 결정적 순간이었다. 또한 시민성의 정치경제에서 경제성장과 재분배(분배적 정의)의 정치경제로 변화가 일어나는 순간이기도 했다.

그리고 제2차 세계대전 끝난 후에는 케인스의 경제정책이 당연한 것처럼 받아들여졌다. 케인스의 정책에서는 소비자의 수요를 환기하는 것이 가장 중요했다. 그전까지는 계획경제를 해야 하나, 아니면 자기통치와 시민적 미덕의 관점에서 분권화를 해야 하나 같은 정치적 논쟁이 일어났지만, 경제성장을 위한 유효 수요의 환기나 완전고용이라는 목표에 쌍방이 합의하면서 경제구조 개혁을 둘러싼 정치적 논쟁을 피할 수 있었다.

이런 생각은 1960년대 케네디 시대에 확립되었다. 케네디 대통령은 1962년 이런 새로운 경제학을 통해 도덕적 혹은 정치적 신념을 선반 위에 올려놓고 경제적 문제를 해결할 수 있다고 주장했다. 이렇게 되면 경제성장이라는 목표의 합의와 함께 좋은 삶이라는 논쟁적 관념은 피할 수 있게 되는 것이다.

케인스 경제학은 경제성장을 목표로 계획경제와 분권화 같이 경합하는 공공정책 사이에서 중립 자세를 취한다. 동시에 사람들의 이해와 관심, 욕구나 욕망, 목표 사이에서도 중립적이다. 따라서 개인은 다른 사람의 자유와 양립하는 한 어떤 것이라도 추구할 수 있는 것이다. 즉 이것은 자유주의와 정합整合적이다.

이 새로운 공공철학은 공화주의가 시민의 성격이 일에 의해 형성된다고 생각하며 생산방식에 주목한 것에 대해, 소비성향이라는 말처럼 소비에 초점을 맞추고 있다. 인격 형성의 기획 의도를 포기하고 있다. 정부가 소비자의 선택을 규제하지 않고 총수요를 조정하는 방법을 제창해서 독립된 개인의 자유로운 선택을 존중한다는 주의주의적 관념을 받아들이고 있다. 이런 세가지 점에서 절차공화국에 어울리는 것이다.

샌델의 이 같은 논의는 매우 신선하고 계몽적이다. 그에 따르면 케인스 경제학은 자유주의에 대응하는 경제학으로 좋은 삶의 생각과는 거리가 먼 자유주의적 경제학이다. 따라서 선이 없는 정의에 비교해서 이야기하면 선이 없는 경제학이라고 할 수 있을 것이다.

사람들은 혁신주의와 뉴딜은 개혁의 중요한 진전이라고 생각했지만 샌델의 생각은 달랐다. 샌델에 의하면 혁신주의에는 공화주의적 요소가 있었지만 뉴딜 후기부터 케인스주의가 되면서 공화주의의 흐름은 끊겼고 자유주의가 승리한 것이다. 정치경제 분야도 초기부터 차츰 변화해서 국기경례 판결(1943년)과 거의 같은 시기에 케인스주의가 확립되었고 결국 자유주의가 승리한 것이다.

불만의 극복에서 생기는 시행착오

절차공화국의 승리와 고뇌

자유주의에 기초한 복지국가와 보수주의

전후 미국은 세계적으로 우위에 섰고 절차공화국은 융성기를 맞이했다. 자유주의는 주의주의적인 입장의 자유에 기초해서 복지국가를 제창했다. 프랭클린 루스벨트는 1944년 마지막 일반교서연설에서 경제의 권리장전이라 불리는 사회적·경제적 권리를 언급하고 복지국가로의 전망을 발표했다. 이어서 트루먼 대통령의 페어딜fair deal, 존슨 대통령의 위대한 사회까지 모두 이런 선상에서 전개되었다. 루스벨트가 국민공동체national community라는 말을 사용한 것처럼 이 시기에 시민적인 문제를 언급한 적이 없는 것은 아니지만, 기본적으로는 자유주의의 생각에 기초해서 복지국가가 형성되었다.

보수적인 공화당원 배리 골드워터나 경제학자 밀턴 프리드먼 등은 복지국가에 반대하며 정책적으로는 자유지상주의에 가까운 생각을 주장했다. 그러나 사적 소유권을 포함한 개인의 권리를 주장하고 있는 점에서 그들의 생각 역시 주의주의적인 자유관념에 입각해 있었다.

자유주의는 복지의 권리를 주장하면서 재판소에도 영향을 주었다. 더 나아가서 기존의 복지 대신 모든 국민에 대한 소득보장 guaranteed income을 해주어야 한다는 주장도 나왔다. 현금 급부를 하면 빈곤층은 가치나 목적을 스스로 선택할 수 있고 수급의 자격 요건을 둘러싼 도덕적 판단을 회피할 수 있기 때문에, 현금 급부에 의한 권리로서 최저소득을 보장해야 한다는 것이다.

이 같은 자유주의의 복지의 권리와 복지국가론에 대응해서 훌륭한 철학적 논리를 전개한 것이 롤스다. 절차공화국의 기초인 자유파의 무연고적 자아라는 자아 이미지는 1970년대의 대중을 위한 심리학에서도 보이기 시작한다.

이런 샌델의 서술은 그의 복지정책에 대한 견해가 드러난다는 점에서 중요하다. 최저소득 보장 속에는 현재 주목받고 있는 기본소득 basic income이 포함되어 있다. 특히 복지의 권리는 자유주의의 논리에 의거하고 있기 때문에 샌델은 이에 대해 마냥 호의적이지는 않았을 것이다. 샌델은 롤스적 자유주의와 마찬가지로 복지정책을 어느 정도 옹호하지만 그가 지지하는 복지정책은 자유주의와는 다르다.

불만에 대한 대응 –
시민적 희망과 공동적 가치

샌델에 의하면 자유주의는 자유롭게 독립한 자아라는 개방적 비전에 입각하고 있음에도 불구하고 권리와 자격(보유, 권원)이 확장되고 경제성장과 재분배가 진전되는 한편, 현실에서는 자기통치의 상실과 공동체의 쇠퇴를 초래했다. 그래서 사람들은 지배력을 잃은 자신들의 생을 제어할 수 없다는 무력감과 환멸감으로 민주정에 대한 불만이 높아졌다.

1968년 베트남 전쟁에서 실패하고, 마틴 루터 킹 목사가 암살당하면서 대학 캠퍼스에서 항의 운동과 반전 운동이 일어났다. 닉슨 대통령의 워터게이트 사건과 1970년대의 오일 쇼크 등 다양한 사건이 일어나면서 정부에 대한 신뢰가 떨어졌다.

이런 불만의 분위기를 이해한 우파의 파퓰리스트^{populist} 조지 월리스는 1968년 대통령 선거에 제3당의 입후보자로 선전할 수 있었다. 샌델은 이에 대해 가장 강력한 전망을 제기한 사람으로 로버트 F. 케네디(1925~1968)를 꼽는다.

그는 브랜다이스와 마찬가지로 근대 경제와 관료국가 쌍방에 대한 권력의 집중을 비판하고 정치권력의 분권화를 주장했다. 그리고 주의주의적인 자유의 관념을 떠나 자기통치를 가능하게 하는 시민적 측면에 주목해서, 최저소득 보장에 의한 복지는 충분치 않다고 했다. 그는 사람들이 직접 일을 하면서 공동체나 가족, 국가에 대한

계획에 참여하는 감각을 만들어내려고 했다. 그래서 공동체 개발사업 법인 창설을 제안하고 경제적 목적과 함께 자기통치라는 시민적 목적을 실현하려고 한 것이다. 당시에 활약한 정치가 중에서 로버트 케네디만이 미국의 공공생활을 고민에 빠지게 만든 무력감을 시민적 실천과 이념의 쇠퇴의 결과라고 진단하고, 공화주의적인 정치를 제시하려고 했다.

이와 비슷하게 민주당의 카터 대통령은 청렴으로 대표되는 도덕주의와 관리주의라는 두 개의 해결책을 제시했지만, 그 역시 실천적인 도덕적·정치적 목적을 선반 위에 올려놓았다는 점에서 공화주의적이지 않았다. 실질적인 통치 목표 없이 대통령이 되었기 때문에 결과적으로는 미국인의 무력감을 한층 깊게 만들 뿐이었다.

한편 공화당의 레이건 대통령은 절차공화국의 구속에서 해방된 자기통치와 공동체의 이상을 생각하게 하는 레토릭(rhetoric, 修辭)을 이용했다. 샌델은 레이건은 자유지상주의적·자유방임주의적 보수주의와 문화적 보수주의나 종교적 우파가 지지하는 공동적 보수주의communal conservative라는 서로 대립하는 조류를 정리해서 사용했다고 설명했다. 레이건은 가족·이웃·종교·애향심 같은 공동적인 가치에 호소해, 거대한 권력의 집중을 비판하고 연방의 권력을 주와 지역으로 옮기는 새로운 연방주의를 주장했다.

민주당은 자기통치의 쇠퇴에 대한 적절한 대응을 취하지 못했다. 사람들의 민주정에 대한 불만에 대해 적절한 해결책을 제시하지 못한 것이다. 레이건의 레토릭에 포함된 시민적·공동적 측면은 불만이 팽배한 분위기에 대응하면서 그를 성공으로 이끌었지만, 실제 정책에서 그는 시장 중시의 보수주의적 정책을 폈을 뿐 불만을 만들어낸 상황을 바꾸지는 못했다.

이상과 같은 샌델의 논리를 정리하면 결국 절차공화국의 승리는 사람들에게 민주정에 대한 불만을 불러서, 이에 대한 항의(월리스)나 시민적 희망(R. F. 케네디)이 나타났지만 문제는 더욱 심화되었다. 레이건 정권은 시민적·공동적 레토릭을 이용해 선거에는 승리했지만, 실제로는 자유지상주의적 정책을 취했기 때문에 문제를 해결하지 못했다는 이야기가 될 것이다.

이 모든 것들이 민주정에 대한 불만을 극복하기 위한 시행착오라고 말할 수 있다. 레이건의 공동적 보수주의는 결국 거짓 희망이었다. 이것을 대신할 수 있는 진정한 극복의 길은 무엇일까?

새로운 공화주의의 비전

공공철학을 찾아서

다원적·도덕적 공화주의를 향해서

공화주의를 현대에 부흥시키려고 할 때 두 개의 의문과 맞닥뜨리게 된다고 한다. 과연 공화주의적 이상이 다시 부흥될 수 있을까? 공화주의적 이념을 다시 살리는 것이 과연 바람직한 일일까?

샌델은 두 번째 질문에 대해 자신있게 대답한다. 전통적인 공화주의에는 배타적, 강제적이라는 두 가지의 이념이 있는데, 오늘날에 문제가 되는 것은 강제적 쪽이다.

정치는 예부터 정치술(statecraft)이라고들 하는데 샌델은 여기에 영혼의 술(soulcraft)이라는 측면이 있다고 한다. 이것은 매우 그리스적인 생각으로, 플라톤은 영혼을 위한 기술을 정치술이라고 불렀다.

오늘날에는 이미 쇠퇴했지만, 그것의 부흥을 지향하는 것이 공화주의적 생각이다.

그렇다면 공화주의적 영혼의 술은 공통의 시민성을 함양하기 위해 사람들에게 그 생각을 강제하는 것은 아니냐는 질문이 떠오르게 된다. 예를 들어 프랑스혁명에 영향을 준 루소의 사회계약론은 공화주의적 관점이 강하지만, 일반 의사라는 생각을 제기하고 있었다. 시민 교육이라는 명목 아래, 강제적으로 획일적인 의사를 국민 전체에게 주입시킬 위험이 있다고 우려했던 것이다.

공동선은 통일적인 것으로 논의의 여지가 없다고 여겼기 때문에 이 같은 우려가 생긴 것이다. 그러나 샌델의 생각은 루소의 통일적 공화주의와는 다르다. 프랑스의 공화주의는 중간 집단을 배제하고 국민과 국가라는 이항 대립의 조직에서 국민의 인권을 국가로부터 지키는 것이 요점이었던 반면, 주권의 통일성을 강조하는 경향이 있었다. 그러나 미국의 공화주의는 그와 다르다.

《미국의 민주정치》(1840년)를 저술한 토크빌은 미국의 다원적이고 민주주의적인 공화주의를 그렸다. 그는 각각의 공동체에서의 정치 참여가 중요하다고 여겼다. 그런 의미에서 지방 분산적 권력과 인격 형성을 포함한 다원적인 시민적 형성을 중시하는 것이 미국의 공화주의인 것이다. 공화주의적 정치에는 위험한 면도 있지만, 미국의 공화주의가 반드시 강제적이고 배타적인 것은 아니라고 샌델은 주장한다.

자유주의가 말하듯 자유나 권리를, 특정한 좋은 삶에 대한 생각을, 한 발 뒤로 물러서서 정할 수 있다면 공화주의적 정치의 위험은 없어질 것이다. 그러나 우리는 연고적 자아로서 집단의 충성이나 연대에 기초한 책무를 지고 있기 때문에, 정의나 권리의 논리를 좋은 삶과 따로 떨어뜨려서 생각할 수 없다. 또한 도덕이나 종교를 선반 위에 올려두는 자유주의적 정치가 불만을 부르고 있고, 그 무방비의 공적 공간naked public sphere에 비관용적인 도덕주의나 종교적 원리주의가 침투하고 있다.

이런 샌델의 논의는 레이건 정권과 같은 보수적 정권의 성립에 대한 설명을 가능하게 한다. 즉 도덕적인 진공 상태로 인해 시민적 보수주의civic conservative가 대두되면서 보수적 정권을 불러오는 위험성을 지적하고 있는 것이다. 그는 이에 대해 클린턴 전 대통령의 시도를 언급하고 있다. 클린턴은 권리와 마찬가지로 책임도 중시한 새로운 민주당파new democrat로서 대통령에 선출되었다. 그리고 가치의 상실, 일의 소멸, 가족과 공동체의 붕괴 등의 문제를 들고 자유주의파가 회피해온 도덕적·정신적 영역을 파고 들어갔다. 그러나 이 정권의 다른 멤버들은 계속해서 자유주의 특유의 도덕적인 판단을 회피했다.

1990년대 민주당에서는 공공 생활에서의 도덕적·종교적 논리를 부활시키고 시민사회의 인격 육성 기관을 복원하려는 생각이 나타나는 등 시민성의 정치경제를 부흥시키려는 논의가 나타났다. 롤스와 같은 공정함 또는 분배적 정의의 관점에서 불평등을 비판하는 것이 아니라, 불평등은 부자와 가난한 자 쌍방의 인격을 타락시켜,

공동체의 자기통치에 필요한 공동성을 위험에 빠뜨린다는 시민적 비판이 나타난 것이다. 부유한 사람들은 회원제 클럽 같은 동질의 놀이터나 민간 기업에 의한 (경비원 등의) 서비스를 이용하면서 공립학교, 도서관, 공원, 공동체 센터, 국민 병역 등의 공공적 영역이 축소되고 있고, 그에 따라 시민적 교육의 가능성도 줄어들었다.

이 같은 사태에 대한 공화주의적인 시도로 샌델은 공동체 개발단체, 거대 슈퍼마켓의 진출에 대한 (소매점이나 공동체를 지키려고 하는) 반대운동, 새로운 어버니즘(공공 공간을 중시해 시민 생활에 적당한 공동체를 창설하는 운동) 등의 시도를 들고 있다. 그는 마지막 부분에서 구체적인 시도의 예를 통해 공화주의적 정치를 부흥시킬 가능성을 보여주고 있다. 이것 역시 공화주의 재생의 구체적 방책을 제시하는 부분으로 주목할 만한 서술이다.

국가를 넘어 주권과 아이덴티티의 분산으로

샌델은 공화주의적 정치 부흥의 난제로서 글로벌 경제를 통제할 수 있는 정치세도의 구축과 그것을 위해 필요한 시민적 아이덴티티, 도덕 육성이라는 과제를 들고 있다. 〈하버드 강의〉나 《정의》에서 다루고 있지 않지만, 결론부에서는 국민국가를 넘어선 아이덴티티 문제가 명확하게 제시되고 있다.

현재 세계에는 경제적인 글로벌리즘이 진행되고 있다. 그러나 정치나 문화 쪽에서는 세계화가 진행되지 않아서 격차가 벌어지고 있다. 그래서 샌델은 글로벌 정치와 특정의 아이덴티티라는 표제로, 글로벌 경제의 자기통제의 문제를 들고 나와 이것이 20세기 초 혁신주의 시대의 과제와 유사하다는 점에 주의를 기울인다. 당시의 미국에서 경제는 진전되었지만 국민적인 연대감은 존재하지 않았다. 그때문에 혁신주의 시대에 시어도어 루스벨트 등이 시장경제에 저항하기 위한 연방정부의 권한 강화와 정치적 공동체의 국가화를 지향했다는 것(새로운 내셔널리즘)을 그는 지적하고 있다.

샌델에 의하면 글로벌리즘의 문제 해결을 위해 일부 이론가들은 코즈모폴리터니즘(세계시민주의)과 그에 기초한 글로벌 시민성의 육성을 주장한다고 한다. 계몽주의 철학자 몽테스키외 역시, 보다 큰 충성심이 로컬의 충성심에 우선한다고 했지만 보편적인 책무가 특정 공동체에 대한 책무보다 우선한다는 주장은 잘못이다. 우리는 다양한 공동체에서 때로 서로 대립하는 책무의 이행을 요구 당하지만, 사전에 어느 것이 우선인지 결정할 수는 없다. 그것은 도덕적 내용·중요성·각 개인의 인생에서의 역할 등에 대한 도덕적 성찰과 정치적 숙고에 의해 개별적으로 판단해야 할 문제다.

따라서 주권과 시민성을 단순히 높은 수준으로 확대하자고 주장했다는 점에서 코즈모폴리터니즘은 잘못되었다. 그 같은 주권의 재배치relocating sovereignty가 아니라 주권의 분산disperse이 자기통치를 재생할 수 있는 희망이다. 단일 세계의 공동체가 아니라 공동체와 정치를 다원화하는 것이다. 국민국가도 소멸시킬 필요 없이, 한편에서는 위쪽 즉 국민국가보다도 큰 단위(EU 등의 초국가적 조직을 포함)로 분산시키고, 다른 한편에서는 주권을 국민국가보다 작은 단위(문화적·민족적 공동체를 포함)로 분산시킨다. 이렇게 다원화된 각 분야에서 사람들은 인생이나 아이덴티티의 다른 측면과 관계를 맺어간다.

이를 위해서는 제퍼슨이나 토크빌이 주장한 것처럼 사람들의 시민적 미덕과 활동의 장으로서 특정 공동체를 활성화하는 것이 필요하다. 시민권 운동은 단순히 평등한 권리를 획득하는 것이 아니라 참가자의 도덕적인 변혁을 불러일으키는 시민적인 운동이었고 그런 운동은 다시 살아나야 하는 것이다.

샌델은 이 같은 새로운 시대의 비전을 주권국가와 최고권(주권)적 자아를 넘어서라는 표제어 아래 다원적으로 위치 지어진 자아 multiply-situated self 혹은 다원적인 연고적 자아 multiply-encumbered self라고 표현하고 있다. 이 같은 자아는 다원적인 공동체나 분열된 주권 divided sovereignty의 긴장 관계 속에서 조정하며 살아가야 하기 때문에 원리주의에 빠질 위험과 무정형으로 옮겨가기 쉬운, 이야기가 없는 자아에 빠질 위험이 존재하지만 우리는 이런 것들을 회피하고 시민적 생활을 회복할 필요가 있다.

샌델은 이렇게 시적하면서 바무리하고 있다. 주권의 분산이라는 비전은 최근 주목 받고 있는 보완성의 원리(결정이나 자치 등을 가능한 한 작은 단위로 나눠 실시하고, 불가능한 것은 큰 단위로 보완해가는 원리)와 공통적인 부분이 있다고 볼 수 있다.

민주정에 대한 불만의 의미

요컨대 이 저작은 공화주의의 성쇠를 헌정, 즉 헌법정치와 정치경제에 의거해서 펴낸 것이다. 건국 초기의 제퍼슨이나 매디슨처럼 초기에는 공화주의가 매우 중요했다. 그리고 잭슨 시대, 남북전쟁의 링컨, 우드로 윌슨과 시어도어 루스벨트의 혁신주의 같이 공화주의는 서서히 쇠퇴하면서도 변함없이 중요한 역할을 달성했다. 그러나 헌법 해석에 있어서는 1943년의 판례에서, 정치경제적 면에서는 뉴딜(1930년대) 후기의 케인스 정책에 의해 이 전통은 2차 대전 직전에 임종을 맞이했다. 그리고 전후의 미국은 자유주의가 제패한 절차공화국이 되었다.

전후에도 시민권 운동(1950~1960년대)이나, 로버트 케네디 시대에는 공화주의의 전통이 반짝였지만, 대세인 자유주의의 제패에 의해 오늘날의 민주정은 기능부전에 빠졌고, 자기통치라는 지배력의 상실과 공동체의 약화에 의해 사람들의 마음속에는 민주정에 대한 불만이 쌓여갔다. 이것이 타이틀 《민주정에 대한 불만》의 의미다. 이에 대해 샌델은 공화주의적 전통의 부흥을 주장하고 있는 것이다.

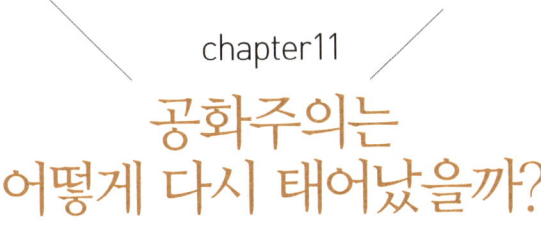

chapter11

공화주의는
어떻게 다시 태어났을까?

정치사상사에서 본 공화주의

샌델의 공화주의 사상을 바탕으로 정치사상사에서의 공화주의 관계에 대해 설명해두자. 종래의 정치사상사에서는 그리스나 로마 등 고대의 사상은 근대에 쇠퇴했고, 근대 헌법의 기초가 된 정치사상은 로크 등의 근대 사회계약론이라고 했다. 그런데 최근 고대로부터의 공화주의 사상의 흐름을 중시하는 캠브리지학파가 등장했다.

그 대표적 논자인 존 포콕은 그의 저서 《마키아벨리안 모먼트 – 피렌체의 정치사상과 대서양권의 공화주의 전통》(*The Machiavellian Moment : Florentine Political Thought and the Atlantic Republican Tradition*, Princeton University Press, 1975, 2nd ed., 2003)에서 이 전통을 시민적 인문

주의civic humanism라고 부르며 새로운 사상사적 패러다임으로서 제시했다. 그리스나 로마에서 시작된 공화주의는 그 후 르네상스기의 피렌체에서 마키아벨리 등에 의해 변용되면서 다시 부흥했다. 공화주의적 사상은 해링턴 등의 청교도 혁명기의 사상에도 영향을 주었고, 나아가 프랑스혁명과 미국 독립에도 영향을 끼쳤다고 한다.

이 새로운 견해가 큰 영향력을 갖게 되면서 미국 사상사에 큰 논란을 불러 일으켰다. 미국의 입장에서 이것은 공화국의 원점을 묻는 것이기 때문이다. 이 같은 견해를 바탕으로 미국의 헌법정치와 정치경제를 다시 보게 하고 오늘의 정치철학으로서 공화주의의 재생을 제창한 것이《민주정에 대한 불만》이다.

간단히 공화주의라고는 하지만 이 안에는 두 가지 이해방식이 존재한다. 첫째는 시민적 미덕civic virtue과 같은 윤리적·정신적 요소를 강조하는 견해로 그리스에서 그 기원을 찾는 경우다. 둘째는 군주제나 전제주의에 반대해서 자기통치를 할 수 있는 제도적인 면에 주목한 것이다. 고대의 혼합정체론(군주정·귀족정·민주정 등의 혼합)이 그 대표적인 것으로 이것은 로마적인 것으로 본다. 포콕은 전자의 논리적 측면에 주목했지만, 캠브리지학파의 한 사람인 퀜틴 스키너는 이에 대해 후자의 제도적 측면을 중시했다. 그는《자유주의에 앞선 자유》(*Liberty before Liberalism*, Cambridge University Press, 1988)에서 이 같은 공화주의를 신로마적 이론이라고 불렀다.

근대 이후에는 공화주의라는 윤리적 요소보다 제도적 요소가 강조되는 경향이 있었다. 미국에서 공화국이라고 말할 때에는 군주의 부재라는 제도적인 면에 주목해서 얘기하는 것이다. 샌델이 재생시키려는 공화주의는 포콕적인 방식의 공화주의로 윤리성·정신성을 포함한 자기통치의 사상이다. 그렇기 때문에 그가 미국을 절차공화국이라고 부를 때에는 오늘날의 미국 공화국에는 공화주의 본래의 윤리성·정신성이 결여되어 있다는 비판적인 뉘앙스가 담겨 있다.

정치사상사에서 포콕이 제기한 것과 같은 공화주의의 전통을 오늘의 정치철학으로 새롭게 부흥시키려는 사람이 샌델이다. 이것은 제도뿐만 아니라 윤리성·정신성도 중시하기 때문에 그리스적인 공화주의라고 말할 수 있다. 이와 달리 사상사에서 스키너가 제시한 공화주의를 부흥시키려는 사람이 호주의 필립 페팃이다. 이는 윤리적인 면보다 제도적인 면을 중시하는 공화주의의 흐름이기 때문에 로마적인 공화주의라고 말할 수 있다.

샌델은 이 책에서 공화주의의 재부흥이라는 정치적 비전을 제시했는데 《자유주의와 정의의 한계》에서 보인 공동체주의의 견해와 맞춰 보면 그의 입장은 공동체주의적 공화주의라고 말할 수 있다. 이를 통해 샌델이 주장하는 공동체주의가 결코 보수적이거나 전근대적이 아니라는 것이 명확해졌다. 《민주정에 내한 불만》을 보면 공화주의는 미국 건국에 영향을 끼쳤을 뿐만 아니라 링컨의 남북전쟁이나 20세기 혁신주의에도 영향을 끼쳤다는 것을 분명하게 알 수 있다. 이들은 미국 민주주의에서 매우 중요한 역사적 진보이기 때문에 이 같은 사상을 전근대적이나 봉건적으로 치부하는 비판은 옳지 않을 것이다.

그러나 앞으로는 보다 높은 수준의 논쟁이 일어날 것이다. 샌델이 보인 미국은 원래 공동체주의적 공화주의의 요소가 강했다는 관점은 미국을 어떻게 생각해야 할까? 라는 자기규정과 관련된 큰 문제이기 때문이다. 미국이 공화국이란 것은 자명하다. 만약 샌델이 보여주듯 공화주의가 공동체주의적인 사상이라면, 공동체주의는 일찍이 미국 공화국에 친화적인 사상이었다는 말이 된다. 그리고 민주정에 대한 불만은 그런 미국 본래의 모습을 잃고 자유주의의 융성에 의해 절차공화국이 되어버렸기 때문에 생겨난 것이다.

이에 대해 브루스 애커만 같은 자유주의파는 미국의 공화주의는 자유주의적 공화주의라고 주장하고 있다. 자유주의파 역시 미국이 공화국이라는 것은 부정할 수 없다. 그래서 그들은 자유주의와 공화주의는 모순 없이 양립할 수 있다고 주장하는 것이다. 이 논쟁은 고대 이래의 사상사적 전개나 미국 건국에서부터 지금까지의 정치사 등 다양한 논점이 대상이 된 논리로 미국의 전망을 포함해서 폭넓게 전개되고 있다.

미국에서의 부와 미덕

사상사적으로 공화주의와 경제의 관계는 매우 중요하다. 샌델이 말하는 시민성의 정치경제, 바꿔 말하면 공화주의적 정치경제란 어떤 것일까? 첫째 요점은 자기통치이고 둘째 요점은 선과 미덕으로 자기통치를 가능하게 하기 위해 시민적 미덕을 어떻게 함양하는가다.

부와 미덕이라는 주제에서 보면, 경제가 발전함에 따라 미덕이 쇠퇴한다는 역사적 교훈이 있다. 샌델이 바로 미국의 이런 흐름을 정리했다고도 말할 수 있다. 요약하자면 제퍼슨은 농업을 중심으로 공화주의적인 생각을 실현하려고 했지만, 실제로는 공업이 발전했기 때문에 이를 어떻게 해야 할지의 문제가 발생했다. 초기의 소규모공업 안에서는 공화주의와 양립할 수 있었지만, 공업이 대규모로 발전함에 따라 공화주의와의 양립이 어려워진 것이다.

잭슨은 제2합중국 은행의 특허 연장을 거부하며 공화주의의 실현을 지향했다. 또한 노동조합도 지금과 같이 자금 투쟁을 중심으로 하는 노동조합이 아니라, 노동기사단처럼 공화주의적 자유노동을 실현하려고 했고, 협동적인 경제제도를 만들려고 노력했지만 성공하지 못했다.

20세기 초 혁신주의 시대에 윌슨은 반트러스트 운동을 통해 대기업의 독점을 제한하는 공화주의적인 정치경제의 실현을 지향했고, 시어도어 루스벨트는 새로운 내셔널리즘이라는 주장 아래에 국민적 의식을 공화주의적으로 함양하려고 했다. 그러나 대공황 후 뉴딜 후기에 케인스 정책이 승리한 후로는 골스적인 자유주의가 제패하게 되었다.

스태그플레이션(1960년대 후반~1970년대) 후에는 자유지상주의가 힘을 얻으면서 레이건 정권과 부시 부자의 보수주의적 정권이 성립했다고 할 수 있을 것이다. 샌델은 이러한 큰 흐름에서 공화주의를 다시 부흥시킬 것을 제안하고 있다. 이는 역사의 조류를 역전시키는 듯한 커다란 문제 제기로 우리의 과제라고도 말할 수 있을 것이다.

공화주의적 정치경제 부흥의 현대적 의의

과연 이런 과제를 달성할 수 있을까? 2008년 리먼 쇼크로 인해 자유지상주의적 정책의 실패가 명확해지면서,《민주정에 대한 불만》에서 제기된 문제는 미국은 물론 세계에서도 많은 공감대를 얻었다. 그렇다면 이 책을 실마리로 새로운 '시민적 정치경제=공화주의적 정치경제'의 가능성에 대해 생각해보면 어떨까?

공화주의가 쇠퇴한 원인으로 역사적인 공화주의 사상은 경제에서도 자기통치를 생각했는데, 그것은 경제적 독립이나 경영 참여를 의미하기 때문에 대규모 경제에 적합하지 않게 되었다는 점을 들 수 있다. 경제의 대규모화에 따라 자기통치의 이상을 실현할 수 없게 된 것이다.

그러나 자기통치의 이념을 정치에 한해서만 생각한다면 이 문제는 극복할 수 있다. 대규모 기업체에서 자기통치가 필수가 아니라고 하면, 국정이나 지방자치에 대한 정치적·시민적 참가는 아무리 경제가 발전하더라도 지향할 수 있다. 이는 오늘날 관료제 비판, 시민 참가, 지방 주권 같은 형태로 주장되고 있으며 현실 정치에서도 큰 변화가 일고 있다.

단, 여가나 경제적 여유, 채용의 안정 등의 경제적 조건이 없다면, 정치적·시민적 활동은 곤란해지고 자기통치의 이념은 달성할 수 없다. 따라서 이런 경우에도 자기통치가 가능하도록 제도적 연구나 개혁이 필요할 것이다. 또한 자기통치를 실현하기 위해서는 윤리적·정신적인 시민적 미덕이 필요하다. 이것은 교육이나 의식 개혁의 문제이기 때문에 오늘의 대규모 경제에서도 실현할 수 있는 것이고 꼭 실현해야만 하는 것이다.

《자유주의와 정의의 한계》에 맞춰서 생각해보면 샌델이 말하는 시민적 정치경제는 복지에서도 새로운 비전을 제시하고 있다. 샌델은 롤스와 마찬가지로 복지에는 기본적으로 찬성하지만 그 정당성의 논리는 사뭇 다르다. 그것은 복지를 어떻게 발전시켜갈 것인가? 라는 정책의 차이와 관련이 있다. 공화주의적 관점에서 격차에 반대하는 이유는 자기통치를 위해서는 공동체로서의 공동성을 유지할 필요가 있다는 것으로, 그것을 위해서는 공공적인 것을 다시 부흥시킬 필요가 있다.

그래서 일정 수준의 복지가 필요하다. 단, 이 복지도 자유주의와 같이 단순히 권리에 기초한 것이 아니라 공동체의 연대의식이나 책무의 지지를 받을 때 비로소 동포애나 공동선에 기초해서 실현할 수 있을 것이다. 또한 자유주의와 같이 단순히 최저 수입의 보장이나 현금 급부에 한정하는 방법이 아니라 사람들의 윤리적·도덕적 측면에도 눈을 돌리는 방법을 생각해야 한다.

재분배를 비롯한 경제문제를 생각할 때 도덕적 가치desert라는 개념은 유의해야 할 것이다. 롤스의 재분재 정당화론과는 달리 수입이나 과세를 생각할 때 경제적인 보수나 가격에 있어서 도덕적인 가치

(적가 또는 진가)와의 대응을 생각해야 되지 않을까? 공동선에 기여하는 활동이나 상품은 그 가치를 제대로 평가받아야만 할 것이다. 예를 들어 환경보전에 가치가 있는 상품에 대해 세금이나 보조금 등을 우대하는 정책은 이 같은 관점에서 정당화될 것이다.

경제적인 영역에서의 자기통치나 미덕 역시 오늘날 충분히 활용할 수 있다고 생각한다. 윤리적 배려나 공공선에 대한 공헌이라는 점에서는 오늘날 화제가 되고 있는 사회적 기업이나 기업윤리, 기업의 사회적 책임CSR, Corporate Social Responsibility, 윤리적 투자 등에도 공통성이 있다.

리먼 쇼크 이후 기업규제, 시장규제, 투자규제가 세계적인 과제가 되었다. 사실 이것은 일찍이 브랜다이스를 비롯한 공화주의적인 흐름에서 강조되어온 것이다. 잭슨의 연방은행 공격 등은 오늘의 은행규제나 투자규제 등의 주장을 상기시킨다. 공화주의적 정치경제는 자기통치와 그것을 위한 시민적 미덕을 가능케 하기 위해 경제제도의 개혁을 주장해왔는데, 바로 지금이 다시 한 번 그 같은 제도적 개혁을 생각해야 할 때가 아닐까?

근로빈곤층working poor 등의 사회문제가 떠오르고 노동자 파견법 개정 등의 노동 입법 역시 오늘날 정치의 주요 과제다. 하지만 시민적인 의미의 자유노동을 생각해보면, 해고가 쉬운 상황에서는 자기통치에 필요한 최소한의 독립성이 존재한다고 말할 수 없다. 《민주정에 대한 불만》에서 설명한 것처럼 일찍이 미국에서는 원래 임금노동 자체가 자유노동이 아니라는 비판이 있었다. 오늘날에도 자유지상주의적 정책 때문에 상황은 더욱 심각해지고 있고, 임금노동을 전제로 해도 그 밑에서 고용의 지속성이 위협받고 있는 한 독립성은 거의 사라졌다고 할 수 있을 것이다. 그러니까 자기통치를 위한 경제적 독립이라는 이상을, 적어도 고용의 지속성이라는 점에서, 제도적 개혁으로써 추구해야 하지 않을까?

이와 같이 보면《민주정에 대한 불만》의 후반은 미국 역사에서 후퇴한 공화주의적 정치경제의 역사이지만, 오늘날 새로운 형태로 다시 부흥시켜야 할 공화주의적 정치경제의 시행착오의 역사로서 읽을 수도 있을 것이다. 샌델은 최종장에서 미국의 공화주의적인 시도의 예를 들었는데, 오늘날에는 더욱 큰 가능성으로서 추구해야 할 것이다. 이런 의미에서 이 책은 미국 민주정의 현상을 진단할 뿐만 아니라 앞으로의 정치경제의 지침이 되어야 할 이념을 가르쳐주고 있다.

주권 분산적·다원적 공화주의의 비전

샌델은 새로운 공공철학으로서, 종래의 미국 공화주의의 전통에 입각하면서 그것을 넘어선 큰 비전을 제시하고 있다. 국내 정치의 경우 통일적 공화주의가 아니라 토크빌[19]적인 다원적 공화주의로, 도덕적이고 정신적인 차원을 포함해서 공공영역을 재생시키려는 공동체주의적 공화주의다.

또한 국제적인 관점에서는 주권국가를 넘어서 주권을 위아래 쌍방으로 분산시키고 사람들이 그 속에서 다원적인 연고적 자아로 사는 삶을 시사하고 있다. 이것은 주권 분산적인 공화국으로 다원적인 공동체주의라고도 말할 수 있을 것이다. 즉 주권 분산적·다원적인 공동체주의적 공화주의, 줄여서 말하면 주권 분산적·다원적 공화주의가 될 것이다.

　제1부에서는 인권과 성적·가족 관계를 다루었고 제2부에서는 헤겔의 《법의 철학》의 체계로서 시민사회와 국가를 다루고 있다고 할 수 있다. 헤겔의 시민사회에서 시장경제가 중심적인 위치를 차지하고 있는 것처럼, 제2부에서는 경제를 중심으로 정치와의 관계를 다루었다. 그리고 정치 그 자체에 대해서는 주권국가를 넘어서 분산적 공화주의의 비전을 제시하고 있는 것이다. 제1부의 헌정과 제2부의 정치경제의 쌍방을 합쳐서 생각하면 이 책은 바로 헤겔적인 《법의 철학》의 총체라고 할 만한 중후한 내용을 담고 있다.

　이 《민주정에 대한 불만》은 미국이라는 한 국가의 역사를 공화주의적 관점에서 그리면서, 공화주의의 재생을 위해 지향해야 할 공공철학으로서 새로운 공화주의의 비전을 제시한다고 할 수 있다. 이것은 어디까지나 미국에 의거한 비전이지만, 다른 국가에도 유익한 시

19 알렉시 드 토크빌(1805~1859)
프랑스의 정치학자. 《미국의 민주주의》에서 근대 민주주의사회로의 이행을 필연적 현상으로 보았으며, 이러한 사회의 부정적 영향인 개인주의나 정치적 무관심 등에 대해서 언급했다. J. S. 밀에게 큰 영향을 주었다.

사를 포함하고 있다는 점에서 세계적인 비전이기도 하다. 그런 의미에서 이 저작은 공화주의 사상사의 앞날에, 공화주의의 가능성을 전개한다는 점에서 새로운 획을 긋고 있다고 할 수 있다.

MICHAEL J. SANDEL

THE CASE AGAINST PERFECTION

유전공학에 의한
인간 개조 반대론

완벽함에 대한 반론

《민주정의 불만》이 정치철학의 주제를 구체적으로 전개하고 있다면, 《완벽함에 대한 반론*The Case against Perfection: Ethics in the Age of Genetic Engineering*》는 샌델의 문화적 논점을 본격적으로 전개하는 책이다. 여기서는 생명윤리에 대한 중요한 문제 제기와 함께 그의 논리 전개가 명확히 나타난다는 점에서도 중요하다 할 수 있다.

나는 원제인 *The Case against Perfection*은 (인공적 인간) 완성에 반대하는 이유로, 부제인 *Ethics in the Age of Genetic Engineering*은 유전공학 시대의 윤리라고 번역했다. 원제의 Perfection은 유전공학으로 인간을 개량·개조한다는 의미의 완성이고, against는 그런 의미의 완성에 반대한다는 입장을 나타낸 것으로, 이 책은 유전공학에 의한 인간 완성, 즉 개조에 대한 반대론이다.

여기서 말하는 완성은 윤리학과 철학에서 완전주의 또는 탁월주의로 해석되는 perfectionism과는 전혀 다른 개념이다. 완전주의나 탁월주의는 인간이 윤리적으로 향상되고 완성되는 것을 이상으로 여기는 사고방식으로, 샌델의 목적론적 사고방식도 perfectionism으로 분류할 수 있으며 샌델 자신도 이런 표현을 언급한 적이 있다.

이 책은 일본에서는 《완전한 인간을 지향하지 않아도 되는 이유 – 유전자 조작과 강화enhancement의 윤리》라는 제목으로 간행되었다.

여기서 말하는 강화란 능력 강화 또는 증진적 개입으로 번역되는데, 이하 강화로 부르기로 하자. 생명공학을 이용해 인간의 신체와 정신에 개입하여 건강이라는 목적을 넘어 능력을 개선(향상)시킨다는 의미다. 가장 대표적인 것이 인조인간이다. 이 책은 유전공학에 의한 강화에 반대하는 입장에서 집필된 것으로, 제목에서 이미 강화에 대한 반대를 강조하고 있다.

책의 배경과 샌델의 천부 생명관

《완벽함에 대한 반론》의 목적과 의의 그리고 샌델의 사상적 입장에 대해서 알아보자.

샌델은 부시 전 대통령 시대였던 2002년~2005년까지 대통령생명윤리위원회의 위원으로 일했다. 과학자, 철학자, 의사, 법학자, 공공정책 전문가의 논쟁에서 촉발되어 2002년 발제문 〈강화는 왜 나쁜가〉What's wrong with enhancement를 작성했고, 그것을 논문으로 만들어《애틀랜틱 먼슬리》The Atlantic Monthly에 기고했다. 그때의 제목을 그대로 써서 2007년도에 발표한 것이 이 책이다.

생명윤리위원회 의장을 맡았던 레온 카스Leon R. Kass의 저서 『Life, Liberty, and the Defense of Dignity: The Challenge for Bioethics』와 위원회 보고서 『Beyond Therapy: Biotechnology and the Pursuit of Happiness: A Report of The President's Council on Bioethics』도 일본어로 번역되었다. 샌델의 입장은 카스와 약간 다르다. 이 저서나 보고서를 보면 샌델이 이러한 반대론을 전개하는 논리를 알 수 있다.

이 보고서는 오늘날 강화에 대한 반대파의 논지를 집약했다는 점에서 큰 의미를 갖는다. 샌델의 발제문은 여기에도 인용되어 영향을 주고 있다.

이 저서의 의의는 샌델이 유전공학의 오용에 반대한다는 점 그리고 그에 대한 이유로서 자신의 생명관을 명확히 밝혔다는 데 있다. 그의 생명관은 선물로서 주어진 것giftedness 즉 신이 인간에게 주신 천부생명관天賦生命觀이라고 할 수 있다.

생명은 선물로서 주어진 천부적인 것이므로 유전공학을 이용해 그것을 무리하게 개조하거나 강화해서는 안 된다. 다양한 개성과 재능을 가진 아이들이 태어나는데, 우리는 그들을 하늘이 준 선물로서 무조건 사랑해야 한다. 따라서 우리는 겸손, 책임, 연대 같은 윤리를 중시해야 한다는 것이 이 책에서 밝힌 샌델의 사상적 입장이다.

〈하버드 강의〉에서도 그는 인간의 생명 문제를 자주 거론하는데, 이 생명관은 그의 목적론과의 관계에서도 중요한 의미를 갖는다. 샌델은 목적론을 말할 때 아리스토텔레스부터 설명을 시작한다. 아리스토텔레스의 경우, 인간의 생명 및 자연 전체의 목적과 질서에 따른 선을 생각한다. 그리고 그 선의 끝에서 신의 존재를 생각한다. 그러나 〈하버드 강의〉에서는 거기까지는 파고들지 않고 사회적 제도나 현상의 목적을 생각한다. 즉 주위에서 일어나는 일에서 목적론의 의미를 해명한 것이다.

목적론의 부활을 위해서는 이런 작위 한정적 목적론이 상당히 설득력 있는 논지인데, 그것이 성공하려면 생명과 세계와 자연의 목적은 무엇인가? 라는 문제가 부상한다. 이 저서에서 그 문제를 정면으로 다루지는 않지만 생명에 대해 하늘로부터 받은 선물, 성스럽고 거룩한 성품이라고 설명한 만큼 종래에 비해 한 걸음 발전한 논변이라 할 수 있다. 따라서 이 저서는 샌델의 목적론이나 선에 대한 그의 관념을 생각하는 데 중요한 의미를 갖는다.

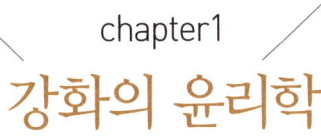

chapter1
강화의 윤리학

긍정론에 대한 도전

무엇이 옳고 무엇이 그른가?

　이번에는 책의 내용에 대해 알아보자. 이 책 역시 상당히 인상적인 다음의 예로 시작한다.

　귀가 들리지 않는 것을 자랑스럽게 생각하는 사람들 중에는 소리를 듣지 못하는 편이 풍요로운 삶을 살 수 있다고 생각하는 사람도 있다. 그런 생각을 갖고 있는 한 레즈비언 커플이 청각장애아를 갖기 위해서 5대째 청각장애인 가족으로부터 정자 공여자를 찾아 두 명의 아이를 얻었다. 인공적으로 소리를 못 듣는 아이를 만든 것이다. 이 사실이 〈워싱턴 포스트〉에 실리면서 독자들로부터 큰 비난을 샀다.

이것은 윤리적으로 그른 일일까? 상식적으로 생각할 때 소리를 듣지 못하는 것보다는 소리를 들을 수 있는 것이 좋다. 그런데도 부모가 인공적인 기술에 의한 디자인으로 소리를 못 듣는 아이를 태어나게 해도 좋은가? 그렇다면 청각장애아라는 사실이 문제일까, 아니면 디자인 자체가 문제일까?

이 사건이 일어나기 직전 하버드대학교 학보 〈하버드 크림슨〉 Harvard Crimson과 아이비리그 대학의 학보에 특별한 광고가 실렸다. 불임부부가 이상적인 외모와 능력을 갖춘 여성에게 대가를 지불하고 난자를 제공받겠다는 내용이었다. 그런데 이 광고는 앞의 레즈비언 커플보다 크게 문제가 되지는 않았다.

실제로 고양이나 개를 복제하는 회사도 있다. 동물의 복제는 이미 현실화되었으니 그다음은 인간 복제 순서라는 것도 논리적으로는 가능하다. 이런 일들을 어떻게 생각해야 할까?

유전공학의 발달로 질병 치료와 예방이 가능해졌고 동시에 육체적·정신적 건강이라는 목적 이상으로 인간을 개선하고 강화할 수 있게 되었다. 치료와 예방이라는 의학적 목적을 위해 개발된 기술이 성질과 능력을 보통 이상으로 개선·개량하는 강화를 위해 이용된 것이다. 그래서 이 책은 유전공학에 의해 인공적으로 인간을 디자인하는 것, 인간의 성질을 조작하는 강화의 윤리에 대한 도덕적인 옳고 그름을 묻고 있다.

가장 전형적인 논점으로 복제 인간은 왜 나쁜가? 라는 점이다. 1996년(발표는 1997년) 복제 양 돌리가 태어나서 오래 살지는 못했지만 포유류의 체세포를 사용한 복제에 처음으로 성공했다. 이때부터 복제 인간론은 현실성을 띠게 되었다.

복제 인간에게는 문제가 있다고 생각하는 사람은 많다. 그러나 왜 나쁜지를 윤리적으로 물어야 된다. 유전공학에 의해 유전형질이 디자인되어 태어난 아이를 디자인된 아이designed children라고 한다. 자유주의 관점에서는 이런 아이에 대해 스스로 유전자 조성을 선택해 태어나는 것이 아니므로 아이의 자율적 권리를 침해한다는 반대 의견을 주장한다. 즉 디자인된 아이는 자율적으로 인생을 선택할 수 없기 때문에 완전한 의미에서 자유롭지 않다는 것이다.

그러나 이 설명은 충분치 않다. 유전자 조성은 운명에 의해 정해지는 것이므로 누구도 유전형질을 자율적으로 선택하는 것이 아니기 때문이다. 또한 자신을 위해서라면 유전학적으로 육체적인 기능과 건강을 강화해도 되는가라는 문제도 있다. 따라서 논리를 펼치기에 불충분한 자유주의 관점이 아니라 자연의 도덕적 지위나 부여된 세계에 대한 인류의 적절한 자세에 대한 윤리 문제로서 생각할 필요가 있다.

인간 대 개조인간

복제 인간을 만드는 것은 기술적으로 아직 불가능할뿐더러 불안전하다고 느끼는 사람이 많지만 근육, 기억, 신장의 강화, 성性감별 문제와 같이 치료와 예방을 위해 개발된 기술이 상업적으로 사용될 가능성이 나타나고 있다.

근육의 경우, 근디스트로피증(근육이 서서히 약해지고 굳어지는 근육퇴행위축병)치료와 노화에 따른 근력 저하를 막기 위한 유전자 치료가 개발되고 있다. 가령 운동선수라면 근육을 강화해서 자신의 능력을 향상시키고자 사용하고 싶을 수 있다. 지금도 스테로이드제나 경기력 향상을 위해 여타 약물을 사용하는 선수가 있다. 국제올림픽위원회는 그런 약물을 규제하기 때문에 도핑테스트에 걸려 메달을 박탈당하는 사건도 일어난다. 스테로이드제의 경우 유해한 부작용을 금지의 근거로 들고 있다. 만약 부작용 없는 유전적 방법에 의한 강화라면 그것을 금지해야 할까? 근육이 손상되어 치료를 위해 시술하는 것은 문제가 없지만 건강한 인간을 보다 강하게 하는 강화는 금지한다는 억제의 이유가 성립될까?

기억에 대해서도 유전자 기술에 의한 강화가 가능하다. 이미 알츠하이머병이나 치매 같은 기억 장애를 치료하는 약물이 개발되었다. 그 약을 노화로 인해 자연적인 기억력 감퇴 현상을 막거나 건강한 사람이 기억력 유지를 위해 사용하는 것은 인정돼야 할까? 만일 이것을 인정하면 자연적으로 기억력이 감퇴하는 사람과 약에 의해 기억력이 강화된 사람으로 나뉠 위험성도 있다.

키 역시 마찬가지다. 호르몬 결핍증 아이에게 성장호르몬을 투여해 치료하는 것은 인정되지만 건강한 아이에게 투여해 성장을 유도하는 경우는 인정될까? 미국에서는 질병과 상관없이 단순히 키 작은 아이에게 투여하는 것이 인정되고 있어서 문제가 되었다.

이처럼 샌델은 근육·기억·키에서 보통 사람보다 뛰어난 인간이 만들어질 가능성을 문제 삼고 있다. 공상과학소설이나 만화에서는 이미 이런 문제가 속속 등장했다. 〈스타워즈〉에서는 복제 병사가 나오고, 만화 〈기동전사 건담〉에서도 일반인(내추럴)과 유전자 조작으로 뛰어난 능력을 가진 신인간(코디네이터)이 대립해서 우주적인 전쟁이 일어난다. 이러한 인간 대 개조인간이라는 문제에 대한 도덕적·윤리적인 물음에 우리는 직면해 있다.

성 감별과 인간 개조

또 하나 중요한 문제로 성 감별이 있다. 인도에서는 성 감별을 위한 산전 진단으로 바라지 않는 태아(남아를 바라는 사람이 많은 지역에서는 여아)를 낙태하는 일이 빈번하게 일어나고 있다.

문제는, 이러한 성 감별이 수정이라는 단계에서 일어나고 있다는 점이다. 체외수정을 한 초기배아의 성별을 검사해 원하는 성별의 배아를 자궁에 착상시키고 원하지 않는 성별의 배아는 그대로 버린다. 이 경우 낙태 논쟁에서 반대파가 자수 사용하는 논리에 따라 배아는 이미 인격을 갖고 있기 때문에 배아를 폐기하는 것은 낙태와 다를 바 없다는 주장이 나올 수 있다. 최근에는 수정 전에 정자와 염색체를 검사해 남성염색체(Y염색체)나 여성염색체(X염색체)를 가진 정자를 선별해 인공적으로 수정시킬 수 있다. 이런 정자 선별이라면 배아를 버릴 필요가 없으므로 배아도 인간으로서의 기본권을 갖는다는 논거로 반대할 이유가 없어진다. 그러면 이러한 성 감별이 윤리적으로 인정될까? 이런 기술이 발전하면 사회적으로 남성이나 여성의 비율이 인위적으로 증가할 수 있기 때문에 문제가 된다. 그러나 샌델은 가령 배려나 연구로 전체의 성 비율이 달라지지 않도록 해도 또 다른 문제가 있지 않겠냐고 문제 제기를 한다.

성 감별 문제만이 아니라 태어날 아기의 키와 눈 색깔, 피부색까지도 그런 선별이 가능해질 수 있다. 이런 기술이 발전하면 결국 인간의 존엄성을 위협하지 않을까? 이런 물음에 대해 도덕적으로 깊이 파고들 필요가 있다. 물론 현재의 유전공학은 완전하지 않아서 기형, 선천적 결함 등 성공률이 낮은 문제가 있지만, 기술적인 문제가 극복되어도 윤리적으로 문제가 있지 않을까?

1장은 책 전체의 문제를 설정한 도입부다. 샌델의 이러한 물음에 대한 답은 자명하다고 생각할 수 있지만, 사실 미국에는 이런 강화에 대한 긍정론도 매우 강하다. 강화된 인간을 보다 나은 인간better humans이라고 부르며 강화된 인간의 실현을 옹호하는 사람들도 있다. 그들은 샌델을 강화에 반대하는 보수파 중 하나로 거론하기도 한다.

일부 강화 긍정론자는 트랜스휴머니즘trans-humanistm이라는 명칭을 사용해 생명공학 기술과 합체하여 일반인보다 뛰어난 능력을 가진 변환인간을 지향해야 한다고 주장한다. 이들은 세계트랜스휴머니스트협회World Transhumanist Association를 세워서 활동하고 있다.

협회의 대표자 중 하나인 라메즈 남Ramez Naam은 〈인간의 미래〉

More than Human에서 레온 카스의 위원회 보고서와 유전공학에 의한 인간의 강화에 대한 대표적 논자 카스, 프란시스 후쿠야마(Francis Fukuyama, 미래정치학자) 등을 여러 번 언급하며 인간성의 변화를 환영해야 한다고 주장했다. 육체를 고르는 것과 정신을 고르는 것이 새롭게 개척될 가능성인 것이다. 라메즈 남은 긍정론의 이유 중 하나로 강화는 개인의 자유로운 자기결정을 기본으로 하기 때문에 민주주의 사회에서는 자신의 정신과 육체를 변혁하는 인간의 자유가 인정되어야 한다고 주장한다. 후쿠야마 같은 생명공학 보수주의자들은, 정치가·행정관·직업적 윤리학자 같은 엘리트 집단이 국가 권력을 이용해 그것을 금지해야 한다는 주장을 반대하는 것이다. 여기서는 자유주의의 자기 결정 논리가 강화 긍정의 근거가 되는 것을 알 수 있다.

따라서 샌델의 문제 제기는 이런 강화 긍정론이나 그 풍조에 대한 물음이자 사상적 도전이라고 할 수 있다. 강화의 윤리에는 라메즈 남이 주장하는 자유주의 논리가 큰 역할을 하는데 샌델은 자유주의 비판자이기 때문에 사상적으로 정면에서 비판할 수 있는 것이다. 이것이 다음에서 그가 다루는 과제라고 할 수 있다.

chapter2

생체공학적 운동선수

목적론적인 강화 비판

재능과 기술 사이

2장의 제목은 Bionic athletes로, 생체공학적(사이보그적)인 운동선수라는 의미다. 유전자 기술에 의한 강화는 기술적인 결과이므로 성과에 이르기 위한 노력에 대한 칭찬은 자리를 잃게 된다. 운동경기에서는 노력에 의해 뛰어난 경기를 하거나 기록을 내는 것을 당연하게 여기지만, 한편으로 선천적 재능도 무시할 수는 없다. 샌델은 이에 양쪽 요소를 꼼꼼히 살펴봐야 할 필요가 있다고 한다.

가령 유전공학으로 근육을 강화하는 것은 사람들의 노력을 헛된 것으로 만드는 만큼 인간의 힘human agency을 침식한다고 지적하는데, 샌델은 그보다 심각한 것은 과도한 인간의 행위 주체성을 만들어낼 위험성이라고 말한다. 이것은 인간의 본성human nature을 포함한 자연 nature을 다시 만들어내려고 하는 프로메테우스적인 열망이라고 볼 수 있다.

프로메테우스는 그리스 신화에 나오는 신으로, 제우스로부터 불을 훔쳐 인간에게 내주었다. 여기에는 인간이 신체와 자연을 지배하려는 충동이 있다. 인간의 능력과 달성의 근저에는 하늘에서 주어진 성정이 존재하는데, 이 성정이 파괴될 우려가 있는 것이다. 생명은 하늘에서 준 것임을 있는 그대로 받아들인다면 진정한 겸손함을 배울 수 있다. 이것은 부분적으로는 종교적인 감성이면서도 그것을 초월한 울림이 있다고 샌델은 말한다.

민주사회에서는 운동선수가 얼마나 노력해서 우수한 성과를 냈는가에 초점을 맞추기 쉽다. 이는 민주사회에서 노력에 의한 성과가 보수로 이어진다는 능력주의 사고방식이 있기 때문이다. 그러나 선물로 주어진 재능의 중요성도 무시할 수 없다. 유전공학에 의한 강화는 노력과 의도의 윤리를 극단적으로 표현한 것으로, 선물로 주어진 천부적인 재능이라는 사고방식과 대립한다고 샌델은 지적한다.

카스의 보고서에서 직접 인용된 것이 바로 이 부분이다. '불안의 본질적인 원천'으로서 '오만인가 겸손인가-주어진것의 존중'이란 항목이 있으며 과도한 인간의 행위 주체성과 프로메테우스적 유혹 및 선물에 대해 언급되어 있다. 샌델의 논지는 보고서에서도 중요한 사상적 역할을 하고 있다.

스포츠 게임의 본질은?

과학기술의 발전은 유전공학과 약물로 신체의 능력을 강화시킬 뿐 아니라 스포츠에서도 장비에 기술적 성과를 도입함으로서 게임의 성질을 변화시킨다.

가령 마라톤 선수의 경우, 기술혁신에 의한 고성능 운동화 덕에 기록이 향상될 수 있다. 그렇다면 장비의 혁신에 의한 강화는 어디까지 인정될까? 그것은 장비의 혁신이 경기의 본질적 부분을 저해하는지 여부에 달려 있다. 경기의 본질적 부분을 바꿔버릴 정도의 기술적 혁신은 문제가 된다. 바꿔 말하면 경기의 본질을 유지할 수 있다면 장비의 혁신은 인정되어야 한다는 것이다.

여기에는 샌델이 중시하는 목적론적 사고방식이 나타나 있다. 〈하버드 강의〉에서는 다리에 선천적 장애를 가진 프로 골퍼의 예를 들면서 카트의 사용은 골프의 본질적인 관점에서 보았을 때 인정될까? 라는 논제를 제시한다. 타이거 우즈가 시력 개선을 위해 라식수술을 받아 토너먼트에서 다섯 번이나 우승하는 비약적인 성과를 올렸는데 과연 이것은 인정될까? 또 스포츠용품 회사인 나이키가 마라톤 선수를 대상으로 고도조절훈련소라는 시설을 만들어 그곳에서 4, 5년간 생활하도록 함으로써 적혈구 생산능력을 높여 지구력을 향상시킬 수 있도록 했는데 그것은 인정되어야 할까?

이들이 인정된다면 스포츠라고 하기보다는 단순한 볼거리spectacle로 전락하지 않을까? 따라서 어떤 것은 인정되고 어떤 것은 인정되지 않는다고 하는데 둘을 가르는 기준은 게임의 본질과 목적 즉 텔로스와 그에 합당한 미덕을 생각해야 한다고 샌델은 말한다.

고전적인 예인데, 1920년대 영국을 무대로 한 영화 〈불의 전차〉 Chariots of Fire에서 주전 선수가 러닝 코치를 고용한 일로 캠브리지대학 당국의 고위 인사로부터 야단을 맞는 장면이 나온다. 그 인사는 코치를 고용한 훈련은 경기의 본질에 위반된다고 여겼기 때문이다. 스포츠 장비뿐만 아니라 음악가가 연주를 하기 전에 최상의 컨디션으로 연주할 수 있도록 (원래는 심장병 치료제로 개발된) 진정제를 복용하는 것은 옳은 일일까? 또 약물이 아닌 기계에 의한 강화로, 콘서트홀과 오페라 하우스에 음향증폭시스템을 설치하는 것은 인정되어야 할까?

골프 카트 사용 문제에 대해 앤서니 스칼리아 판사의 골프에는 목적이 없다는 반목적론적인 소수 의견을 소개하면서 샌델은 목적이라는 관점에서 이들 문제를 생각할 필요가 있다고 주장한다. 목적과 그에 수반되는 미덕이 없는 규칙은 자의적인 것이 되어 스포츠나 음악이 본래의 목적으로부터 변질된다는 논변을 펼친다.

목적론에 의거한 비판이라는 점에서 이 상의 논지는 〈하버드 강의〉나 《정의》와 직접 관련이 있다. 또 겸손도 중요한 미덕이라는 미덕형 정의론의 관점에서 보면 오만에 빠진 강화는 정의에 위배된다고 정리할 수 있을 것이다.

chapter3
자녀를 디자인하는 부모

사랑과 교육의 강화

과학기술은 사랑을 대신할 수 있을까?

이 장에서는 부모가 자녀를 디자인하는 것이 옳은가? 라는 문제를 다룬다. 자녀는 부모(인간)의 의지나 야심에 의해 디자인되거나 선택되는 것이 아니라 선물로서 주어지는 것으로 인식하는 종래의 윤리관이 유전공학의 발전에 따른 강화로 위협받고 있다. 자녀를 디자인하는 부모에게는 탄생의 신비를 지배하거나 통제하려는 오만함 hubris이 있지 않을까? 이에 대해 샌델은 겸손과 인간적 공감의 중요성을 지적한다.

목적론적으로 생각하면 질병의 의학적 치료는 자연에 대한 개입이기는 하지만, 그것은 건강을 위해 이루어지는 것이지 제한 없는 지배나 통제를 목표로 하는 시도는 아니다. 건강을 구성하는 자연스러운 인간 기능의 회복과 유지라는 목적이 있고, 목적으로 통제되기 때문이다. 그러나 강화를 위한 것이 되면 목적의 제어는 사라지고 만다.

부모에게는 질병에 걸린 아이를 치료하고 동시에 건강한 아이라 해도 강화를 통해 잠재력을 극대화해야 할 책임이 있다는 주장도 있는데, 이런 주장은 공리주의를 전제로 한다. 보다 건강하고 우수할수록 인간의 행복이 커지기 때문에 행복을 최대화하기 위해서는 강화를 목표로 해야 한다는 것이다. 이런 사고방식으로 건강을 생각하면 치료와 강화 사이의 구별이 사라져버린다. 그러나 건강은 어떤 좋은 점을 최대화하기 위한 도구나 수단이 아닐 뿐만 아니라 최대화할 수 있는 대상도 아니다. 좋은 건강은 인간의 번영을 구성하는 요소긴 하지만 과학기술로 더욱 강화되어야 할 대상도 아니고 극대화할 수 있는 선도 아니다. 치아교정술처럼 치료와 강화의 구분은 그 경계가 흐릿한 것이 사실이지만 정확하지 않아도 구분하는 것이 중요하다고 샌델은 지적한다.

또 여기서 그는 사랑에 대한 고찰을 언급한다. 전통적으로 부모는 자식에 대해 무조건적인 사랑을 베푸는 규범을 갖지만 어떤 아이를 낳을지 관리하겠다는 사고방식 하에서는 그 규범이 손상되어버린다. 무조건적인 사랑이 아니라 사랑에 조건을 만들게 되는 것이다.

샌델은 신학자 윌리엄 메이William F. May의 말을 인용해, 사랑에는 어떤 아이가 태어나든지 받아들이는 사랑accepting love과 아이를 보다 건

강하고 뛰어나게 만들려는 변화시키는 사랑transforming love이 있다고 설명한다. 전자는 아이의 존재를 긍정하는 사랑이고, 후자는 아이의 복리well-being의 증진을 추구하는 사랑이다. 여기서 변화시키는 사랑의 상징으로 아이의 재능과 능력을 키워주기 위해 지원해야 할 책임이 부모에게 있다. 간혹 야심가 부모가 자녀에게 완벽함을 요구하며 오직 성공시키려고만 하는 행위는 받아들이는 사랑이 없는 변화시키는 사랑으로서 균형이 깨진 것이다. 샌델은 여기서 사랑의 두 가지 측면의 균형을 강조한다.

애초에 교육이나 훈련은 변화시키는 사랑의 결과이므로 유전공학에 의한 강화도 원칙상 차이가 없지 않느냐는 주장도 있다. 반면 이러한 강화는 우생학과 닮았다고 비판하는 사람도 있다. 유전공학에 의한 강화는 교육과 훈련에 가까울까, 아니면 우생학에 가까울까?

샌델이 이런 질문을 던지는 데는 교육이나 훈련과 유전공학에 의한 강화 사이에 유사성이 있기 때문으로, 후자의 강화를 정당화하는 것은 아니다. 최근에는 과잉육아hyper parenting가 문제가 되고 있다. 테니스 선수 자매인 비너스 윌리엄스와 세레나 윌리엄스, 골프 선수인 타이거 우즈처럼 어릴 적부터 부모가 아이를 훌륭한 선수로 만들기 위해 정교한 계획을 짜서 스포츠 교육을 시킨 결과 뛰어난 선수가 된 예도 있지만, 정도가 지나치면 과잉육아를 초래하기도 한다. 대학입시 혹은 대학생활이나 교육에서도 부모가 전면에 나서는 경우가 증가해 대학도 곤혹스러워하고 있다. 입시의 경우에는 전문 상담가나 컨설턴트에 의뢰하는 부모도 있어서 입시 플랜 매매가 이루어지고 있다. 또 원래는 주의력결핍 과잉행동장애ADHD의 완화제로 사용되는 리타린이 주의력이 정상인 아이에게도 집중력 강화를 위해 투여되는 현상이 증가하고 있다.

그렇다면 하이테크 유전자 기술뿐 아니라 로테크의 과잉양육도 문제시해야 되지 않을까? 이러한 교육현상이 있다고 해서 그와 유사한 유전공학에 의한 강화를 좋다고는 할 수 없다고 샌델은 주장한다. 부모의 이러한 과도한 간섭은 선물로서 주어진 생명이라는 감각을 잃어버리고 인간에 의한 정복과 지배라는 방향으로 과도하게 진행한 현상의 반증이라고 볼 수 있다. 따라서 유전공학에 의한 강화는 바람직한 교육보다 위험한 우생학 쪽에 가깝지 않을까? 샌델은 그렇게 묻고 있는 것이다.

사랑은 미덕 중에서도 가장 중요한 개념이다. 샌델이 사랑에 대해 직접 언급하는 부분은 적기 때문에 이 장은 사랑에 대한 그의 생각을 아는 데 중요하다. 치료나 본래의 교육은 사랑의 발로다. 그러나 강화는 어떨까? 그것은 아이를 공학적으로 디자인해 조작하는 것이므로 무조건적 사랑에 위배된다. 현재의 육아와 교육의 강화 사이에 유사한 점이 있다면, 과잉육아와 교육 사체가 본래의 사랑에 위배되므로 반성해야 한다고 샌델은 말한다. 우리는 강화에 대한 문제를 생각함으로써 다시 한 번 사랑에 대해 성찰할 필요가 생겼다. 제1장이 목적론에서의 고찰을 중심으로 하고 있다면 제2장은 사랑이라는 미덕을 통한 고찰을 축으로 하고 있다.

자유주의적 우생학 비판

신구 우생학의 차이

우생학eugenics은 인류의 유전적 구성을 통해 열악한 유전형질의 도태와 우량한 유전형질의 보전 및 증강에 대해 연구하는 학문으로, 1883년 영국의 유전학자 프랜시스 골턴Francis Golton 경이 처음으로 주창했다. 오늘날 이 말은 나쁜 의미로 인식되는데, 나치즘이 우생학적 방법으로 우수한 아리아인종, 게르만인을 만들려고 했던 반면 유대인을 열등 인종으로 내몰아 학살했기 때문이다.

샌델에 의하면 골턴 경은 진화론으로 알려진 다윈의 조카로, 그에게서 시작된 우생학은 2차 세계대전 전에는 나치뿐만 아니라 우생학 운동으로 유럽은 물론 생물학자 찰스 대븐포트Charles B. Davenport

를 통해 미국에도 넓게 침투되었다. 시어도어 루즈벨트(Theodore Roosevelt, 미국 26대 대통령)를 비롯해 당시 진보 개혁자들도 이 대의를 열렬히 지지했다. 좋은 유전자 가족 뽑기fitter family 콘테스트 같은 장려 활동도 벌였는데, 이 운동은 바람직하지 않은 유전자를 가진 사람들이 생식하지 못하게 하는 법률을 만들기 위해 적극적으로 펼쳐졌다. 그 결과 1907년 인디애나 주에서 처음으로 정신질환자와 수감자, 극빈자에게 강제불임을 규정하는 단종법斷種法이 채택되었고, 이 법은 29개 주로 확산되어 유전적으로 '모자란' 미국인 6만 명에게 적용되었다. 1927년 연방대법원도 단종법에 합헌 판결을 내려 인정했다.

히틀러는 1933년, 정권을 장악하자 우생 단종법을 제정했고 미국 우생학자들은 이에 갈채를 보냈다. 히틀러가 그 법을 철저히 추진해 대학살을 단행하면서 미국의 우생학 운동도 퇴조했지만, 2차 세계대전 후에 바로 없어진 것은 아니다. 1940년대와 1950년대에 강제적 불임은 줄었지만 1970년대까지 지속됐던 주도 있었다. 최근에야 강제불임의 피해자에게 주지사가 공식적으로 사과를 했다.

2차 세계대전 전과 같은 우생학 운동은 사라졌지만 유선공학에 의한 강화는 새로운 형태로 우생학을 재생하는 것이라 할 수 있지 않느냐는 의문이 든다. 복제, 강화, 디자인되는 아이들은 민영화된 우생학, 자유시장의 우생학이 아니냐는 비판적인 생각이 드는 것이다. 오늘날에는 전쟁 전처럼 강제적인 불임술을 시행하지는 않지만 자유시장을 통해 돈으로 유전자 조작을 하고 있다. 따라서 이것은 강제적으로 불임을 시킨 구식 우생학에 대해 자유시장에서 자발적으로 이루어지는 새로운 우생학이라고 할 수 있지 않을까? 우생학이라는 말이 나쁜 인상을 주는 것은 그것이 강제성을 띠기 때문일 수 있다. 그럼 그것이 자발적으로 이루어졌어도 우생학은 나쁜 것일까? 이것이 샌델의 문제 제기다.

가령 1980년대 싱가포르에서는 고학력 전문직 여성에게 결혼과 출산을 장려하는 정책을 펴는 한편, 고등학교도 졸업하지 않은 저수입의 여성에게는 가능한 한 자녀를 출산하지 못하도록 불임화 정책을 폈다. 불임수술을 받는 조건으로 저가 아파트의 전세 계약금 4,000 싱가포르 달러를 보조했다. 이것은 강제적이 아니라 돈에 의해 단종을 촉진한 일로 새로운 우생학의 예다.

DNA의 이중나선 구조를 발견한 사람 중 하나인 제임스 왓슨 James D. Watson 박사는 강제가 아닌, 자유롭게 선택할 수 있다면 유전공학이나 강화에 도덕적으로 문제는 없다고 주장하면서 우생학적 발상을 드러냈다. 한때 노벨상을 수상한 과학자들을 대상으로 정자 공여자를 모집하는 우생학적 목적을 내건 정자은행도 있었다(1999년에 폐쇄). 상업적인 목적으로 신체나 능력이 뛰어난 정자를 제공하는 정자은행 California Cryobank도 존재한다.

새로운 우생학을 옹호하는 정치철학자들도 존재하는데, 그들은 아이의 자율을 침해하지 않는 비강제적 유전자 강화를 새로운 자유주의 우생학으로 옹호하고 있다. 이들은 정부의 중립성을 근거로 정부가 부모에게 어떤 아이를 디자인하라고 할 수는 없지만, 아이의 인생 계획에 편향이 없도록 능력을 개선하는 선에서는 부모가 아이를 디자인하는 것이 허락된다는 것이다. 생명윤리학자들에 의하면, 유전자 개량의 편익과 부담이 공정하게 분배되는 한 우생학적 방법에는 반대할 수 없으며 심지어 도덕적으로 요청될 수 있다고 주장한다.

우생학이라고 하면 보통 강제적인 불임수술을 생각하는데, 여기서 주제가 되는 것은 시장화된 우생학적 발상과 그것을 긍정하는 자유주의와 자유지상주의다. 특히 자유지상주의는 시장경제를 중시하므로 자유의사에 기인하는 것이라면 새로운 우생학에 관한 시장 거래에도 문제는 없다고 주장한다. 이에 대해 샌델은 본래 시장화해서는 안 되는 것을 시장화하고 있는 것이 아니냐는 질문을 던지는 것이다.

자유주의 우생학

샌델에 의하면 자유주의파는 자유주의적 우생학에 기본적으로 찬성한다. 가령 존 롤스와 어깨를 나란히 하는 법철학자 로널드 드워킨은 직접적으로 이 생각을 옹호하고 있고, 자유지상주의 철학자 로버트 노직은 사회에 하나의 디자인을 강요하는 게 아니라 부모가 아이를 디자인할 수 있게 하자는 유전자 슈퍼마켓 시스템까지 제안하고 있다. 롤스도 『정의론』에서 자유주의 우생학을 지지했다. 강화된 능력이 모든 목적을 위한 수단이며 특정한 인생 설계로 아이를 유도하지 않는 한 유전자 개혁은 아이의 자율적인 권리를 침해하지 않고 도덕적으로 인정될 뿐만 아니라 책무라고 말한다.

앞에서 나온 트랜스휴머니스트에 대한 로메즈 남의 주장처럼 자유주의는 개인의 선택의 자유라는 관점에서 자유주의 우생학을 옹호하고, 국가에 의한 강화 금지에 반대한다. 자유주의는 자기 소유를 근거로 우생학적인 시장 매매를 옹호하는 것이다. 아이의 자율과 열린 미래에 대한 권리를 침해하지 않는 한 아이의 복지를 증진할 의무가 있다고 주장하는 경우조차 있다.

반면에 독일의 대표적 철학자 위르겐 하버마스 Juergen Habermas는 자유주의파에 가까운 사상을 가졌음에도 이에 반대한다. 하버마스에 의하면 이런 사고방식은 자율과 (여러 세대에 걸친) 평등이라는 자유주의의 원칙을 훼손하기 때문이다. 이런 하버마스에 대해 자유주의 우생학 옹호자들은 자율의 훼손이라고 하는데, 태어나는 아이에게 자율은 없기 때문에 반론은 유효하지 않다, 세대에 걸친 평등한 관계의 파괴라고 하는데, 부모가 자녀를 교육시키는 것 자체가 일종의 통제력 행사이므로 애초에 부모와 자식의 관계는 비대칭이라는 점에서 반박한다. 궁극적으로 하버마스의 반대론은 자유로운 사고방식에 기인한 것은 아니다. 그에 의하면 신이나 자연 같은, 성질상 우리가 어떻게 해볼 수 없는 절대자가 존재하고 그와의 관계에서 우리는 자유를 체험한다. 출생은 하나의 자연적인 사실로, 우리가 통제할 수 없는 구성의 시작을 받아들이는 것이다. 따라서 이 요건에 위배되는 자유주의적 우생학은 인정될 수 없다.

하버마스는 2차 세계대전 때 나치가 저지른 문제에 대해 단호한 입장을 취하고 있어서 우생학을 연상시키는 사고방식에도 역시 반대한다. 생명윤리bioethics에 대해 미국의 자유주의파는 적극적인데 반해 유럽에서는 소극적이거나 신중한 의견이 많다. 예를 들면 칸트적인 사고방식에 입각해 생명의 존엄이라는 관점에서 유전공학에 의한 강화에는 신중한 의견이 많은데, 여기서는 하버마스의 의견이 대표적으로 다뤄지고 있다.

출생에 대해서는 하버마스를 예로 들듯이, 정치철학에서는 한나 아렌트Hannah Arendt가 탄생성natality을 인간 조건의 하나로 들고 있다. 아렌트는 나치의 박해를 피해 미국으로 도망쳐 독자적인 정치철학을 전개하며 공공철학에 큰 암시를 주고 있는 철학자다.

하버마스가 말하는 출생은 선물로 주어진 것이라는 개념으로 우리를 이끈다고 샌델은 지적한다. 유전공학을 승인하는 오늘날의 새로운 우생학에서는 정복과 지배라는 자세가 강력해지는데, 인간의 권력과 성취가 선물로 주어진 것이라는 점을 충분히 인식하지 못하고 주어진 것과 끊임없이 타협하는 것이 자유의 본질이라는 사실도 깨닫지 못하고 있다. 따라서 우생학적 양육에는 반대해야 하지 않느냐고 묻고 있다.

샌델은 사상적으로 자유주의와 자유지상주의에 반대하기 때문에 자유주의적 우생학에는 정면으로 반대한다. 이 장에서는 우선 비교적 자유지상주의에 가까운 하버마스의 논지를 소개함으로써 자신의 생각에 대한 논의로 인도한다. 오늘날의 자유지상주의는 존 로크나 존 스튜어트 밀의 자유주의와 다르듯이 자유주의적 우생학의 주장은 하버마스와도 다르다. 샌델은 이 점을 지적함으로서 자유주의적 우생학의 주장을 상대화하고 동시에 자신의 주장과 공명하는 사유의 철학적 확산에 강한 인상을 심어주려고 했다. 다음 장에서 샌델의 사고방식이 명확히 제시되고 있다.

chapter5
지배와 선물

천부 생명관을 지탱하는 미덕

우생학이나 유전공학의 문제는 선물이라는 생명관에 대해 계획적 의도의 승리를 나타낸다는 데 있다. 이는 경의^{reverence}에 대한 지배의 승리 또는 받아들이기^{beholding}보다 틀에 맞게 찍어내는 것^{molding}의 승리라고 볼 수 있다.

샌델은 이렇게 말하면서 선물이라는 성격을 잃게 되면 다음의 세 가지 키워드 개념도 변화된다고 지적한다. 그것은 겸손, 책임 그리고 연대다.

부모는 자신이 바라는 아이를 선택할 수 없고 주어진 아이를 받아들여야 한다. 그래서 부모^{parenting}라는 자리는 겸손을 배우는 학교와 같다.

책임의 경우, 유전공학에 의한 강화가 자명한 것이 되면 그 기술의 사용 여부에 대한 선택에 노출되면서 책임을 질 필요가 생긴다. 샌델은 그것을 책임의 증폭이라며 우려하고 있다. 가령 지금까지 아이는 자기 운명으로 태어난다고 생각했는데 오늘날에는 다운증후군 아이도 산전 유전자 검사로 알 수 있다. 그래서 그런 아이를 낳을지 낳지 않을지의 선택이 부모에게 부과된다. 이것은 무거운 책임이다.

이런 책임이 증폭될수록 우리보다 못한 운명을 타고난 사람들과의 연대의식이 감소한다. 어떤 아이가 태어날지는 운에 달린 일이라서 건강에 문제가 있는 아이가 태어나도 그것은 자신에게도 일어날 가능성이 있었던 불행이라고 순응하면 다른 이들과 자신의 운명을 공유할 이유가 많아진다. 그런 사람들을 생각해 보험 같은 제도를 만드는 연대의식의 측면이 있었다. 그러나 어떤 아이가 태어날지 조작할 수 있게 되면 이런 연대의식은 감소한다. 재능은 주어진 선물이기 때문에 위험과 자원, 운명을 공유하며 상부상조하는 책임과 의무가 생겨나는 것이다.

이 논거는 사회의 최저 수혜자들을 생각해 재분배한다는 존 롤스의 논지를 상기시킨다. 샌델은 롤스의 논지를 부정하면서도 복지의 정당화에는 기본적으로 긍정한다. 오히려 공동체나 연대를 명확히 내세워 복지를 주장해야 한다고 생각한다. 복지의 기초를 이루는 연대의식에 대해서도 유전공학에 의한 강화가 일상적인 일이 되면 연대의식을 잃게 되지 않을까 우려한다.

이상이 샌델의 중심 주장이다. 좋은 삶에 대한 도덕적 담론이 불가피하다는 주장이 샌델 정치철학의 핵심인데, 이 책에서는 좋은 삶을 지지하는 생명관은 선물로서의 생명이라는 사고방식임을 명확히 했다. 우리 인간은 선물로서 받은 생명을 좋은 방향으로 이끌어가는 것을 목적으로 하는 존재인 것이다. 그리고 그런 생명관을 지탱하는 것이 겸손, 책임, 연대라는 미덕 또는 윤리다.

샌델에 대한 반론과 대답

이러한 샌델의 사고방식에 대해 이 책에서는 두 가지 반대론이 소개된다. 하나는 그의 논변이 지나치게 종교적이지 않은가? 라는 반대다. 샌델이 유전공학을 반대하는 가장 중요한 요점을 생명은 선물로 간주하기 때문인데, 그것은 선물한 자의 존재를 전제로 하는 것이 아니냐는 지적이다.

이에 대해 샌델은 기독교적 사고방식으로는 신이야말로 생명이라는 선물의 원천이지만, 이 생명관은 반드시 종교적 관점에 한정된 것이 아니라 세속적으로도 할 수 있는 생각이라고 말한다. 운동선수나 음악가에게 천부적인 재능이라는 표현을 쓸 때 그 재능이 신이 주신 선물인지 아닌지 가정하지는 않기 때문이다. 마찬가지로 생명이나 자연의 신성함sanctity에 대해 말할 때도 그것이 꼭 형이상학적인 의미를 갖지 않는 경우도 많다는 것이다.

비신학적 의미에서 신성함이나 선물이라는 의미를 사용해도 형이상학적인 가정이 잠재되어 있는 게 아니냐는 반론도 있을 수 있다.

로크, 칸트, 하버마스도 자유는 우리의 제어가 미치지 않는 기원과 기준에 의존한다는 의견을 갖고 있었다. 이렇듯 생명의 신성함에 대해 꼭 종교적인 개념을 끌어들이지 않아도 도덕적으로 이해할 수 있다고 샌델은 대답한다.

두 번째 반대론은 샌델의 논지를 공리(귀결)주의적인 것으로 이해한 상태에서 그 문제점을 지적한다. 확실히 샌델의 말처럼 연대의식이 흐려지는 등의 문제가 사회적 비용으로서 존재하지만 그보다 유전공학을 응용함으로써 개인이 얻는 편익의 총합이 크기 때문에 전체적으로는 유전공학을 사용해야 하지 않을까? 라는 것이다. 이 반박은 공리주의적 논리를 근거로 한다.

이에 대해 샌델은 자율과 권리라는 권리론적인 틀이나 비용편익 분석 같은 공리주의적 사고방식으로는 강화를 둘러싼 논의가 충분히 이루어질 수 없다고 말한다. 그는 이 논지에 대해 오히려 정신의 습관과 존재 방식으로서의 강화를 우려하는 것이라고 대답한다.

양육의 경우 무조건적인 사랑이라는 규범 그리고 바라지 않고 초대받지 않은 특질을 가진 아이라도 받아들이는 마음이 중요하다. 또 운동과 예술 분야에서는 천부적인 재능을 축복하는 것이 중요하며 겸손과 사회적 연대의식 제도를 통해 행운의 성과를 나누고자 하는 마음도 필요하다.

유전공학으로 우리의 성격을 바꾸는 것이 아니라 불완전한 인류라는 한계를 자각하고 선물로서의 생명과 그 한계에 합당한 사회적·정치적 시스템을 만들어야 하지 않을까 하는 말로 샌델은 결론을 맺고 있다.

이들 비판에 대한 반론에는 샌델의 강화 반대론의 특색이 명확히 드러나 있다. 먼저 선물로서 받는다는 생명관은 그것이 꼭 종교적이지 않아도 정신성과 윤리성을 갖는다. 이것이 공동체주의 communitarianism의 특색이다. 또 공리주의와 권리론에는 반대하고 마음의 습관과 존재 방식을 중시하는 논변이다. 이는 좋은 삶과 밀접한 관련이 있으며 샌델의 독자적인 공동체주의의 주요 문제의식이다. 샌델은 명확히 말하지 않지만 이 생명관은 공동체주의적 생명관이라고 할 수 있고 이 책은 공동체주의적 관점에서의 강화 반대론인 것이다.

배아의 윤리

도덕적 보수파 비판

최근 미래 의료를 책임질 기술 중 하나로 재생의료 연구가 활발히 이루어지고 있다. 이 기술 중에는 배아줄기세포(ES세포)에 대한 연구가 있는데 배아의 윤리 문제는, 인간이 될 배아를 조작해 연구하는 행위에 대한 시비를 묻는 것이다. 이는 미국과 일본뿐 아니라 세계적으로 논란이 되고 있는 문제다.

부시 대통령을 지지하는 보수파는 배아줄기세포 연구를 비난했고, 부시 대통령은 줄기세포 연구에 연방정부가 자금을 지원하는 법안에 대해 거부권을 행사했다. 대통령생명윤리위원회 의장 카스 역시 이들을 지지했다. 이런 입장에서 본다면 샌델의 선물 윤리 역시 줄기세포 연구를 비난할 것 같지만, 사실 샌델은 이 연구에 대해 찬성한다. 당뇨병과 파킨슨병, 근위축성측상경화증(근육이 위축되는 질환으로 루게릭병이라고도 불린다), 척추 손상 같은 질병을 치료하기 위한 배아 줄기세포 연구는 선물 윤리와 모순되지 않으므로 연구의 추진을 옹호한다는 것이다.

줄기세포에 얽힌 물음들

모든 조직은 수정란이라는 한 개의 세포에서 분열되면서 만들어진다. 세포는 수정란에서 분열해 피부가 되고 뼈가 되는데 어느 정도 분열이 진행되면 멈춘다. 배아줄기세포는 초기 배아에서 만든 세포라서 어떤 조직이든 될 수 있는 가능성을 갖고 있다. 배아로부터 떼어낸 내부 세포 덩어리(초기 배아 발생단계에서 포배 내측에 형성되는 세포 덩어리)는 아직 미분화된 상태로, 다양한 조직이 될 수 있기 때문이다. 이 성질을 재생의료에 적용해 질병 치료에 사용하려는 것이 줄기세포 연구다.

보수파는 이 연구를 반대했다. 배아는 도덕적으로 이미 인간의 생명과 동일한데 거기서 세포를 떼어내는 것은 존재하는 생명을 파괴하는 것으로, 무죄한 생명을 죽이는, 즉 자신의 아이를 죽이는 것과 같다고 생각하기 때문이다.

이는 태아는 생명을 갖고 있기 때문에 낙태는 살인과 같다는 낙태 반대론을 확대 해석해서 그 출발점에 가까운 배아 단계에도 적용하는 것이다. 보수파는 수정란 단계부터 생명이라 생각하기 때문에, 내부 세포 덩어리를 떼어내는 것 자체가 포배를 파괴하는 것이며 생명을 빼앗는 행위로 그런 연구를 추진해서는 안 된다는 주장을 펴는 것이다.

남아 있는 배아를 연구용으로
사용하는 문제에 대하여

배아줄기세포를 만드는 데는 포배를 사용한다. 배아가 곧 인간이라는 설에서 생각한다면 질병을 치료하기 위해 줄기세포를 만드는 것도 사람을 죽이는 것이 되므로 부도덕하다는 논박이 있을 수 있다. 실제로 미국에서는 정치적 타협이 이루어져서 부시 대통령의 거부권 행사는 연방정부에서 자금을 지원하는 것에 대해서지 연구 자체를 금지한 것은 아니다.

배아줄기세포 연구에 사용되는 배아는 불임치료에 쓰고 남은 배아가 이용된다. 그럼 애초에 불임치료를 위해 배아를 필요 이상으로 만드는 것도 문제가 되지 않느냐는 의문을 갖게 되는데, 복제처럼 새로 만드는 것은 금지되어 있지만 불임치료에서 사용되지 않은 배아로부터 줄기세포를 만들어 연구에 사용하는 것은 허용하자는 정치적 타협이 이루어지고 있다. 논리적으로 생각하면 줄기세포 연구를 위해 복제를 만드는 것이 허용되지 않는다면 불임치료를 위해 쓰고 남은 배아를 사용하는 것도 생명을 죽이는 행위이므로 인정될 수 없지 않을까?

아이를 구할 것인가? 배아를 구할 것인가?

이 문제를 본격적으로 생각하기 위해서는 배아의 도덕적 위치를 생각할 필요가 있다. 배아 혹은 포배에는 180~200개 정도의 세포가 모여 있다. 이 단계는 이후의 태아와는 명확히 다르다. 그런데도 배아 단계까지 거슬러 올라가 배아도 인간이라고 가정해 줄기세포 연구를 중지시켜 질병 치료를 할 수 없게 하는 것이 옳은 일일까?

이 반대론에는 두 종류가 있다. 하나는, 원래 줄기세포 연구 자체가 잘못된 것이라는 주장이다. 이 주장은 배아와 태어날 아기 모두 생명이라는 입장을 전제로 하는데 이것은 평등한 도덕적 지위라고 부른다. 철학적으로도 중요한 논점인 이 주장이 반대의 중심이다.

다른 하나는 잘못된 길로 빠지기 쉽다는 반대론이다. 배아를 활용하는 주장을 인정해버리면 배아 공장이나 복제 유아를 만들어 부분적으로 신체를 이용하는, 상업적 이용이 늘어날 것이라는 우려다. 샌델 역시 이를 중요한 문제라고 인정하지만, 그렇다고 해서 줄기세포 연구를 금지할 필요는 없고, 복제 인간을 비롯해 착취와 남용이라는 문제에는 나름의 규제책을 도입해야 한다는 논지를 펴고 있다.

그러면 첫 번째 반대론에 샌델은 어떤 대답을 했을까?

최초의 평등한 도덕적 지위라는 논지에 대해서는 이 견해가 공리주의가 아니라는 점에서 샌델도 찬성한다. 공리주의 관점에서는 줄기세포 연구는 모두의 편익을 위한 것이라면 인정해야 한다는 이야기가 되는데, 보수파는 공리주의적 편익과는 다른 논리로 반대하고 있다. 샌델도 이 점은 마찬가지다.

보수파는 배아는 살아 있고 인간이기 때문에 죽여서는 안 된다는 논리를 펼친다. 배아가 살아 있다는 것은 샌델도 인정한다. 그러나 그렇다고 해서 배아가 인간이라고는 할 수 없다는 입장이다.

모든 인간이 한때 배아였다고 해서 배아를 인간이라고는 할 수 없다는 생각처럼 태어날 인간과 잠재적인 인간을 구별하는 주장이 있다. 가령 도토리와 참나무처럼 다른 것이다. 도토리가 참나무로 자라기는 하지만 도토리와 참나무는 같지 않다. 마찬가지로 인간도 생명은 단계적으로 발전하는 것이지 처음부터 인간이었던 것은 아니다.

그러면 언제부터 인간이 될까? 이와 비슷한 패러독스로 대머리가 고전적인 예인데, 머리카락이 한 가닥 남아 있는 사람에게 대머리가 아니라고 할 사람은 없다. 그럼 머리카락 몇 개부터 대머리와 대머리가 아닌 상태로 나눌까? 하는 건 어려운 문제다. 몇 개부터 대머리다 하는 경계선을 정하는 것이 어렵다고 해서 대머리와 머리숱이 수북한 사람이 같다고는 할 수 없다.

인간의 경우에도 같은 생각을 할 수 있다. 인간은 포배에서 착상 배아, 태아, 신생아로 연속적으로 변화한다. 어디서부터 인간인지를 결정하기는 어렵다. 그러나 포배와 아기가 도덕적으로 동일하다고는 할 수 없다.

이렇게 생각하면 배아가 인간이 되기 때문에 배아는 곧 인간이라는 논거는 잘못된 것이 아니냐고 샌델은 주장한다. 부시 대통령은 줄기세포 연구에 자금은 제공하지 않지만 금지도 하지 않는다는 정책을 폈는데 이것은 모순이다. 만일 진심으로 배아가 인간이라고 생각한다면 금지해야 하지 않을까?

여기서도 샌델은 재미있는 예를 들고 있다. 불임치료 병원에 화재가 났다. 다섯 살 여자아이 하나와 20개의 냉동된 배아 어느 쪽을 구해야 할까? 누가 생각하든지 당연히 다섯 살 여자아이를 구해야 할 것이다. 그러나 '배아=인간'이라는 가정 하에서, 〈하버드 강의〉에서 철로를 이탈한 전차의 예처럼 사람의 목숨을 많이 구하는 쪽을 선택해야 한다고 생각한다면 20개의 배아를 구해야 한다. 물론 이것은 억지스러운 결론으로, '배아=인간'이라는 가정이 잘못되었음을 보여준다.

그러나 배아에 어떤 조작을 하든 상관없다는 것은 아니다. 배아는 불가침은 아니지만 멋대로 처분해도 좋은 대상은 아니다. 잠재적인 인간의 생명이라는 점에서 존경해야 한다는 것이 샌델의 생각이다.

종교가 인간인가, 인간이 아닌가 하고 나눠 생각하는 것처럼 칸트적 발상에 의해 인간과 물건을 이분법적으로 나누는 경우가 있다. 즉 인간이라고 하면 배아를 줄기세포 연구에 사용해서는 안 된다. 반대로 인간이 아니라면 배아에 어떤 조작을 해도 상관없고 공리주의적으로 다뤄도 된다는 생각에도 문제가 있다. 이에 대해 수정란에서 인간으로 단계적으로 이행하기 때문에 배아를 인간에 이르는 과도적 존재로 봐야 한다고 주장하는 것이다.

《완벽함에 대한 반론》(국내 도서명: 생명의 윤리를 말하다, 2010)이 간행된

2007년에는 배아가 아닌 피부세포에서도 인공적으로 다능성 줄기세포를 만들 수 있게 되었다. 이것은 배아를 사용하지 않기 때문에 윤리적인 반대론이 사라졌고, 교황과 부시 대통령 같은 보수파도 이 연구에 찬성했다. 그러나 줄기세포 연구 자체의 필요성이 없어진 것은 아니므로 이 논변은 지금도 의미가 있다고 생각한다.

사상적으로 샌델의 이 논점은 부시 대통령을 비롯한 도덕적 보수파와의 차이점을 명확히 하고 있어서 사실상 그들에 대한 비판이 되고 있다는 점에 주의할 필요가 있다.

〈Beyond Therapy〉라는 레온 카스의 보고서는 조지 W. 부시 대통령 시절의 생명윤리위원회 보고서이기 때문에 여기서의 강화 반대론은 도덕적 보수파의 논의로 간주되는 경우가 많았다. 네오콘(신보수주의) 반대론으로 형용되기까지 했다. 샌델이 위원회에서 일했기 때문에 그를 도덕적 보수주의로 간주하는 사람도 있을 수 있었지만 이것은 진실과 거리가 멀다. 물론 이 책은 보고서에서 논의되는 여러 사례와 논점에 대해 철학적으로 고찰한 것으로, 강화 비판이라는 입장에서 철학적 논리를 제공한다. 그러나 과학주의적인 자유주의와 자유지상주의 논리를 비판한다고 해서 샌델이 도덕적 보수파와 동일한 입장은 아니다. 부시 대통령은 경제적으로는 자유지상주의, 생명윤리에서는 도덕적 보수파의 입장을 펴고 있었다. 배아줄기세포 연구 문제는 샌델과 도덕적 보수주의와의 차이를 명확히 한 것이다.

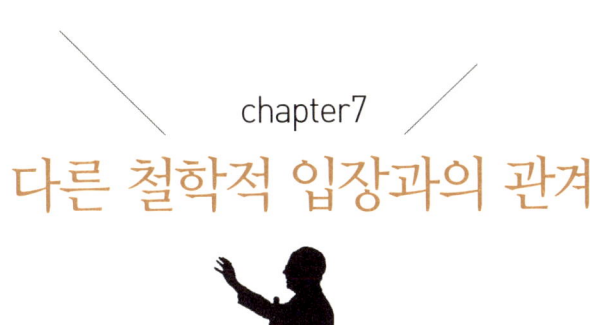

chapter7
다른 철학적 입장과의 관계

〈하버드 강의〉에서 샌델은 주로 실제 예를 통해 학생들의 자발적인 사고를 유도하는 강의를 하고 있었기 때문에 그 자신의 사상은 잘 드러내지 않았다. 앞에서 언급했듯이 이 책에서는 유전공학에 의한 강화와 줄기세포 연구에 대해 자신의 입장을 분명히 하면서 옳고 그름을 논증한다. 그럼 그것은 어떤 입장일까?

샌델은 강화에 대해 공리주의와 자유주의파의 논의에 반대하고 있고, 배아줄기세포 연구에서는 보수파의 사고방식과도 상당한 차이를 보인다. 공동체주의를 주창한 사회학자 아미타이 에치오니 Amitai Etzioni는 자유주의를 비판한 후에 사회주의적 보수주의와의 차이도 명확히 할 필요가 있다며 공동체주의의 입장은 자유주의와 사회적 보수주의의 중간쯤이라고 주장한다. 샌델의 논지 역시 양측의 사이에 있다고 할 수 있다.

먼저 공리주의와의 차이는 여러 곳에서 나타난다. 가령 건강을 최대화하기 위해 유전공학 기술을 사용한다는 강화의 사고방식을 비판한다.

자유주의파와의 논점의 차이도 중요하다. 자유주의파는 아이의 자율에 대한 권리 침해라는 관점에서 복제 인간에 반대하지만 유전공학에 의한 강화에 대해서는 인간의 의사에 따라 디자인하는 것을 적극적으로 옹호한다. 아이의 인생 설계에서 능력을 개선할 수 있는 소질에 대해서만 디자인해야 한다는 로버트 노직, 로널드 드워킨, 존 롤스 같은 대표적 자유주의파 논자들이 새로운 우생학을 옹호하는 것이다.

이에 대해 샌델은 선택의 논리, 아이의 디자인과 인간을 개조하는 논리를 비판한다. 『자유주의와 정의의 한계』가 롤스의 자유주의에 대한 비판인 것처럼, 이 책은 자유지상주의적 자유시장의 우생학과 자유주의파의 새로운 우생학 그리고 유전공학을 이용한 강화의 윤리에 대한 비판이다. 자유주의의 논리를 생명윤리 영역에서 비판한 것이라 할 수 있다.

샌델은 〈하버드 강의〉에서는 아리스토텔레스 이래의 목적론을 강조했고 이 책에서도 게임의 본질이라는 내용에서 목적론을 언급한다. 또 선물로서의 생명이라는 생명관을 제기하며 무조건적 사랑과 받아들이는 사랑 그리고 변화시키는 사랑이라는 부모의 사랑에 대한 자신의 생각을 나타냈다. 또 겸손, 책임, 연대를 중시한다는 입장에 대해 명확히 한 것도 처음이다. 종교적인 관점에서든 아니든 생명과 자연의 신성함에 대해서 언급했다는 점 역시 중요하다.

따라서 이것은 공동체주의적 또는 목적론적인 관점에서의 유전공학에 의한 강화 반대론이다. 이들 논의가 바로 완성에 반대하는 이유인것이다.

한편으로, 배아줄기세포 연구는 옹호하면서 보수주의가 배아는 인간이다라는 관점에서 줄기세포 연구를 반대하는 데에 비판을 가한다. 그것으로 보수주의와 그의 입장 차이도 명확해진다. 즉 줄기세포 연구에 대한 부시 정권의 정책에 반대하는 것이며 그 자신이 공동체주의라는 입장을 명쾌히 하는 데도 기여한다.

유전공학에 의한 강화에 반대한다는 점에서는 자유주의파를 비판한다. 이 점에서는 보수주의의 논점과 공통성이 있지만 보수주의가 줄기세포 연구까지 반대하는 점에서는 보수주의의 논의에 대해 비판하면서 보수주의와 자신의 사상적 입장 차이를 분명히 하고 있다. 이 저서는 유전공학에 의한 강화가 주요 주제이고 줄기세포 연구에 대한 내용으로 구성되었다. 주요 논지는 자유주의파 비판과 보수주의 비판이 수를 이룬다. 이 누 가지 비판을 합해서 보면 문화적인 문제와 생명윤리에서 그의 공동체주의적 입장이 보인다. 그의 입장은 역시 자유주지상주의와 사회적 보수주의 사이에 위치하고 있다.

샌델의 정신성과 종교성

샌델은 이 저서에서 생명관과 신성함에 대해 언급하고 있다. 이는 그의 목적론과 공동체주의를 생각하는 데 매우 중요한 논지다.

겸손, 책임, 연대라는 윤리와 생명과 자연의 신성함이라는 관념은 샌델 자신이 이러한 종교적 감수성을 갖고 있기 때문일 것이다. 그러나 그는 평소에는 그런 생각을 직접적으로 말하지 않고 선이라는 관념을 중심으로 논의했다. 지금 시대에 특정한 세계관을 근거로 정치철학을 전개하기 어렵기 때문에 선을 기축으로 사용하는 것이다.

이는 많은 공동체주의 논자들이 공유하는 생각이다. 공동체주의는 정신성과 윤리성을 강조하는데 샌델은 이를 선이라 표현한다. 공동체주의가 정신성과 영성 또는 윤리성과 도덕성을 강조하는 배경에는 종교적 사상이 있다. 자신이 특정 종교의 신자가 아니어도 유대교나 가톨릭 등 종교적 전통에 공감하는 사람은 많다. 반대로 자유주의 사상가들은 말로는 중립성을 강조하지만 실제로는 세속적이고 비종교적인 경우가 많다.

샌델의 스승인 캐나다의 철학자 찰스 테일러Charles Taylor는 《세속의 시대》A Secular Age라는 저서에서 종교성에 대한 문제를 거론했다. 2000년에 내가 하버드에서 샌델을 만났을 때 그는 성스러운 것에 대해 책을 쓰고 싶다고 했다. 찰스 테일러는 가톨릭 신자인데 비해 샌델의 배경에는 유대교적 발상이 있기 때문이다.

실제로 공동체주의 논자 가운데 유대계 사람이 꽤 많다. 마이클 왈저Michael Walzer도 그중 한 사람이다. 유대교도들은 공동체의식과 종교성이 강해서 영성과 도덕성을 중시한다.

유대교적 신학에 기반을 둔 생명윤리

데이비드 하트만David Hartman이라는 유대인 공공철학자는 유대교 전통과 오늘의 도덕철학과 정치철학의 해후를 가능하게 하고 있다. 하트만은 할라카(halakhah, 유대교의 율법)적 유대교와 현대의 다원주의를 화해시키는 논리를 펼친다.

그의 신학의 중심은 자기를 한정하는 존재로서의 신으로, 시나이 산에서 맺은 신과 유대인의 계약을 전형적인 신의 자기 한정으로 해석한다. 신은 인간을 자유롭고 독립된 존재로 창조해 자유의사를 주었기 때문에 계약 이후 법률의 의미를 결정하는 것은 율법학자 내지 랍비에게 맡겼다. 신은 자기를 한정하고 인간의 창의성initiative에 여지를 주었다.

따라서 유대교에도 다양한 해석이 나타났고 해석적 다원주의가 생겼다. 또한 다른 신앙이나 세속적 도덕도 인정한다는 윤리적 다원주의도 그는 옹호하기 때문에 현대의 다원주의와 화해할 수 있는 것이다.

하트만의 논지를 샌델은 종교적 인간학으로 소개한다. 이것으로 우리와 신, 자연, 우주와의 관계를 이해할 수 있고 거기서 형이상학적이고 규범적인 면을 볼 수 있다고 한다. 유전공학이라는 첨단과학은 인간성과 자연을 다시 만드는 것이므로(신을 연기하는) 인간의 신격화라는 극단적 위험도 있다. 그런 점에서 인류와 신과 자연과의 관계를 생각해볼 필요가 있고, 거기에 종교적 인간학이 유용하다는 것이다.

하트만의 스승인 랍비는 신이 자신의 창조행위 파트너로서 인간에게 인간의 자기창조를 위임한 것이라고 생각한다. 그는 자연에 대한 인간의 지배와 통치를 긍정적으로 생각하는, 프로메테우스적 정신을 갖고 있다. 반면 신에 대해서는, 세상에 드러내지 않는 신의 은둔을 흉내 내어 희생과 복종의 태도가 필요하다고 주장한다.

그러나 제자 하트만은 자기주장과 복종이라는 극단적인 생각은 인간에게 필요하지 않고, 계약에 대한 자신의 신학이 그런 극단성을 완화할 수 있다고 생각한다. 랍비의 유대교가 자율적이고 창조적인 정신을 강조하는 한편, 시나이 산에서의 계약십계명은 인간의 창의를 보증하는 동시에 지배와 통치에 대한 억제도 의미한다고 한다. 이 생각을 유전공학에 적용하면, 오만함에 반대하고 인간의 신격화 풍조를 교정하는 것이 된다.

하트만의 종교적 인간학에서는 그 억제의 원천을 다음의 세 가지 주제에서 찾을 수 있다. 첫째, 신과 인간의 뚜렷한 차이로서 인간의 유한성을 인정한다는 점이다. 둘째, 자연을 도구로 보지 않고 그대라고 부르는 태도를 안식일뿐만 아니라 일상에 적용해 자연에 대한 인간의 지배에 제한을 가하는 사고방식이다. 약과 유전공학으로 수면시간을 단축하는 행위도 생각할 수 있지만 안식의 필요성으로 볼 때 거기에는 문제가 있다고 한다. 셋째, 유대교에서는 우상숭배를 금하는데 이전의 왕권을 대신해 현대에는 소비주의와 오락, 과학기술 등이 우상이 되어 그런 우상을 숭배하는 경향이 있으므로 이를 멈추게 할 필요가 있다. 생명공학이 바로 그런 기술이다. 우상숭배는 궁극적인 죄이므로 겸손과 억제가 필요하다.

샌델은 유대교적 신학을 근거로 유전공학에 의한 강화에 반대론이 성립함을 설명한다. 여기서 사용되는 프로메테우스적 정신과 겸손이라는 용어는《완벽함에 대한 반론》에서도 중요한 개념으로 사용된다. 책의 논지 자체도 여기서 소개된 유대교적 논지에 영향을 받았을 가능성이 있다. 하지만 유대교적 신학이 모두 강화반대론으로 이어진다고는 할 수 없다. 유대교적 전통에서는 자연에 대한 인간의 정복과 지배를 변혁과 개발의 원동력으로 긍정하는 견해가 강해 생태학 사상에서 자주 비판을 받는다. 이에 대해 샌델은 신학을 비판적으로 발전시킨 하트만의 독창적인 공공철학을 채택해 그 사고방식에 입각한 강화반대론을 제시하고 있다.

이러한 신학적 해석을 한다는 것은 샌델이 종교적 발상을 의식하고 있음을 보여주는 예이고 유대교적 논지는 샌델의 종교적 배경과 사상을 이해하는 데 중요하다고 할 수 있다.

자유주의적 생명윤리를 넘어서

생명윤리를 둘러싼 학문적 논쟁에서 자유주의파의 논변이 큰 영향을 끼치고 있다. 자유주의파의 연구서가 압도적으로 많기 때문에 나타나는 당연한 현상일 것이다. 샌델이 이 책을 집필함으로써 자유주의파의 논변을 대신하는 생명윤리의 방향성이 제시되었다고 할 수 있다. 이 저서가 공동체주의적 입장에서의 생명윤리론을 대표하는 책이 되어 생명윤리에 새로운 조류를 일으키기를 기대한다.

최근 응용윤리의 주제로서 생명윤리 외에 환경윤리도 중요한데, 환경윤리에서는 과학이 발전하는 반면 자연을 착취하는 사고방식이 만연하고 그것이 지구환경을 파괴하는 문제가 아닐까? 하는 논지가 강하다. 이렇게 세계관과 인간관까지 파고든 논지를 제기한 것이 심층생태론Deep Ecology이다.

이전의 환경 사상은 로마클럽 보고서(1968년 세계 각국의 지식인들이 로마에 모여 결성한 국제적인 미래 연구 기관 로마클럽The Club of Rome이 1972년에 발표한 보고서로, 인류의 위기에 대한 내용을 담고 있다) 〈성장의 한계〉처럼 환경 지속을 위한 대책을 자연과학적인 발상으로 고찰했다. 노르웨이의 철학자 아르네 네스Arne Naess를 비롯한 여러 철학자들은 이것을 표층생태론Shallow ecology이라 부르고, 이와 대조를 이루는 자신들의 생각을 심층생태론이라 명명했다.

이 심층생태론의 문제 제기는 공동체주의와 가까운 부분이 있다. 그래서 나는 공동체주의 관점에서 생태학적 자아ecological self라는 개념을 제기한다. 이것은 샌델의 연고적 자아라는 사고방식을 환경에 적용한 것이다. 환경이라는 구체적인 상황을 등에 지고 있는 자아를 생태학적 자아라고 부르고 이러한 자기관으로 생태학적 공동체주의를 전개할 수 있다고 생각한다.

생명윤리 분야에서는 심층생태론에 대한 논의가 거의 이뤄지지 않았기 때문에 샌델의 논지로 이 공백이 메워질 가능성이 있다. 정복과 지배라는 사고에 대해서는 생태학적 담론에서 반대 주장이 매우 강하기 때문에 선물 또는 천부적인 생명관은 생태학 사상에서도 중요한 논점이 될 수 있을 것이다.

선물이라는 생명관과 자연과 생명의 신성함이라는 관념은 샌델의 목적론을 살펴보는 데 중요한 의미를 갖는다. 샌델은 고전적 목적론을 부흥시켰는데, 그것은 사회제도와 인간의 실천행위에 대한 작위 한정적 목적론이었다. 이에 대해 고전적인 아리스토텔레스의 목적론은 자연과 세계 전체에 대한 목적론이다. 샌델은 이러한 형이상학적인 주제에는 접근하지 않으면서 목적론을 재생시킨 것이다. 그런데 선물이라는 생명관과 자연과 생명의 신성함이라는 사고는 자연과 생명의 성격, 그 본성을 파고드는 것이므로 샌델의 목적론은 인간 세계뿐 아니라 자연에도 영향을 미치게 되었다. 바꿔 말하면 그가 지금까지 피했던 형이상학적인 논점을 언급하게 된 것이다.

이 저서는 분량은 적지만 생명윤리에 대한 샌델의 사상적 입장을 밝히고 그가 생각하는 선을 지탱하는 세계관을 언급하며 자연과 생명에 관한 목적론 또는 형이상학적 방향을 암시했다는 점에서 중요한 철학적 의미를 갖는다.

MICHAEL J. SANDEL

PUBLIC
PHILOSOPHY

공동체주의적
공화주의의 전개

《공공철학》 논집의 통찰

《공공철학-정치에서의 도덕적 가치에 대하여 Public Philosophy: Essays on Morality in Politics》(국내 도서명 : 왜 도덕인가?)라는 책은 샌델의 정치철학뿐만 아니라 공공철학을 아는 데 중요한 작품이다. 이 책에는 샌델이 생각하는 공공철학의 비전이 드러나 있다.

이 책은 비교적 짧은 30가지의 글들로 미국의 저명한 정치평론지, 서평지, 학술지 등에 실렸는데 특히 〈뉴 리퍼블릭〉The New Republic에 많이 발표되었다. 다른 책과 중복되는 내용도 있지만 이전의 책들에서 다뤄지지 않은 논점에 대해 샌델의 의견을 밝히고 있다는 점에서 중요한 작품이라고 할 수 있다. 이 책의 출판연도는 부시 대통령이 재선된 이후인 2005년으로, 오바마 정권 탄생 후 간행된《정의》보다 시기적으로 빠르다. 따라서 부시 정권 시절의 그의 공공철학에 대한 생각을 알 수 있다는 점에서도 중요하지만 물론 부시 정권을 옹호하는 자세는 전혀 볼 수 없다.

1부 〈미국의 시민적 생활〉은 실천성이 강한 현재 정치에 관한 평론이다. 공정한 시민사회라는 관점에서의 공화주의적 논변이므로 공화주의적 정치평론이라고 정리할 수 있다.

2부는 〈도덕적·정치적 논변〉으로 문화·사회 영역의 문제를 주로 다루며 학제적 논변을 펴고 있다. 그리고 그들 영역에서 현실의 자유지상주의적 시장주의와 자유주의 사고방식에 대해 문제점을 지적한다. 이것을 시장주의·자유주의에 대한 비판이라 정리할 수 있을 것이다.

공공철학은 커다란 한 덩어리가 아닌 그 안에 다양한 사상이 포함되어 있다고 본다. 샌델은 현실에서 힘을 갖는 공공철학을 생각하고 있고, 그것은 하나가 아니다. 특히 서로 대립하고 있는 자유주의와 공동체주의 모두 대표적인 공공철학이라고 할 수 있다.

3부 〈자유주의, 다원주의 그리고 공동체〉는 이 두 가지 공공철학의 대항 관계를 의식해 자유주의 대 공동체주의 논쟁을 언급하면서 롤스의 논지의 변이와 그에 대한 비판, 또 자신의 공동체주의적 논지의 전개를 명확히 하고 있다. 따라서 이것은 (자유주의 대 공동체주의) 논쟁의 재전개라고 정리할 수 있다.

종합적으로 살펴보면 1부에서는 공화주의적 정치평론을 펴고 있고, 2부에서는 자유지상주의와 자유주의에 비판적인 문화적·사회적 평론을 싣고 있으며, 3부에서는 자유주의 대 공동체주의 논쟁의 전개를 정리했다. 전체적으로는 공동체주의적 공화주의의 논리와 그 시각에서의 평론이라고 할 수 있다. 언뜻 보기에 이 에세이는 잡다한 글을 모아놓은 것 같지만 여기에는 정치적·문화적·사회적으로 귀중한 통찰이 담겨 있다. 그래서 이번 강의에선 이 에세이의 다양한 통찰에 대해 살펴본다.

작품에 수록된 순서와 관계없이 내용을 바탕으로 설명한다.

서장

민주사회에서
왜 도덕적 가치가 중요한가?

서장을 보면 샌델의 정치적 입장이 민주당에 가깝다는 것을 확실히 알 수 있다. 민주당으로서는 영혼의 탐구soul searching가 중요하고 미국의 도덕적, 정신적(영적, spiritual) 열망에 부응하는 것이 필요하다고 지적한다.

2004년 공화당 조지 W. 부시 대통령의 재선 성공은 도덕적 가치를 기준으로 삼은 부시에게 압도적으로 표가 몰렸기 때문이다. 이때 민주당 후보는 존 케리였다. 케리가 도덕적 가치에 충분히 호소하지 못한 데 비해 부시는 기독교 원리주의 같은 종교적 보수파에 도덕적 문제점을 호소함으로써 보수적인 종교적 가치관을 가진 사람들에게 공감을 얻었다.

1964년 린든 존슨 대통령 이후 민주당에서 대통령이 된 사람은 지미 카터와 빌 클린턴으로, 모두 도덕적 가치를 호소한 데 비해 월터 먼데일, 마이클 듀카키스, 앨 고어, 존 케리 등의 민주당 후보는 정책과 정부 프로그램만을 호소했다. 그 결과 그들은 패배했다. 즉 민주당이 대통령 선거에서 승리하려면 도덕적 문제를 어필해야만 되는 것이다.

민주당원들이 도덕적·종교적 문제에 대해 말하는 방법은 두 가지다. 하나는 종교적 수사와 성경구절을 언급하는 것이다. 부시 대통령은 역대 대통령 가운데 이 방법을 가장 잘 구사하고 있다. 레이건 대통령도 그랬지만 부시는 레이건 이상이었다. 또 하나는 경제적 중요성과 가치에 대한 언급이다. 케리도 이 가치에 대해 논지를 펼쳤지만 부시에게 견줄 수 없었다.

샌델은 특히 경제적 정의에 대해 어떻게 설득력 있게 설명할 것인지 고민해야 하며 민주당 후보는 공공 생활에 대한 의미, 즉 자기통치와 공동선에 관계되는 논지를 펼쳐야 한다고 지적한다.

9·11 테러 이후 도덕적 문제가 현저해지면서 선한 사회, 공공성을 공유하는 의무에 대한 비전이 요구되는데도 민주당은 그에 대응하지 못했다. 공공적 목적 결여가 민주당의 약점이 되었다.

반면, 부시도 종교적 이야기는 자주 했지만 공공적 문제에 대한 질문에는 대답하지 못했다. 가령 9·11 테러 이후 나라를 전쟁 국면으로 이끌면서도 자유지상주의적인 감세정책을 끝까지 주장하던 부시에게 국민에게 어떤 희생을 요구하는가? 라고 질문하자 그는 제대로 대답하지 못했다. 종교적인 이야기는 잘하지만 진정한 가치와 도덕적 부분에 대해서는 진심으로 생각하지도 않고 잘 알지도 못한 것이다. 샌델은 그런 부분을 민주당이 고려해야 한다고 지적하고 미국의 공공생활을 살릴는 도덕적·시민적 딜레마에 대해 언급했다.

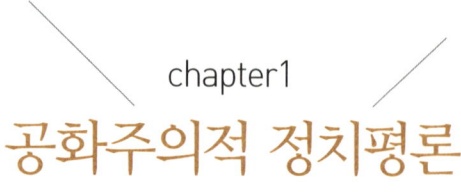

chapter1
공화주의적 정치평론

도덕이란 무엇인가

1부 〈미국의 시민적 생활〉에서는 실천적 공공철학으로서 정치가에 대한 논변을 수록하고 있다. 구체적으로 클린턴과 케네디의 예를 들어 설명한다. 이는 시민의식이라는 관점에서 이루어진 논변이므로 공화주의적 정치평론이라고 할 수 있다.

《민주정에 대한 불만》에서 설명했듯이 미국의 공공철학에는 서로 경합하는 두 가지 흐름이 있다. 바로 자유주의 공공철학과 공화주의 정치이론(공공철학)이다. 이 책에서도 혁신주의, 케인스주의, 자유주의, 레이건의 시민적 보수주의 그리고 오늘날의 글로벌 정치와 특정적 정체성, 주권국가와 지상권至上權의 자아를 넘어 같은 20세기 이후 공공철학의 성쇠와 역사에 대한 본질적인 내용이 설명되어 있다.

역사적으로는 보수주의뿐 아니라 도덕적·정치적 개혁을 펼치는 진보 진영의 도덕적인 문제도 거론했다. 그 개혁에는 도덕적·종교적·정신적인 원천이 있었다. 이런 흐름은 독립전쟁과 남북전쟁, 시민권 운동 때 있었는데 자유주의 확산이 그것을 잃게 만들었다. 그런 자유주의를 바꿔 공동성commonality을 되살린 공화주의적 사고방식과 그것을 발판으로 한 시민적 생활을 가질 필요가 있다.

전통적 공동체의 쇠퇴?

역사가 아서 슐레진저의 말처럼, 미국 역사에는 개혁을 지향하는 민주당과 휴식을 지향하는 민주당이라는 일정한 주기가 있었다. 그런 주기라면 1998년의 대통령 선거는 민주당이 승리해야 했다. 예상을 깨고 공화당이 승리했기 때문에 이 주기는 한 번 무너진 셈이다. 샌델은 국민들의 욕구불만이 터져서 기존의 사이클이 성립하지 않았던 것이라고 본다.

이 무렵 저항 정치가 서서히 나타났다. 1976년의 카터, 1980년의 레이건처럼 민주당, 공화당 모두 워싱턴에서 이루어지는 주류파 정치에 대해 아웃사이더인 성치가가 대통령이 되는 사태가 벌어졌다. 이것이 바로 국민들의 욕구불만에 대한 저항의 상징이다.

저항 정치의 배경에는 1970년대부터 지속된 경제 문제의 심각화와 전통적 공동체의 쇠퇴라는 문제가 있다. 민주당적 자유주의가 선거에 승리하지 못하는 현실을 극복하려면 오히려 공화당의 레이건의 실패로부터 배워야 할 점이 있다고 샌델은 말한다.

1980년대 레이건 대통령은 감세를 중심으로 한 개인주의적 공급 중시의 경제supply-side economics를 주장했다. 이는 자유지상주의적인 정책이다. 한편으로는 공동적communal이고 전통주의적·종교주의적 다수파(기독교 우파의 지지층)에게 호소했다. 양쪽 요소를 모두 가진 정권이었던 것이다.

레이건은 긴장 관계에 있는 두 집단을 어느 쪽도 버리지 않고 하나로 통합한, 어떤 의미에서 천재적인 능력을 갖고 있었다. 자유지상주의와 공동적 보수주의 양쪽을 강조하는 것은 논리적으로 모순이지만 레이건은 마치 그것이 양립하는 듯한 수사법을 사용해 정확히 가르지 않음으로써 많은 사람의 지지를 얻었다.

샌델이 지적한 이런 현상은 다른 자유지상주의 정권에서도 볼 수 있다. 영국의 마가렛 대처 정권 때도 자유주의적 사고가 압도적이었지만 포클랜드 전쟁(남대서양의 작은 섬인 포클랜드의 영유권을 둘러싼 영국과 아르헨티나 간의 분쟁)처럼 국가주의적인 요소도 있었다.

논리적으로 자유지상주의는 거대 국가에 반대하지만 실제의 주장은 대기업의 이익을 옹호하는 경우가 많아서 미국에서는 군산복합체軍産複合體의 이익을 옹호하게 된다. 따라서 논리적으로는 작은 정부를 주장하면서 실제는 국가주의적인 거대 정부, 그리고 군사적 강화노선으로 이어지는 경우가 많다. 샌델은 논리적으로 자유지상주의에 반대하지만 레이건이 자치와 공동체의 언어를 활용했다는 점을 배워야 한다고 주장한 것이다.

미국의 자유주의파는 2차 세계대전 후 개인주의적 권리와 자격(보유, entitlement)으로서 복지국가를 옹호해왔다. 그러나 뉴딜 이후 개인과 국가 중간에 있는 공동체가 쇠퇴해버렸기 때문에 공동적 의무와 시민적 연대 또한 약해졌다. 가족과 이웃, 도시와 마을, 학교와 교구 등의 공동체가 쇠퇴했다.

레이건은 쇠퇴하는 공동체 사람들의 마음에 다가가 그들의 불평불만을 감지하는 데는 성공했지만 실제 정치는 실패했다고 샌델은 말한다. 그래서 민주당은 자기통치와 공동체에 대한 언어 사용을 레이건에게 배워야 했다고 지적한다. 정치적 연방주의의 재생과 자기통치를 하기 위한 구조개혁의 필요성을 주장하고, 나아가 공공적 생활에서의 도덕적·종교적인 언어로 공동선을 문제 삼아야 한다고 한다.

민주당은 정부는 중립적이어야 한다는 사고방식을 고집하기 때문에 공공적 생활이 매우 공허해졌고, 그 결과 도덕적 다수파와 같은 편협한 도덕주의가 힘을 얻으면서 공화당을 승리로 이끌었다. 따라서 민주당은 그에 대응해 자기통치와 공동체의 공공철학을 부흥시켜 도덕적·정치적으로 진보한 당으로 재생해야 한다고 샌델은 주장한다.

정치인과 도덕적 가치

지금까지의 내용은 1988년 민주당 대통령 후보로 마이클 듀카키스와 게리 하트가 맞붙었을 때 쓰였다. 당시 아칸소 주지사였던 클린턴은 자신의 연설에는 샌델의 주장과 비슷한 주제가 있는데, 특히 자기통치와 공동체라는 용어 사용과 공동체의 자기통치를 가능하게 하는 경제적 구조개혁이라는 점이 유사하다는 취지의 편지를 샌델에게 보냈다고 한다. 클린턴이 대통령이 된 후 학자들을 초대한 자리에 샌델도 참석했는데, 이런 배경 때문인지 이 책에는 클린턴 대통령 시대의 선거와 정권 문제에 대해 상당히 호의적인 글이 여러 편 실려 있다.

2차 세계대전 후 도덕적 가치를 문제 삼은 민주당 대통령은 카터와 클린턴이다. 카터는 기독교적인 청렴결백으로 인기를 얻었지만 도덕적 문제를 정치에서 정면으로 다루지 않아 실패한 데 비해 클린턴은 공동체와 도덕적 가치를 정치에서 어느 정도 다뤘기 때문에 부분적으로나마 긍정적으로 평가되는 것이다.

작은 미덕의 승리

1996년 선거에서는 클린턴이 공화당 후보 밥 돌을 물리치고 재선에 성공했다.

클린턴은 미덕의 정치로 우위에 설 수 있었다. 그는 V칩(폭력프로그램 여과장치), 청소년의 통행금지시간, 교복 장려, 미성년의 임신, 흡연, 무단결석 등을 비난했다. 이러한 그의 도덕성을 비웃는 사람들도 있지만 이런 작은 미덕easy virtue은 레이건 대통령 때처럼 미국 정치에 있어 커다란 의미를 갖는다.

이제까지 레이건과 조지 부시 등의 공화당이 도덕 영역에서 독점을 행사해 1968년부터 1988년까지 여섯 번의 대통령 선거 가운데 다섯 번이나 승리했다. 그런 흐름에 대응해 클린턴은 정부의 중립을 고집했던 종래의 민주당의 사고방식에서 벗어나 권리뿐 아니라 책임도 강조하는 새로운 민주당원new democracy으로서 대통령이 될 수 있었다(1993년). 샌델은 이렇게 평가하고 있다.

클린턴이 영혼통치술로서의 정치를 강조한 데 비해 공화당의 밥돌 후보는 레이건과 부시 같은 종교적 주장보다 감세에 중점을 두었다. 그 결과 클린턴이 가치에 대해 적극적으로 말한다는 인상을 심어주어 선거에서 우위를 차지하게 되었다.

역대 대통령들은 자신을 따르는 국민에게 전쟁과 복지를 위해 희생을 요구했다. 당시 미국인들은 공동체와 도덕적 목적은 갈망해도, 규제와 희생은 바라지 않는 사람들이 많았다. 그래서 클린턴은 성인들을 도덕적으로 구속하는 대신 아이들에게 그것을 부과한 것이다.

도덕성 및 시민의식 개선이라는 프로젝트에 비해 너무 가벼워 전혀 영향을 끼치지 못한다고 불평하는 사람도 있지만 당시 미국의 상황에서는 기대할 수 있는 전부라고 샌델은 말한다.

클린턴의 미덕의 정치는 근본적인 개혁을 요구하는 위대한 시도는 아니지만 가치의 문제를 다룸으로써 프랭클린 루즈벨트 이래 처음으로 재선에 성공한 민주당 대통령이 되었다고 샌델은 평가했다.

커다란 아이디어의 부재

샌델에 의하면, 공화당 후보 밥 돌은 감세라는 도덕적으로 무가치한 아이디어를 제기한 데 비해 클린턴은 커다란 비전을 제시하지 못했다.

그는 좋은 정책들을 열거하긴 했지만 모두 작은 아이디어에 불과했다. 당시 미국은 전통적인 공동체가 침식당하고, 경제적으로 국제화가 진행되면서 주권국가의 의미는 쇠퇴하고 있었다. 이렇게 떠오르는 문제들을 무시하고 클린턴은 정치적 중앙center에 고착했다는 점에서, 1996년의 대통령 선거는 새로운 시대의 시작이 아니라 낡은 시대의 종언을 알렸다고 볼 수 있다.

경제 규모의 확대와 정치적 단위 사이의 불균형은, 경제가 국가 규모로 확대되었는데도 불구하고 정치의 기본이 아직 지역에 머물러 있었다는 점에서 20세기 초의 혁신주의 시대와 유사하다. 당시 윌슨 대통령은 거대화되는 자본에 대해 반트러스트 운동을 추진했고, 시어도어 루즈벨트는 새로운 국가주의를 주장했다. 민주주의는 국제경제에 대응할 수 있을까? 초국가적 국제기구는 지역민들의 충성을 얻을 수 있을까? 작은 단위에서 키워진 시민의식이 글로벌 차원의 시민의식에 기여할 수 있을까? 21세기로 이어지는 다리는 작은 대답이 아니라 이런 커다란 생각에 의해 만들어지는 것이다.

예의인가? 시민의식인가?

1996년 클린턴이 재선에 성공하고 공화당이 상원과 하원에서 다수당을 차지하게 된 상황에서 쓴 것이 예의civility에 관한 글이다. civility에는 예절, 문명성, 시민의식과 같은 여러 의미가 있는데 공공철학이라는 용어를 처음으로 사용한 미국의 저널리스트 월터 리프먼은 공공철학을 '예절의 철학'이라고 했다.

클린턴 재선 후 공화당과 민주당이 격렬한 선거전에서 생겨난 감정적 대립을 수습하기 위해 쌍방의 예절이 강조된 데 대해 샌델은 진정한 민주주의는 근본 문제의 논의를 회피해선 안된다고 주장했다. 원칙에 근거한 정치는 항상 당파적이고 정치적인 차이를 없앨 수 없기 때문에 근본적인 과제에 대처하는 것이 더 중요하다는 지적이다.

또한 시민사회civil society라는 단어로 표기되듯이 건전한 시민사회에는 시민적 미덕과 공동선으로 향하는 자세라는 점에서 알렉시스 드 토크빌이 말한 마음의 습관이 필요하다. 이런 공공적 정신을 가진 활동적 시민을 육성하기 위해서는 가치 중심적인 공동체를 재생할 필요가 있다.

가령 빈부 차가 확대되면 부자는 공립학교와 공원, 대중교통으로부터 도망쳐 돈을 내고 이용하는 사적인 영역으로 도피하는 경향이 있다. 자녀를 공립학교가 아닌 사립학교에 보내고, 모두가 이용할 수 있는 공원 대신 자신들만의 시설을 이용하고, 철도 같은 대중교

통보다는 자가용과 자가용 제트기를 탄다. 이래서는 시민의식을 유지하기 어렵고 공동선은 곧 사라질 것이다.

따라서 빈부 확대에도 대처하고 시민의식을 회생시켜 자치를 가능하게 하는 경제적 시스템을 요구하는 공공철학이 필요하다. 시민의식 회생 프로젝트는 정치적 차이를 없애기 위한 것이 아니라 건전한 민주주의에 필요한 것이다.

이 글은 수사학적 기법을 적절히 사용한 것으로, 공공철학에서 중시하는 본래의 예의는 정치적 대립을 회피하기 위한 예의가 아니라 시민의식임을 지적하고, 시민의식의 재생이야말로 우리가 지향해야 할 목표임을 샌델은 호소했다.

공적 문제와 사적 문제

다음은 1998년 클린턴 대통령에 대한 상·하원의 탄핵 절차가 시작된 상황에서 쓴 것으로, 1974년 샌델이 스물한 살 때 〈휴스턴 크로니클〉Houston Chronicle의 리포터로 닉슨의 탄핵을 취재했던 이야기부터 시작된다. 결과적으로 그는 정치기자가 아닌 정치 철학자가 되었는데, 그때의 일을 떠올리면서 모니카 르윈스키 사건으로 인한 클린턴 탄핵과 닉슨 탄핵을 비교해 논지를 전개한다.

두 사건을 비교해보면 몇 가지 차이가 있다. 첫째 닉슨 탄핵에 비해 클린턴 탄핵 과정에는 의회의 특별위원회와 사법위원회에서 공화당이 민주당 대통령을 공격해 탄핵하는 당파적 측면이 강하다.

둘째 사건의 성질이 다르다. 워터게이트 사건은 민주당 전국위원회 본부 사무소에 불법 침입해 도청기를 설치하려 했던 일로, 대통령이 직접 사실을 은폐하려 했으며 FBI와 CIA를 자신의 정적에 대한 도청에 사용했다는 점에서 정치시스템의 심각한 문제라고 할 수 있다. 그러나 모니카 르윈스키 사건은 개인적인 스캔들이므로 헌법의 시스템에 심각한 위협을 주지는 않는다.

셋째 미국 대통령의 역할과 이미지에 대한 차이가 있다. 대통령의 위엄은 닉슨 대통령 시절에 비교해 이미 손상되어 있었다. 많은 사람들이 클린턴 대통령을 좋아했지만 닉슨 대통령만큼 존경받지는 못했기 때문에 사람들은 크게 분노하지 않았다. 닉슨 대통령 탄핵 때는 탄핵을 추진하는 측도 탄핵 자체를 안타까워했다. 하원사법위원회에서 1차 탄핵이 가결되었을 때 젊은 샌델이 취재를 하려 하자 대통령을 적대시했던 민주당 의원조차 눈물을 글썽이며 발언을 거부했다. 클린턴 대통령 때는 그런 장면은 없었다. 결과적으로는 상원의 탄핵 재판에서 유죄가 인정되지 않아 클린턴은 무사히 임기를 마칠 수 있었다.

이 사건들에서 공공철학에서의 공사 관계가 분명히 드러난다. 닉슨의 워터게이트 사건은 공공적 사건인데 클린턴의 스캔들은 사적 사건이다. 전자는 탄핵을 받을 만큼 심각한 사안이지만 후자는 그렇지 않다는 것이다.

클린턴의 거짓말과 칸트

원서의 2부에 수록되어 있는 글을 하나 소개하고자 한다. 클린턴이 사적으로 부도덕한 행위에 대해 공개적으로 거짓말을 했어도 경우에 따라서는 정당화될 수 있다고 샌델은 암시한다.

유대교의 종교적 율법서인 탈무드에서는 거짓말을 해서는 안 된다는 규범에 대해 세 가지 예외를 인정한다. 첫째는 탈무드에 대한 지식을 과시하지 않기 위한 거짓말, 둘째는 손님 접대에 대한 문제로 환대의 정도나 질을 물었을 때 나쁘게 말하지 않기 위한 거짓말, 셋째는 부부의 성생활 같은 사항에 대해 물었을 때의 거짓말이다. 이럴 때는 거짓말을 해도 된다. 클린턴의 모니카 르윈스키 사건은 결혼생활에 관한 것이 아니므로 셋째 예외가 직접 적용되지는 않지만, 거짓말의 권리는 질문의 부적절함에 의해 생긴다는 점을 샌델은 지적한다.

이에 대해 칸트는 거짓말을 해서는 안 된다는 윤리를 정언명령으로 엄격히 지켜야 한다고 생각한다. 〈하버드 강의〉에서도 거론됐듯이 클린턴은 거짓말이 아닌 조심스러운 말을 골라 빠져나갈 구멍을 만들어 놓고 부인했지만, 칸트가 말하는 도덕적 측면에 대한 경의를 엿볼 수 있다고 했다.

또한 탈무드를 거론하며 가령 거짓말을 했어도 경우에 따라서는 정당화될 수 있다는 주장으로 이 스캔들에 대해 클린턴을 옹호하고 있다. 모든 면에서 모범을 보이는 랍비가 자신의 침대 밑에 숨어서 부부의 성생활을 알려고 한 제자를 발견해 나라가고 명령했다는 예를 들며 공적 인물의 사적 생활을 탐색하고 조사하는 것 자체에도 의문을 드러낸 것이다.

이처럼 샌델은 클린턴 대통령에 대해 비록 작은 미덕이지만 가치의 문제를 다룬 점을 높이 평가하며, 탄핵 사건에서도 그를 옹호한다. 그러나 시대의 커다란 과제에 대처하지 않았다는 점에서 그를 위대한 대통령으로 인정하지는 않는다. 그럼 같은 민주당 대통령인 오바마에 대해서는 어떨까?《정의》에서 샌델은 오바마 대통령이 정치적으로 소신 있는 도덕적 발언을 하고, 개혁하려는 부분을 높이 평가한다. 오바마 정권이 클린턴 정권보다 커다란 시대의 문제에 대처하고 있는 만큼 그 성과의 가능성에 기대하는 것이다.

로버트 케네디의 비전

2차 세계대전 후 민주당 대통령과 대통령 후보 가운데, 샌델이 (오바마 이전에) 가장 공감한 인물은 로버트 케네디다. 존 F. 케네디에 대해서는 자유주의 흐름에 딱 들어맞는 발언과 정책을 폈다는 점에서 자유주의파로 규정하며 높이 평가하지는 않는다. 동생 로버트 F· 케네디는 암살을 당했는데 1960년대에 주류를 이루던 정통적 자유주의파가 아니라 공동체주의적 비전을 제시한 대통령 후보였다.

로버트 케네디는 시민의식과 공동체에 대한 비전을 갖고 당시의 어수선한 상황에서 시민적 생활을 중심으로 하는 공공철학에 대한 문제를 제기하려 했다. 그는 개인과 국가 사이에 있는 공동체의 쇠퇴를 한탄하며 공동체 자체의 자기통치의 중요성을 강조했다는 점에서 샌델의 생각과 가깝다.

또 로버트 케네디는 범죄와 실업의 문제를 시민의식 문제와 관련해 생각했다. 범죄가 발생하면 이웃과 공동체라는 공적 공간에 사람들이 안전하게 출입할 수 없게 되고, 그로 인해 공적 공간은 파괴된다. 공공적인 참가를 위협받게 된다는 관점에서 범죄에 대처할 것을 주장했다.

실업률은 경제적 문제뿐 아니라 시민적인 공동의 생활을 공유할 수 없게 하는 문제도 일으킨다. 복지 수혜자는 혜택을 받는다는 점에서 고충을 덜 수 있지만 그것만으로는 정치에 관여하는 시민적 능력을 타락시킨다. 그런 점에서 복지혜택으로 문제를 해결하려는 복지정책을 비판하고 정부에 의한 수입 보장이 아닌 공동체·가족·국가에 관여하는 존엄성을 갖도록 고용을 늘리는 것이 중요하다고 주장했다.

이처럼 로버트 케네디는 시민의식과 관련된 중요한 문제를 제기하고, 당시의 정통적 민주주의와는 달리 선에 대한 문제를 중시했기 때문에 샌델은 그를 높이 평가한다. 이렇게 시민의식을 되찾아주는 이상주의가 여전히 필요하다고 그는 말한다.

chapter2
시장주의와 자유주의에 대한 비판

도덕적 · 정치적 논리

2부에서는 교육, 스포츠, 경매, 환경이라는 주제에 대해 과도한 시장주의 내지 상업주의를 도덕적 관점에서 비판한다. 샌델은 10년 내에 《시장의 도덕적 한계》라는 책을 쓰려 하는데, 거기에 전개될 논점을 여기서 엿볼 수 있다. 그는 시장과 상업의 압력이 시민적인 제도를 타락시킨다는 주장을 하고 있는데 이는 자유주의의 비판에 대응하는 논변이다.

다음으로 과격한 문화전쟁을 일으키는 낙태와 존엄사 등의 주제에 대해 〈하버드 강의〉에서도 중시되었던 도덕적 가치에 대해 이야기한다. 이것은 롤스적 자유주의에 대한 비판에서 중요한 논지가 된다. 모두 짧은 글로, 소개하면 다음과 같다.

공동체주의적 공화주의의 전개

321

국영 복권에 대한 반대

샌델은 시민 영역의 타락^{civic corruption}이라는 개념을 제기하며 국영 복권이 그에 해당한다고 비판한다. 이전에는 도박은 부도덕한 행위라는 이유에서 복권을 반대했다. 그런데 오늘날에는 그런 반대 의견은 약해지고 국가의 수입과 오락, 상업적 효과라는 점에서 국영 복권이 정당화되고 있다. 자유주의에 입각해서 보면 국영뿐 아니라 복권 자체를 전면적으로 활성화시켜야 한다는 것이 된다.

그러나 정부가 복권을 판매하면 국가가 솔선해 복권 선전을 하는 것이 되고, 그 선전은 부유층보다는 빈민층에 호소하게 된다. 그 결과 빈민층이나 노동계층에게 복권을 통해 부유해질 수 있다는 거짓 희망을 주는 것이 되어버린다. 근로나 민주적 생활을 유지하기 위한 희생과 도덕적 책임이라는 미덕을 공공적으로 교육할 필요가 있는 국가가 완전히 반대되는 거짓 희망을 선전하는 것이 된다. 샌델은 그것이 시민 영역의 타락을 초래한다면서 국영 복권을 반대한다.

교육현장의 상업주의

최근 미국에서는 기업들이 돈을 내고 공립학교에서 기업이나 상품을 광고할 수 있게 되었다. 가령 기업이 무료 학습교재를 만들어 배포하고, 교재에 회사명과 선전품을 넣거나 학교에 돈을 지불하고 광고를 하기도 하고, 광고를 학생에게 보여주는 조건으로 TV와

VCR을 제공하기도 한다. 학교 측은 편리함과 재정난이라는 이유에서 기업 후원이라는 유혹을 받아들이고 있다. 그러나 샌델은 여기에 문제가 있다고 지적한다.

첫째, 기업이 만드는 교재에는 그 기업을 옹호하는 편향된 내용과 왜곡된 시각, 피상적인 내용이 가득하다. 가령 초콜릿 회사나 맥도널드가 식품 교재를 만들 때 자신들이 판매하는 상품의 문제점은 설명하려 하지 않는다.

또 교육적인 결점은 없어도 기업명이 들어간 학습교재를 사용하는 것은 다양한 물건을 구입하고 싶다는 어린 학생들의 욕망을 증대시킨다. 교육의 목적은 소비주의와 대중문화로부터 거리를 두고 올바른 시민으로 길러내는 것이다. 그러나 상업주의가 판치는 교실에서는 자칫 균형감각을 상실할 수 있다.

공적 영역의 상업적 브랜드화

토니 블레어 전 영국 총리는 영국을 고루한 나라에서 선진적이고 다이내믹한 나라라는 브랜드로 새구축하고자 했다. 정부의 상업적 접근은 미국에서도 나타난다. 가령 미국 체신부는 우표에 역사적 인물이나 사건이 아닌 워너브라더스의 만화 주인공 벅스 바니 우표를 발매했고, 캐나다의 기마경찰대는 기마 경관 이미지를 전 세계에 사용할 수 있는 권리를 디즈니에 팔았다.

이렇게 공적 영역이 점점 상업화되는 것에 대해 샌델은 의문을 던진다. 공적 영역이 대상으로 하는 시민과 기업의 고객은 성격적으로 차이가 있다. 자기통치에서 시민은 때로 자신의 욕구를 돌아보고 수정하거나 공동선을 위해 자신의 욕구를 희생할 필요도 있다. 그러나 공적 영역이 상업화되면 공적 영역의 존엄과 권위가 손상을 입기 때문에 그렇게 하기 어려워지고, 민주적인 시민이 시장의 힘과 상업화의 압력에 현명하게 대처할 수 없게 된다.

스포츠와 시민 정체성

야구와 미식축구 같은 스포츠 경기는 시민적 정체성의 원천인 동시에 비즈니스기도 한데, 최근에는 후자가 전자를 압박하고 있다. 경기장에서는 부자나 가난한 사람이나 나란히 앉아 경기를 즐긴다는 평등성이 있었다. 경기장은 지역사회와 연결되어 있어서 시민 정체성을 만드는 데 큰 의미를 갖는다.

그런데 최근 경기장에 고액의 특별관람석이 생겼다. 일반 시민들과 멀찍이 떨어진 곳에서 각종 서비스까지 받게 되면서 차별이 생긴 것이다. 또 구단주가 다른 도시에서 돈이나 임대료 면제 같은 금전적 조건을 제시받아 팀을 다른 도시나 고장으로 옮기는 경우도 있다. 오랫동안 팀을 응원했던 시민을 져버리는 것이다.

최근에는 지역사회가 팀을 소유community ownership하는 움직임이 일고 있고 샌델은 이런 움직임을 호의적으로 보고 있다.

경매의 문제점

존 F· 케네디와 미키 맨틀(뉴욕 양키스에서 활약했던 야구선수), 마틴 루터 킹 목사, 비틀즈 등의 유품과 기념품이 경매에서 고가에 거래되었다. 이것은 기억을 상품화하려는 트렌드라고 할 수 있는데 국민적인 자존심과 아픔에 관련된 역사적인 물건까지 판매되는 상황이다.

이런 현상에는 두 가지 문제점이 있다고 샌델은 지적한다. 첫째는 국민 모두가 공유해야 할 역사적 유물이 사유화privatize 된다는 점이다. 사적인 물건이 아니면 도서관, 박물관 등에 전시해 누구나 볼 수 있을 텐데, 그런 접근 기회를 박탈당한다. 이것은 공공적 영역의 축소라는 점에서 문제시된다.

둘째는 유품이 시장에 나오는 것으로 지극히 사적인 물품까지 사람들 앞에 드러난다는 점이다. 심지어 경매에 반대한 유족이 소송을 해도 재판소가 그 소송을 인정하지 않는 경우가 있다. 샌델은 이런 풍조를 비판하고 있다.

교육의 시장논리

최근 미국 대학에서 경제적 형편과 상관없이 우수한 학생에게 우수 장학금merit scholarship을 주는 곳이 늘고 있다. 일류 대학은 그렇게까지 할 필요가 없지만 여타 대학이 우수 학생을 유치해 학교 이미지를 높이려 하는 것이다.

그러나 그렇게 하면 경제 사정이 어려운 학생들에게 돌아갈 장학금이 줄어들 위험이 있고 이런 경향 자체가 교육의 상품화라는 위험성을 안고 있다. 대학은 돈을 더 써서라도 우수한 학생을 유도해 대학을 홍보하려 하기 때문이다. 샌델은 대학과 교육의 상품화에 의문을 던지고 있는 것이다.

온실가스배출권 거래제 비판

1997년 지구 온난화 문제에 대해 교토기후협의회에서 교토의정서가 체결되면서 온실가스배출권 거래제도가 도입되었다. 클린턴 대통령은 이 제도에 찬성했지만 샌델은 반대했다.

첫째, 선진국들이 온실가스 감축이라는 의무로부터 빠져나갈 수 있는 구멍을 만들어줄 수 있고, 둘째 배출권 거래가 인정되면 온실가스 배출에 대한 도덕적 책임을 덜 느끼게 될 우려가 있다. 돈을 주고 거래를 하는 것은 비즈니스를 하는 것이다. 사실은 대기오염 행위에 대해 벌금을 부과 받는 것인데 그것이 요금을 내는 것이 되므로 윤리적으로 긍정된 행위로 인정될 수 있다. 셋째 온실가스 배출량 감소 책임을 공유할 필요가 있는데도 그 감각이 무너지면서 국제적으로 희생을 공유하는 정신이 사라질 수 있다. 그런 이유에서 샌델은 온실가스 배출권 거래에 반대한다.

샌델의 글은 시장구조의 의의를 강조하는 경제학자들로부터 많은 비난을 받았다. 한 동료 경제학자로부터는 매우 호의적인 의견도 들었는데, 경제학에 대해 자신으로부터 영향을 받았다는 말은 하지 말아 달라고 부탁했다고 한다. 경제학자들 사이에서 온실가스 배출권 거래 찬성론이 압도적으로 많았음을 알 수 있는 에피소드다.

지바대학의 초청으로 샌델이 국제심포지엄에 참석했을 때, 일본에 대해 평가할 만한 것이 있느냐는 질문에 대해 그는 교토의정서가 평가할 만한 가치가 있다고 답했다. 지구 온난화에 대해서는 거의 언급하지 않았지만, 이 글을 보면 그가 환경문제에도 관심을 갖고 있으며 그에 관한 시장적 접근을 비판하고 있음을 알 수 있다.

시장주의의 문제와 도덕적 가치

이상의 에세이에서 샌델은 복권, 스포츠, 국가의 공적 영역, 유명인의 유품 경매, 지구 온난화 같은 다양한 주제에 대해 문화와 사회 영역에서 과도한 시장화와 상업화가 진행되고 있음을 비판한다. 정치학자로서는 자유지상주의 비판과 근본적으로 공통성을 갖는 주제로, 이런 문제에 대한 시장의 도덕적 한계를 주장하고 있다.

재판에서의 인과응보적 정의

범죄 피해자는 재판에서 발언을 해야 할까? 이 문제에 대해 샌델은 신중한 의견을 펴고 있다.

먼저 피해자가 재판에서 가해자에 대한 의견을 표현함으로써 피해자의 정신건강 치료에 도움이 된다는 논리가 있는데 이 주장은 틀렸다. 재판은 범죄자가 받아 마땅한 벌을 주는 것이 목적으로 그 적합한 벌이 무엇인가를 논하는 자리기 때문이다.

반면에 인과응보적 정의retributive justice라는 관점에서 피해자가 발언하는 것을 옹호한다는 논리가 있다. 인과응보적 정의는 범죄에 대해 그 행위에 적합한 형벌을 가한다는 정의다. 피해자가 발언함으로써 범죄가 얼마나 심각한 것인지를 법정에 있는 사람이 인식한다는 점에서는 인과응보적 관점의 의의를 찾을 수 있다.

그러나 피해자의 성품이나 가족, 사회적 지위에 관한 증거가 재판에 영향을 주게 되면 어떤 사람의 삶이 다른 사람의 삶보다 더 가치 있다는 것이 되지 않을까? 또 범인이 모르는 특정 정보가 재판과정에서 밝혀지게 되면서 처벌을 높이는 것이 어렵게 되지 않을까?

피해자의 권리와 치유적 효과에 대한 배려 때문에 피해자의 진술을 긍정하는 풍조가 강하지만 이 발상은 범죄에 합당한 처벌이라는 도덕성과 응보적 윤리를 묻는 책임문제로부터 도피하는 것이 될 수도 있다. 범죄에 합당한 벌을 내리는 것이 재판의 목적이므로 피해자의 발언은 어디까지나 응보적 정의라는 목적에 한정해 인정되어야 하며, 치유적 목적은 제외되어야 한다고 샌델은 주장한다.

응보적 정의라는 사고는 그가 중시하는 도덕적 가치, 즉 자신이 한 행위에 합당한 가치로 보상받아야 한다는 것이다. 좋은 일에는 그에 적합한 보수가 있어야 하듯이 나쁜 일을 한 경우에는 그에 합당한 벌이 주어져야 한다. 이렇게 생각하면 적절한 가치라는 사고는 응보(적 정의)라는 관념과 논리적으로 일치한다. 따라서 그 이외의 목적은 이 문제에서 고려해서는 안 된다는 것이다.

존엄사 비판

이번에는 낙태, 동성애의 권리, 존엄사, 배아줄기세포 연구 같은 도덕적·종교적인 문화전쟁에 대한 논점이다. 자유주의는 모든 것에 실질적으로 도덕적·종교적인 주장에 입각하지 않고 그 권리에 대해 판결을 내릴 수 있다고 주장하는데, 샌델은 그 주장은 틀렸다고 지적한다. 배아의 윤리는《생명의 윤리를 말하다》에서, 낙태와 동성애는《민주정에 대한 불만》에서 자신의 주장을 폈다. 여기서는 존엄사에 대해 살펴보자.

이 글은 의사에 의한 존엄사를 금지하는 주의 법률에 대해 연방대법원이 판결을 내리기 전에 쓰였다. 샌델이 드림팀이라 부르는 자유주의 정치철학을 대표하는 6명의 철학자들이 법원에 제출한 의사에 의한 존엄사에 대한 헌법적 권리를 인정해야 한다는 취지에 반박하는 글이기도 했다. 그들은 로널드 드워킨, 로버트 노직, 토머스 네이글, 토머스 스캔론, 주디스 자비스 톰슨이다.

자유주의파 관점에서 보면 살고 죽을 권리는 본인이 지녔음을 존중해야 한다는 것이다. 그래서 그들은 법원이 자살 자체의 도덕적·종교적 의미에 관한 판결을 내리지 않고도 존엄사를 인정할 수 있다고 주장했다.

자율과 선택을 강조하는 이 사고방식은 중립적이라고 할 수 없다. 생명을 자신의 소유물로 간주하는 인식을 드러냈기 때문이다. 이에 대해 샌델은 생명을 주어진 선물로 간주해 인간은 의무감을 갖고 그 생명을 지키는 관리인이 되어야 한다는 생각으로 대치한다.

즉 자유주의 정치철학이 말하는 생명을 마음대로 처분해도 좋다는 자율 윤리는 전혀 중립적이지 않고 종교적 전통이나 로크나 칸트 같은 자유주의파 선구자들로부터도 떨어져 있다. 로크와 칸트도 자살의 권리를 부정하며 우리의 생명은 마음대로 처분할 수 있는 소유물이라는 생각에는 반대하기 때문이다.

결국 연방대법원도 자유주의파 드림팀의 의견을 따르지 않고 존엄사의 권리를 인정하지 않았다. 샌델에 의하면, 자유주의파의 자율권 논리에 반대한다고 해서 반드시 모든 경우의 존엄사에 반대하는 것을 의미하지는 않지만, 이 문제를 생각하기 위해서는 삶과 죽음은 자신이 선택할 수 있는 대상이 아니며 생명에 대한 경외심을 갖는 것이 필요하다고 말한다. 그는 존엄사 문제에 대해서는 선물로서 주어졌다는 생명관을 기초로 하고 있기 때문에 자유주의파의 중립성 논지를 멀리하는 것이다.

chapter3

논쟁의 전개

자유주의, 다원주의 그리고 공동체

　존 듀이, 마이클 왈저, 롤스 등의 사상가와 핵전쟁, 생명윤리 등에 대해 다루는 이 부분은 이 책에서 철학적인 성격이 가장 강하다고 할 수 있다. 샌델은 공동체주의의 대표적 인물로 평가되는데, 공동체주의는 자유주의에 대해 두 가지 비판을 펼친다. 첫째, 자유주의는 개인의 선택을 강조하므로 공동체, 연대, 구성원membership에 대한 충분한 설명이 이루어지지 않는다. 둘째, 다원적 사회에서는 좋은 삶에 대한 의견이 대립하므로 도덕적·종교적인 신념은 사적인 영역으로 몰아버리고 정치적 목적에서는 배제하고 있다.

　도덕성과 자유주의적인 이상은 샌델의 공동체주의의 핵심이다. 형식적 공화국과 책임 없는 자아는《자유주의와 정의의 한계》에서 롤즈 비판과 자기론을 요약하고 있고,《민주정에 대한 불만》에서 논한 형식적 공화국과 현재의 불만에 대해 설명한다. 이 두 장은 샌델의 자유주의 비판을 소개하고 있다. 이하에서는 먼저 듀이와 왈저에 대한 논변을 소개한다.

《자유주의와 정의의 한계》가 간행된 후 샌델, 찰스 테일러, 매킨타이어 마이클 왈저 같은 이론가들은 공동체주의라는 개념으로 묶이게 되었고 자유주의 대 공동체주의 논쟁은 활발히 이루어졌다. 이는 양쪽에 사상적인 심화를 가져왔다.

자유주의파가 공동체주의의 비판을 받아 논리를 수정하고 새로운 논리를 제기했다고 생각되는 부분도 많다. 공동체주의의 비판을 받았기 때문에 수정했다고는 말하지 않고 새로운 전개로서 제시하는 경우가 많지만 그렇게 보이는 경우가 적지 않다. 가장 대표적인 것이 롤스의 이론적 전향이다. 〈정치적 자유주의〉는 매우 중요한 논문이므로 〈롤스를 추억하며〉와 함께 소개하겠다.

〈공동체주의의 한계〉는 자유주의 대 공동체주의 논쟁을 근거로 쓰인 글로, 공동체주의에 대한 샌델의 최근의 생각이 나타나 있다. 이들 주장을 소개하며 샌델의 공공철학 및 정치철학의 전개를 정리해보겠다.

테일러와 헤겔의 영향

여기서 공동체주의에 대해 다시 한 번 간단히 설명하자.

공동체주의의 대표적 논자로, 1대라 불리는 알래스데어 매킨타이어, 찰스 테일러, 마이클 왈저는 공동체주의로 분류되기 전부터 다양한 논지를 제기해 여러 방면에 큰 영향을 준 사상가들이다. 그에 비해 샌델은《자유주의와 정의의 한계》로 데뷔했는데, 롤스에 대한 철학적 비판이 선명했기 때문에 세대적으로 차이가 있지만 공동체주의의 기점으로 불리게 되었다.

매킨타이어는 좌익적 입장에서 출발해 윤리학자로 많은 업적을 남긴 인물이다. 그는 아리스토텔레스의 영향을 받아 덕의 윤리를 부흥시켰다.

그에 반해 샌델의 스승인 테일러는 철학자로, 행동과학을 비롯해 철학에서 사회과학까지 다양한 형태로 나타나는 과학주의적 사고방식과 근대 세계관, 학문적 이론을 중심으로 하는 원자론을 비판했다. 원자론은 가장 작은 단위를 생각하고, 그런 작은 단위의 총합으로서 세계를 보는 사고법으로 자연과학에서 최초로 나타났다. 뉴턴 역학이 대표적이라고 할 수 있다. 뉴턴은 만유인력의 법칙을 발견하고 인력을 물체 사이의 관계로 생각했고, 화학에서는 원자나 분자의 집합으로 물질을 생각했다. 그 영향을 받은 사회계약설에서는 최소 단위인 개인이 계약해 국가를 만든다는 사고방식이 나타났다. 테일러는 세계를 작은 단위의 총합으로 보는 세계관과 여러 이론을 원자론으로 비판한 것이다.

캐나다의 사상가인 테일러는 퀘벡 주의 분리자치 문제에 관심을 갖고 공동체를 중시하는 관점에서 다문화주의의 문제를 제기한다. 그는 헤겔에 대한 저서도 발표한 헤겔 철학 전문가로, 인간이 서로 간에 승인하는 사상에 따라 대립하는 공동체끼리 상호 승인함으로써 공존을 탐색하는 승인의 정치라는 사고법을 제기, 다문화주의의 기초를 다졌다.

헤겔은 개인을 공동체의 중앙에 두었다. 테일러는 헤겔 철학의 주체관과 자기관에 주목해 규정된 자유라는 사고법을 제기했다. 그것이 샌델에 영향을 주어 연고적 자아라는 사고방식을 만든 것이다. 따라서 헤겔의 형이상학적인 공동성의 발견과 자기관이 샌델에게도 영향을 주고 있다고 할 수 있다.

대략적으로 말하면, 칸트를 비판한 것이 헤겔이고 칸트적인 발상을 되살린 것이 롤스인데 비해, 롤스를 비판해 헤겔적 사상을 되살린 것이 샌델이다. 공동체주의에는 헤겔적 사상의 측면이 있기 때문이다.

더 거슬러 올라가면 그리스의 플라톤과 아리스토텔레스의 사상이 오늘날까지 전개됐다고 할 수 있다. 매킨타이어는 아리스토텔레스적인 윤리학에 영향을 받았고, 그렇기 때문에 샌델도 〈하버드 강의〉에서 아리스토텔레스를 그의 사상적 원류로서 강조하는 것이다.

공동체주의의 선구자 듀이

공동체주의적 공공철학에는 헤겔적인 측면이 있다고 했는데, 미국에서는 어떻게 전개되었을까? 샌델은 존 듀이를 공동체주의의 선구자로 생각한다.

듀이는 미국 사상사에서 실용주의pragmatism의 대표자로, 일반인은 그를 자유주의 사상가로 이해하고 있다. 그는《공중과 그 문제들 The public and its problems》이라는 저서를 통해 월터 리프먼과 마찬가지로 이른 시기부터 공공성의 문제를 다루었기 때문에 공공철학의 선구자로 인식된다.

샌델에 의하면, 듀이는 철학과 민주주의에는 밀접한 관계가 있고, 민주주의는 커뮤니케이션과 숙려, 숙의를 함양하는 삶의 양식이라고 생각했다. 특히 자유는 자신의 목적 추구를 위해서가 아니라 공동생활에 참가하기 위해서 중요하며, 사회적 커뮤니케이션과 자유로운 탐구 그리고 토론을 가능하게 한다고 했다. 이것이 그의 자유주의로, 공공생활에서 서로 책임을 지고 공동선을 실현할 수 있는 시민을 육성하기 위해서 학교를 작은 공동체로 중시했다.

듀이는 자유를 개인들의 역량을 깨닫게 하는 공동생활에 참여하는 사상이라고 생각하는 점에서 헤겔의 영향을 받고 있다. 그래서 샌델은 듀이를 공동체주의적 자유주의라 규정한다. 듀이는 칸트적인 입장도 아니고 자연권이라는 개념도 거절하므로 권리를 기초로 생각하는 입장(권리기저적 입장)도 아니다.

듀이는 자유주의파 사상가로 알려져 있기 때문에 그의 주장이 공동체주의와는 반대된다고 보일 수도 있다. 가령 철학자 리처드 로티는 실용주의 입장에서 후기의 롤스와 같은 논지를 철저히 추진하고 있다. 그는 〈철학에 대한 민주주의의 우위성〉(1988년)이라는 논문에서 듀이의 실용주의에 의지해 정치에서는 도덕적·철학적 논쟁을 제쳐놓아야 한다는, 자신이 선호하는 자유주의를 옹호하고 있다.

듀이는 로티와는 달리 정부는 훌륭한 삶에 대한 개념들 사이에서 중립을 유지해야 한다는 견해를 거부하고 공적 생활에서의 도덕적, 정신적 환멸을 안타까워했다. 듀이는 헤겔과 그 영향을 받은 영국의 원리주의 철학자 토머스 힐 그린처럼 자유는 사회생활의 일부로 실현된다고 생각하고, 로티는 듀이의 사상에 담긴 공동체 측면을 배제했다.

듀이는 공동체를 잃은 사람들이 각각 원자화하여 커다란 세계 속에서 질식하고, 미조직 상태가 되는 것을 우려하면서 공적 생활의 공유와 회복을 지향했다. 또한 새로운 공동체주의적 제도로서 학교를 중시하고, 커다란 공동체great community를 만들 필요성을 주장하며 국민적 공동체 형성을 구상했다. 샌델에 의하면 듀이의 사상은 시민적 자유주의 또는 공동체주의적 자유주의인 것이다.

이 글은 일반에게 자유주의의 선구자로 인식되는 듀이가 사실은 공동체주의적 측면을 갖고 있었음을 밝혀준다. 듀이는 공공철학의 선구자인 동시에 공동체주의의 선구자이기도 했다.

왈저의 공동체주의

왈저는 베트남 전쟁 무렵부터 급진적 민주주의 이론가로 활약하면서 스스로 사회민주주의자라고 말했기 때문에 사상적 위치로는 좌익적인 공동체주의로 본다. 왈저는 공동체 구성원의 중요성을 강조했다. 가령 복지는 누구에게 돌아가야 하는가? 라는 문제가 있기 때문이다. 그래서 종래의 좌파적인 논리를 대신해 특정 공동체의 구성원들에게 공유되는 영역별 정의라는 사고방식을 활용해 사회민주주의의 재구성을 꾀한다.

특정 사회를 비판할 때는 보편적 이론에 근거해 외부에서 비판하는 것이 아니라 그 공동체 사람들의 문화 해석을 통한 내재적 비판을 중시하기 때문에 이를 해석을 통한 내재적 비판이라고 표현한다. 가령 유대교의 전통 속에서는 유대교 논리를 이용한 비판을 하고, 유교적 전통에서는 유교 사상을 이용한 비판을 하는 것이다.

그는 희박한 윤리, 농밀한 윤리라는 표현을 사용하면서 인권을 비롯한 윤리에 대해 자유주의파의 생각은 모든 사람이 합의는 하지만 내용의 깊이가 없는 희박한 윤리인데 비해, 각 공동체에는 독자적인 농밀한 윤리가 있다고 한다. 이처럼 그는 공동체 구성원의 자격, 해석에 의한 사회 비판, 농밀한 윤리를 강조했다.

왈저의 주장에서 또 하나 중요한 것이 정전론이다. 정의로운 전쟁, 즉 정의의 전쟁just war이란 어떤 것인가? 하는 문제의식을 바탕으로 한 논거로, 신학자 아우구스티누스 이래 오랜 전통을 가진, 정의로운 전쟁을 최소한으로 한정하려는 이론이다. 많은 전쟁은 도덕적으로 어긋난 행위지만, 인정할 수밖에 없는 정의로운 전쟁이 있다고 말한 왈저는 대표적인 정전론자다.

2차 세계대전 이후 절대적인 평화주의 관점에서는 정당한 전쟁 이론은 일정한 조건 하에서 정의의 전쟁을 인정하기 때문에 전쟁 긍정론이라고 비판적으로 볼 수도 있다. 하지만 미국을 비롯해 전쟁을 당연시하는 세계에서 인정되는 정의의 전쟁을 가능한 한정하자는 정전론은 전쟁을 억제하는 의미를 갖게 된다.

단, 왈저는 아프가니스탄 전쟁에 찬성했다. 그의 찬성이 정당한 전쟁 이론이라는 관점에서 옳은지의 여부에 대해서는 큰 논쟁이 되고 있어서 이를 근거로 왈저와 공동체주의 전체를 비판하는 논자도 있다.

분배에 대한 다원적 정의론

왈저는《정의와 다원적 평등》Spheres of Justice에서 정의는 특정 공동체 사람들에게 공유된 이해를 근거로 결정되고 복지와 교육 등 영역에 따라 정의의 원리는 다르며 사회적 재화에 대한 분배적 정의의 규범은 같지 않다고 한다. 하나의 통일적인 정의의 원리로 모든 것을 판단할 수 없으며 시장을 지배하는 돈의 힘으로 다른 영역의 분배를 결정해서는 안 된다. 가령 복지, 교육, 화폐, 공직, 일, 자유시간, 친족관계, 정치권력 등 다양한 영역에서는 각각 다른 기준으로 자율적으로 분배의 정의를 생각해야 한다는 것이다. 이러한 사고방식을 바탕으로 하는 평등권을 그는 복합적 평등이라고 부른다. 이것은 분배에 대한 다원적 정의론(다원적 분배 정의론)이라 해야 할 것이다.

왈저는 공동체 사람들이 공유하는 문화와 전통에 대한 이해를 근거로 한 정의를 생각해야 한다고 주장하며 독립된 철학적 논리로 외부에서 비판하는 것에 반대하고 있다. 가령 미국 교육에 대한 문제는, 미국이라는 공동체 사람들이 공유하는 이해를 바탕으로 생각해야 한다는 것이다.

왈저의 논지는 공동체주의적인 논리로 사회민주주의적인 주장을 한다는 점에서 진보적인데, 분배의 근거를 공동체 구성원의 공통 이해에서 요구하고 있으므로 상대주의적이라는 비판도 있다. 그래서 왈저의 주장은 공동체 다수파 의견을 그대로 인정하는 것이 아니냐는 반박이 되기도 한다. 그 자신이 다수의 의견이 존재하는 민주주의가 철학에 우선한다고 말하고 있기 때문에 이 비판이 잘못됐다고는 할 수 없다.

샌델은 왈저의 다원적 정의론을 간결하게 설명한다. 시장 원리가 다른 영역을 지배해서는 안 된다고 주장하는 점에서 샌델의 시장의 도덕적 한계라는 사고방식과 공통하므로 샌델은 우리는 권리의 보유자기 이전에 공동체의 구성원이므로, 우리가 권리를 갖는 것은 공동체의 구성원으로서 갖는 것이라는 왈저의 사고법을 소개한다. 즉 정의는 구성원이라는 자격과 함께 시작되는 것이다. 각각의 공동체는 각각의 재화에 서로 다른 의미와 가치를 부여하고 이는 구성원 자격에 대한 서로 다른 이해를 야기한다. 이 문장이 바로 정의와 다원적 평등의 의미다.

단, 샌델은 왈저의 상대주의적 논지에 반드시 찬성하지는 않는다. 왈저의 다원주의는 도덕적 상대주의를 필요로 하지 않는다고 말한다. 왈저의 상대주의는 그의 긍정적 사고방식과 긴장 관계를 이루며 그에게는 공동체에 대한 특별한 비전이 존재한다고 지적한다.

왈저는 공휴일holiday과 휴가vacation를 나눠서 생각하는데, 공휴일은 종교적 또는 시민적인 의미를 갖는 공공적인 책무가 있는 날로, 통상적인 생활에서 벗어나 함께 축하하는 날이다. 반면 휴가는 비어 있는 날이라는 어원이 의미하듯이 종교적인 제전이나 주요 경기가 없는 날이다. 왈저는 사람들의 공공적인 지지에 의해 어느 쪽이 선택될지 정해진다는 상대주의적 생각을 나타내고 있는데, 휴가보다는 공휴일의 가치가 더 높다고 생각하는 공동체가 보다 풍요로운 공동생활을 하고 소속감을 유지할 수 있다고 암시한다.

왈저의 상대주의와 정의론의 문제점

왈저의 정의에 대한 생각은 공동체의 다수파의 생각에 기인하는 것으로 샌델은 이 점에서는 왈저의 사고방식과 거리를 두고 있다. 〈하버드 강의〉에서는 왈저의 이름을 들며 이러한 공동체주의에 대해 비판적인 언급을 한다. 특정 시점에서 특정 공동체의 다수파가 말하는 것을 정의라고 하면 남북전쟁 전 남부의 노예제도 옹호론도 정의가 될 수 있다면서 그런 사고방식의 문제를 지적한다. 이 점에서는 샌델이 왈저와의 차이를 명확하게 드러내고 있다고 할 수 있다.

《정의와 다원적 평등》에서 왈저는 인도의 카스트제도를 언급하는

데, 보편주의적 관점에서 부정의라고는 판정하지 않는다. 그러면 중국과 이슬람의 인권 침해에 대해서는 어떻게 생각할까? 또 과거 다수파가 옹호했던 노예제도는 정의일까? 그에 대한 입장을 밝히지는 않았지만 이런 비판을 피할 수는 없을 것이다.

대표적인 정전론자인 왈저가 아프가니스탄 전쟁을 지지했다는 상황 역시 이런 비판적 언급과 관련되어 있다. 오바마 정권이 들어선 후 간행된《정의》에는 그에 대한 부분이 없지만, 부시 정권에서 수록된〈하버드 강의〉강의록에서는 볼 수 있다. 미국인의 다수파가 정의의 전쟁이라고 생각하는 전쟁 상황에 있었던 만큼 이 비판은 매우 중요한 의미를 갖는다.

공동체주의적인 핵전쟁 반대론

샌델은 핵전쟁 문제에 대해서도 언급한다. 도쿄대학 대화형 강의 후반에서 그는 일본의 전쟁 책임 문제와 미국의 원자폭탄 투하 문제를 다뤘다. 그는 공동체주의적 관점에서 핵전쟁은 인류 멸종의 가능성을 초래한다는 점에서 종래의 전쟁과는 다른 심각한 문세라고 한다.

핵전쟁은 인류의 멸종을 맞을 위험성이 있다는 점에서 통상적인 전쟁과는 차원이 다른 악몽이다. 자유주의자 조지 캐테브도 핵전쟁에 반대하는데 그는 개인주의의 입장을 취하기 때문에 핵전쟁의 위험은 그것이 많은 개인의 권리를 침해하는 데 있다는 논리를 주장한다. 이 논리로는 여타의 전쟁이나 폭격과 핵전쟁과의 차이를 분명하게 구분 지을 수 없다.

멸종이라는 위기에는 인류 공동의 세계 자체를 잃게 될 위기와 인종 말살이나 민족 말살 같은 특정한 공동 세계를 잃게 될 위기가 존재한다. 집단 학살이 심각한 문제인 것은 단지 많은 개인이 죽는다는 사실뿐만 아니라 인종과 민족 그리고 그 문화까지도 절멸되는 위험을 초래하기 때문이다. 이는 수백만 개인의 죽음과는 다른 커다란 문제다. 인류라는 종의 절멸 위험성이라는 점에서 핵전쟁은 더욱 큰 문제를 야기한다.

이런 일은 개인의 생명 상실 그 이상의 문제인데도 권리라는 개념에 의거하는 개인주의적인 자유주의 사고방식으로는 핵전쟁의 문제를 정확히 다룰 수 없다. 세계의 상실은 개인의 생명의 상실을 초월한 문제다. 이 문제를 다루기 위해서는 공동체적인 언어가 필요하고 그것 없이는 핵전쟁이라는 문제를 다룰 수 없다고 샌델은 지적한다.

공동체주의는 보수적이고 전근대적이라는 비판을 받는 경우도 있다. 그러나 앞에서도 설명했듯이 세대를 초월한 전쟁 책임에는 공동체를 다루는 공동체주의적인 논리가 아니면 충분히 대응할 수 없다. 자유주의파의 도덕적 개인주의 논리를 적용한다면, 전후 세대는 자신이 관여하지 않은 전쟁의 과실에 대해 사죄하거나 보상할 필요가 없기 때문이다.

반대로 자유주의파로부터 보수적이라는 비판을 받는 공동체주의는, 공동체에는 세대를 초월한 연속성이 존재하므로 이전 세대가 일으킨 전쟁에 대해서도 전후 세대가 사죄하고 보상해야 한다고 주장할 수 있다. 이런 점에서 생각해보면 샌델이 말하는 공동체주의는 결코 보수적이고 전근대적인 것이 아니라 오히려 진보적임을 알 수 있다.

마찬가지로 핵전쟁의 심각성 역시 보수파는 거의 다루지 않는 주제이고, 자유주의나 자유지상주의로는 충분히 설명할 수 없다. 공동체주의적 논리가 있어야만 비로소 핵전쟁의 심각성을 정면으로 다룰 수 있다. 이 점을 명확히 하고 있다는 점에서도 주목할 가치가 있는 글이다.

자유주의 대 공동체주의

1980년대에는 자유주의에 대한 공동체주의적 비판과 함께, 샌델을 비롯한 공동체주의도 자유주의파로부터 다양한 비판을 받았다. 이것이 자유주의 대 공동체주의 논쟁이다.

공동체주의 비판 중에는 공동체라는 표현에 주목해, 공동체의 다수파가 말하는 것이 정의인가? 다수파의 견해를 강요하는 것인가? 소수파를 억압할 위험이 있지 않나? 자유를 경시하거나 압살할 위험이 있지 않은가? 등의 비판이 있었다. 또 근대의 성과를 배척하는 전근대적 논변이 아닌가? 하는 비판도 있었다. 이런 비판은 일본에서 매우 강한데, 해외에서도 이런 비판이 없는 것은 아니었다.

그래서 공동체주의라는 용어를 사용하지 않는 사상가가 많았는데, 특히 제1세대 논자들에게서 많이 볼 수 있다. 그들은 이런 표현은 오해를 부른다며 자신은 공동체주의자가 아니라고 주장하기도 한다. 가령 매킨타이어는 공동체주의라는 개념은 민족주의를 나타내는데, 자신은 민족주의에 대해서는 반대하므로 공동체주의자가 아니라고 말한다. 그는 지방 차원에서의 공동체의 재생을 주장한다.

이에 대해 사회학자 아미타이 에치오니는 공동체주의라는 말을 적극적으로 사용하면서 공동체주의자 네트워크를 만들어 미국을 중심으로 사회적 운동을 일으켰다. 그는 권리와 책임이라는 표어를 사용해 자유주의파가 권리만을 주장하는 것을 비판하고 권리와 함께 그에 대응하는 책임을 중시해야 한다고 강조했다. 찬성하는 이론가들을 네트워크로 연결해 〈민감하게 반응하는 공동체〉라는 잡지도 발행했고 인터넷으로도 정치와 사회에 호소했다.

테일러와 샌델, 왈저 등의 철학자와 달리 사회학자 에치오니의 논변은 매우 이해하기 쉽다. 에치오니의 책은 철학적 깊이는 부족할 수 있지만 그의 사회적·정치적 주장에는 상당한 전달력이 있다. 사회학에서는 공동체 연대에 주목하는 경우가 많아서 사회학자 가운데 공동체주의에 가까운 생각을 가진 사람이 비교적 많다.

공동체주의는 실천적 운동으로도 전개됐기 때문에 클린턴의 정책에 상당히 많은 영향을 주었다. 또 영국에서는 사회학자 앤서니 기든스의 제3의 길The Third Way과 공동체주의가 화제가 되어 블레어 정권에 영향을 주었다는 점에서도 공동체주의는 주목을 받았다. 단,

이들 정권이 얼마나 진정한 공동체주의적인 정책을 채용했는지에 대해서는 의문의 여지가 있지만 일정한 정치적·사회적인 영향력을 가졌던 것만은 확실하다.

이런 흐름 속에서 롤스는 정치적 자유주의로 크게 전향했다. 그래서 샌델은 그 새로운 롤스의 논지를 비판하고 동시에 자유주의 대 공동체주의 논쟁에 대해 자신의 입장을 명확히 했다. 이것이 『공공철학』의 마지막에 수록된 두 편의 글이다. 이 글들은 자유주의 대 공동체주의 논쟁을 거쳐 새로 생겨난 국면에서 이뤄진 자유주의 비판과 공동체주의의 한계에 대한 지적으로, 어떤 의미에서는 양쪽이 한 쌍을 이루고 있다. 비판과 한계에 대한 지적을 근거로 샌델의 사상적 입장이 성립한다고 할 수 있다.

롤스를 추억하며

이 글은 2002년 존 롤스가 81세의 나이로 세상을 떠났을 때의 추도문이다. 롤스는 퇴임 직후 샌델이 학부생을 대상으로 하는 정의 강좌에서 학생들과의 토론에 참여했다고 한다. 롤스에게 칸트가 인간의 평등이 물질적 소유의 불평등과 완전히 양립한다고 주장한 부분은 잘못된 것이 아니냐고 물었을 때 롤스는 곤혹스러워하면서 "칸트는 위대한 사람이다. 그가 잘못되었다고 말하기 보다는 그는 시대를 앞서갔고 그를 얻었다는 것은 기적이다."라는 말을 했다고 한다.

샌델은 미국의 철학자가 토머스 홉스, 존 로크, 장 자크 루소, 칼 마르크스, 존 스튜어트 밀 등과 어깨를 나란히 할 수 있다는 것 자체가 기적 같은 일이라며 롤스의 전설적인 겸허함을 강조했다. 샌델이 하버드 대학에 조교수로 부임한 직후 어느 날 롤스로부터 전화가 걸려왔는데, 그는 수화기 너머에서 주저하는 목소리로 "전 존 롤스입니다. R-A-W-L-S."라며 매우 정중하게 자기 소개를 했다고 한다.

개인의 권리와 공동선, 무엇이 우선인가?

〈정치적 자유주의〉는 자유주의 대 공동체주의 논쟁을 근거로 롤스가 전향한 후에 그가 새로 제기한 정치적 자유주의를 비판한 글이다. 『자유주의와 정의의 한계』가 초기 롤스의 비판이었던 것 같이 이 글은 후기 롤스 비판에 대한 논리를 집약적으로 보여준다는 점에서 중요하다. 이 글은 원래 1994년에 발표되었는데 『자유주의와 정의의 한계』 제2판(1998년)에 수록되었다.

롤스의 정의론 이후 나타난 논쟁에 대해 샌델은 세 가지로 정리한다. 첫째, 공리주의자와 권리지향적 자유주의자들 간의 논쟁이다. 이것은 정의는 효용에 의거하는가, 개인의 권리에 입각하는가? 라는 논지다. 그 결과로 이전까지 주류를 이뤘던 공리주의가 몰락하고 롤스와 같은 권리 지향적 자유주의가 우세해졌다.

둘째, 권리지향적인 자유주의 내부의 논쟁으로 권리의 내용을 둘러싼 문제다. 1970년대에는 로버트 노직이나 프리드리히 하이에크[20]와 같은 자유지상주의적 자유주의자들과 롤스로 대표되는 평등주의적 자유주의자 간의 논쟁이 가열되었다. 이것은 시장경제 옹호파와 복지국가를 주장하는 사람들 간의 대립과 대응된다.

셋째, 공동체주의와 평등주의적 자유주의자가 공유하는 옳음이 좋음에 우선한다는 주장을 둘러싼 문제다. 이는 정부가 좋은 삶에 대한 여러 사고방식들 사이에서 중립을 지켜야 한다는 생각이다. 옳음이 좋음에 우선한다는 생각은 개인의 권리가 공동선보다 중요하다는 의미. 정의의 원칙들은 좋은 삶에 대한 특정한 사고방식에 의존하지 않는다는 의미를 갖는다.

샌델은 이 중에서 자유주의 대 공동체주의 논쟁이라는 논란을 가열시킨 후자의 의미에 대해 이야기한다. 이것은 종종 자유주의에 대한 공동체주의의 비판이라고 표현되는데, 공동체주의가 특정한 사회의 우세한 가치나 취향에 근거한 권리를 주장한다는 것이다. 그러나 이는 잘못된 해석이다. 공동체주의자가 옳음이 우선한다는 주장에 이의를 제기하는 것은 권리의 존중 여부가 아니다. 권리가 좋은 삶이라는 특정한 사고방식에 의해 결정되고 정당화될 수 있느냐의 문제다. 이것은 개인의 주장과 공동체 주장 간의 상대적 중요성이 아니라 옳음과 좋음의 관계에 대한 조건이다. 자유주의 비판자는 정

---

20 Friedrich Hayek(1899~1992)
화폐적 경기론과 중립적 화폐론을 전개하였고, 신자유주의의 입장에서 모든 계획경제에 반대하였다. 《법, 입법, 자유》를 저술하였고 노벨 경제학상을 수상하였다.

의는 선과 관련되어 있기 때문에 독립적이지 않다고 주장한다. 하지만 그럴 경우 정의나 권리는 항상 선한 삶이나 가장 고귀한 인간의 목적에 대한 성찰과 연결해서 생각해야만 한다.

롤스는 〈정치적 자유주의〉에서 샌델이 정리한 세 개의 논쟁 중 셋째인 공동체주의와 평등주의적 자유주의자의 문제에 초점을 맞춰 논지를 펼친다. 그는 샌델이 《자유주의와 정의의 한계》에서 비판한 칸트적인 인간에 대한 생각과는 별개로 자유주의를 옹호했다. 그것이 바로 철학적이거나 형이상학적이지 않은 정치적 자유주의 즉, 중첩적 합의를 발판으로 하는 정의라는 사고방식이다.

그는 칸트적인 인간에 대한 생각 대신, 정치적 목적을 위한 자유롭고 독립된 시민이라는 사고방식에 의거해 원초적 입장을 생각했다. 이 경우 인간은 시민으로서의 공공 정체성에 제한을 받게 되고, 공적 자아로서 특정한 충성이나 신념, 옳음과 같은 연고를 선반 위에 올려놓게 된다.

이러한 롤스의 사상은 도덕적·철학적 정당화 대신, 우리의 정치적 문화에 암암리에 존재하는 공유된 이해에 기초한다고 볼 수 있다. 롤스는 실제로 중첩적 합의란 민주사회에서 서로 경쟁하는 것들 속에서 각각에 타당한 종교적·철학적·도덕적 개념들 간에 성립하는 것으로, 타당한 합의라고 설명했다. 그는 정의론을 국제법에 적용한 《만민법》The Law of Peoples에서도 타당한 자유적 만민, 양식 있는 만민이라는 유형화를 시키면서 이런 경향을 강하게 나타냈다.

롤스는 정치적 자유주의를 통해 무연고적 자아에 대한 비판은 피할 수 있었지만, 다음의 세 가지 문제가 생겨나게 됐다. 첫째, 정치적 목적을 위해 도덕적·종교적 주장을 언급하지 않는것이 과연 합당한가? 하는 문제다. 이에 대해 샌델은 낙태 문제, 링컨과 스티븐 더글라스의 논쟁을 예로 들어 비판한다. 참고로 샌델은 임신중절에 대한 판단은 발달 초기 낙태와 아이를 죽이는 행위 사이에 도덕적 차이가 있다는 것을 증명할 수 있느냐에 달려 있다고 했다. 그리고 스스로 그 가능성을 믿는다고 말해 발달 초기 낙태를 인정한다는 입장을 밝혔다.

둘째, 자유주의파는 민주사회에는 선에 대해 합당한 다원주의가 존재하기 때문에 선은 독립된 정의라고 생각한다. 그렇다면 정의 역시 그런 다원주의가 존재하지 않을까? 하는 문제다. 이에 대해 자유주의파가 정의의 원리 자체가 아니라 그 적용에 대해 다양한 견해를 갖고 있을 뿐이라고 대답할 수도 있다. 하지만 자유지상주의와 롤스적 자유주의의 대립은 정의의 내용에 관한 대립이다. 자유주의자는 복지를 위한 과세가 정의롭지 못하다고 하지만 롤스는 차등 원칙에 의거하는 한 정의로 본다. 이것은 정의의 내용에 대한 대립이다. 따라서 선뿐 아니라 정의 역시 다원적 사고방식이 존재한다.

자유주의는 선은 다양하지만 정의에는 모두가 합의할 수 있다며 선과 정의가 비대칭적이라고 본다. 하지만 선과 정의 간에 비대칭은 존재하지 않으며, 양쪽 모두 다원적인 사고방식이 존재한다. 하지만 그렇다고 해서 정의에 대해 결론을 이끌어낼 수 없는 것은 아니다.

샌델은 이에 대해 설명하면서 롤스의 격차원리가 자유지상주의의 논리보다 설득적이라고 믿는다고 했다. 이것은 매우 중요한 말이다. 그렇다면 어떤 정의의 원리가 다른 원리보다 합당하다면, 가령 자유지상주의자들이 이론을 제기해도 타당한 정의의 원리를 법률과 정책으로 구체화할 수 있을 것이다.

그리고 이와 마찬가지로 선 역시 일부 개념이 다른 개념보다 더 합당할 수 있다. 가령 동성애에 대해서 그것이 도덕적으로 인정된다는 논거가 그에 반대하는 논거보다 더 합당할 수 있다. 따라서 정의의 경우처럼 깊은 논의를 통해 선에 대한 합당한 사고방식을 결정할 수 있고, 정부는 선에 대해 중립적일 필요가 없으며 더 합당하다고 여기는 선을 정책과 법률에 반영시킬 수 있는 것이다.

셋째, 공공적 이성에 따르면 정치적·헌법적인 문제를 도덕적·종교적 이상과 관련해 논의해서는 안 된다고 하는데 그것은 정치적 담론을 빈곤하게 하지 않느냐의 문제다. 롤스는 공공적 이성은 정의와 권리에 대한 문제를 토론할 때, 모든 사람이 받아들일 수 있다고 기대할 수 있는 정치적 가치(관용, 예의, 상호 존경 등)에 맞게 정치적 담론을 해야 한다고 말한다. 즉 포괄적인 도덕적·종교적 신념을 거기에 도입해서는 안 된다는 것이다. 그러나 이럴 경우 도덕적으로 볼 때, 남북전쟁 시 더글러스가 선반 위에 올려놓은 노예제도 문제처럼 심각한 도덕적 악을 방치하는 것이 된다. 또한 정치적으로는, 정치적 담론이 도덕적 여운을 잃게 되므로 가치를 논하지 않는 무방비의 공공 광장naked public square에 기독교 우파와 원리주의 같은 편협하고 옹색한 도덕주의가 파고들거나 공적 관리자(정치가나 행정관료)의 사적인 악(스캔들 등)에 주의가 집중되게 된다. 즉, 롤스가 말하는 공공적 이성의 이상은 도덕적인 진공 상태를 만들어 편협하고 천박한 도덕주의에 길을 열어주게 될 수 있다.

따라서 서로 존경하는 마음으로 동료시민의 도덕적·종교적 신념에 귀를 기울이고, 배우고, 충분한 논의를 거치는 것이 중요하다. 이를 통해 자유주의가 허용하는 것보다 광대한 공적 이성을 가져올 수 있다. 샌델은 이 같이 말하며 정치적 자유주의 비판을 끝내고 있다.

선좋음과 정옳음의 상관성

샌델은 공동체주의의 한계라는 글로 이 책을 마무리한다. 이 글은 『자유주의와 정의의 한계』 제2판의 서문을 재수록한 것으로 다시 한 번 강조하고 있음을 알 수 있다.

공동체주의의 한계라는 제목을 보고 샌델이 공동체주의를 비판하는 것인지 의아해하는 사람도 있을 수 있다. 매킨타이어와 마찬가지로 자유주의파의 비판을 받은 후, 샌델은 공동체주의라는 용어를 쓰지 않는 것이 자신의 진의를 명확히 나타낼 수 있다고 생각해《자유주의와 정의의 한계》에서의 자신의 견해가 공동체주의라고 불린 데 대해 우려를 표명한 것이다.

이 글의 첫 부분은 앞장의 논지와 중복된다. 공동체주의라는 꼬리표는 오해를 부르기 쉽고, 자신은 자유주의 대 공동체주의 논쟁에서도 항상 공동체주의 편에 서 있는 것은 아니라고 한다. 공동체주의가 다수파주의majoritarianism의 다른 명칭 또는 권리가 어떤 특정 공동체에서 우세한 가치에 의거해야 한다는 뜻의 다른 이름이라면 그것은 자신이 옹호하는 견해가 아니라고 샌델은 말한다.

다수파주의라는 의미의 공동체주의를 이하에서는 다수파주의적 공동체주의라 부르기로 하자. 대표적인 공동체주의자 가운데 왈저가 이런 입장에 가장 가깝다고 할 수 있다. 샌델은 〈하버드 강의〉에서도 이 점을 비판적으로 언급하면서 왈저와는 생각을 달리 한다. 다수파가 좋다고 생각한 것이 반드시 정의는 아니라는 것이다. 시대와 함께 사고방식이 바뀔 가능성이 있기 때문에 특정 시대, 특정 공동체의 다수파의 사고를 단순히 긍정할 수는 없으며 그것을 뛰어넘는 사고방식을 찾아낼 필요가 있다는 것이다.

샌델이 말하는 또 하나의 중요한 문제는 개인의 주장과 공동체의 주장 중에 어느 것이 더 중요성을 갖느냐가 아니라는 점이다. 공동체주의라는 표현으로 개인과 공동체 어느 쪽이 중요하냐는 논쟁이 일어났다. 자유주의는 개인을 중시하고 공동체주의는 공동체를 중시한다는 주장이 되어버린 것이다. 사실 공동체주의도 공동체만이 중요하다고 말하는 것은 아니다. 가령 로버트 벨라라는 사회학자를 중심으로 하는 그룹이 《마음의 습관들》Habits of the Heart과 《좋은 사회》The Good Society라는 책에서 공동체주의에 가까운 논지를 제기해 베스트셀러가 되었다. 이 책들에서는 개인과 공동체의 균형이 중요하다는 주장을 펴고 있다. 또한 에치오니도 인권과 책임 모두가 중요하며 양쪽의 균형을 취해야 한다고 지적한다. 하지만 공동체주의라는 표현을 사용하면 어쩔 수 없이 개인 대 공동체라는 대립 구도가 되어버린다.

샌델이 중시하는 것은 정의의 원칙이 시민들이 지지하는 여러 선 사이에서 중립적일 수 있느냐는 논거로, 옳음이 좋음에 우선한다는 생각에 대한 타당성이다. 그리고 정(옳음)은 선(좋음)과의 관계에서 선으로부터 독립되어 있지 않다는 것이 샌델의 주장이다.

즉, 선과 정은 상관관계로 선을 무시하는 정의 주장은 성립하지 않는다. 이것을 '선과 정의의 상관성 명제'라고 할 수 있을 것이다. 이 명제가 샌델 주장의 핵심이다. 그는 선으로부터 독립된 정의 관념을 비판하고, 선과의 관계에서 정의를 생각할 것을 주장한다. 무연고적 자아와 연고적 자아라는 샌델의 개념에 따라 말하면 그는 선이 없는 정의를 비판하고 선이 있는 정의를 주장한다고 할 수 있을 것이다.

정의와 선을 연관 짓는 방법에 대해서는 첫째, 정의의 원칙이란 특정 공동체나 전통에서 널리 공유되는 가치로부터 도덕적인 힘을 얻어내는 것이라는 생각이다. 즉 공동체의 가치가 정의와 부정의를 규정한다는 점에서 이 방법은 공동체주의적이다.

둘째, 정의의 정당성은 그것이 만족시키는 도덕적 가치나 내재적인 선을 근거로 한다는 사고방식이다. 어떤 행위를 정의라고 생각하는 이유는 그 행위가 중요한 인간의 선을 존중하거나 증진시키고 있음을 보여주느냐에 달렸다는 것이다. 이것은 이런 선이 특정 공동체에서 평가되는지 여부는 중요하지 않으므로 엄밀히 말하면 공동체주의적이 아니다. 이것은 권리의 근거를 그 권리가 증진하는 도덕적 중요성에 두기 때문에 목적론적teleological 내지 완성주의적 perfectionist이라고 부를 수 있다. 아리스토텔레스의 정치이론이 그 예라 하겠다.

이 첫째 방법은 정의가 특정 공동체의 전통과 관행에 의거한다고 간주하므로 불충분하다. 또한 권리가 증진하는 목적의 내용에 대한 판단을 회피한다는 점에서 자유주의파와 같은 잘못을 범하고 있다. 샌델이 옳다고 생각하는 것은 정의의 원칙의 정당성은 그것을 만족시키는 도덕적 가치를 근거로 한다는 목적론적 사고방식이다.

즉, 샌델이 생각하는 정의와 권리는 목적론적인 관념으로, 완전주의적perfectionism이다. 완전주의는 인간을 향상시켜 완성해가는 존재로 간주하고 미덕의 터득을 중시하는 사고방식이다. 여기에는 선(좋음)을 향한 인격 향상이라는 목적이 있기 때문에 완전주의는 목적론적이다.

여기서 그는 새로운 정의론을 제시한다. 즉 목적론적 정의론이자 완전주의적 정의론이다. 아리스토텔레스 이후 선의 관념은 목적론적이므로 샌델은 선과 정의 양쪽을 목적론적으로 생각하고 있다고 할 수 있다.

샌델은 정의의 관념을 종교적 자유와 자유로운 언론의 권리라는 두 가지 예로 설명한다. 종교적인 자유는 왜 존중될 필요가 있을까? 자유주의자는 종교의 자유를 그 내용이나 도덕성 때문이 아닌 독립된 자아의 자유롭고 자발적인 선택의 결과라고 하는 것과 같이 일반적인 개인의 자유 역시 같은 이유에서 중요하다고 한다. 그러나 그래서는 양심의 주장과 단순한 선호도preference와의 차이가 없어진다. 종교는 개개인이 단순히 기호로 추구하는 것이 아니라 연고적 자아의 양심에 따라 의무로서 믿고 따르는 것이다. 따라서 이 경우 종교적 자유라고 하는 '정의=권리'라는 이유는 신앙이 지키고자 하는 도덕적 가치에 대한 실질적인 판단과 완전히 분리될 수 없다.

자유로운 언론에 대한 주장에서는, 일리노이 스코키 마을에서 벌인 신나치주의자들의 행진과 마틴 루터 킹의 행진 예를 들고 있다. 만약 자유주의파의 생각을 적용한다면 스코키에서의 신나치주의자들의 행진도 인정될 수 없고, 남부의 인종분리주의 지역에서의 킹 목사의 행진도 인정될 수 없다. 그러나 이 두 사건은 윤리적·도덕적인 의미가 다르다. 따라서 연설의 내용이나 본질에 따라 신나치주의자들은 인정되지 않지만 킹 목사는 인정된다고 할 수 있다.

공동체주의의 사상적 발전 – 선이 있는 정의를 향해

이렇게 해서 샌델은 후기 롤스의 정치적 자유주의를 비판하는 한편, 공동체주의의 한계도 지적하며 자신의 사상의 전개로서 목적론적 또는 완성주의적 정의론을 제기했다. 샌델도 이전에는 스스로를 공동체주의라 생각했다고 하는데, 자유주의 대 공동체주의 논쟁을 거쳐 자신은 다수파주의적 공동체주의가 아님을 명확히 한 것이다.

공동체주의의 한계라는 제목을 그대로 이해하면 샌델이 지금은 공동체주의자가 아니란 말이 된다. 그런데도 샌델을 공동체주의자라고 부를 수 있을까? 하는 호칭의 문제로 그에게 직접 물어보았는데, 단일 원리의 주장자나 다수파주의라는 의미에서 공동체주의자는 아니지만 무연고적 자아에 대한 비판자라는 의미에서 이해하면 공동체주의자라고 할 수 있다는 답변을 들을 수 있었다《민주정에 대한 불만》참조). 그 자리에 있던 찰스 테일러도 단일 원리의 주장자라는 의미에선 공동체주의자가 아니지만 다른 사회의 사고방식을 존중하고 배우며 자기비판의 양식으로 삼는다는 의미에서 자신은 공동체주의자라고 했다.

샌델의 입장은 다수파주의적 공동체주의자는 아니지만 선과 정의의 상관성을 주장한다는 점에서는 공동체주의자라고 할 수 있다. 이러한 공동체주의를 선과 정의 상관 관계적 공동체주의라 해도 될 것이다. 샌델의 사상을 공동체주의라 생각한다면 그는 자유주의 대 공동체주의 논쟁을 거쳐 선과 정의 상관적 공동체주의로 자신의 사상을 명확히 한 것이다.

애당초 이 입장을 굳이 공동체주의라 부를 필요가 있는 것은 아니다. 결국 샌델의 사상적 혁신은 옳음과 좋음의 상관성에 대한 고찰로, 선과 상관하는 정이 그가 제시하는 명제다. 이를 '선 상관형 정의'라 부를 수 있다. 단순화하면 자유주의의 선이 없는 정의에 대응하는 선이 있는 정의라고 하겠다. 이것은 아리스토텔레스 이래의 윤리적 정의의 관념이라고 해도 될 것이다. 그리고 공동체주의의 한계에서는 그것을 목적론적 또는 완성주의적 정의로서 제시한 것이다.

공공철학의 특색과 공사 관계

마지막으로 이 책의 전체를 조감하고 공공철학의 특색을 지적해보자. 1부는 정치적 평론으로 실천성이 강하고, 2부는 문화적·사회적 논설로 학문성이 있다. 실천성과 학문성은 공공철학의 기저를 이룬다.

부제인 정치에서의 도덕성에 대한 에세이에 나타나 있듯이 이 저서는 정치철학이 중심이 되어 있으며 도덕적·정신적 주장이 강하다. 이 점이 샌델의 공공철학의 특색이라고 할 수 있다.

2부에서는 자유지상주의 또는 자유주의의 발상이 초래한 여러 문제를 들고 있는데, 일본에서도 유사한 현상을 볼 수 있다. 가령 국영복권 문제와 유사한 문제로는, 이시하라 신타로 도쿄 도지사와 하시모토 도오루 오사카 부지사가 카지노를 합법화해 지역에 유치하자고 주장했다. 또 J리그 축구팀의 호칭을 지역명+애칭으로 하고 팀의 홈타운이라 부르는 도시와 마을의 관계를 중시하는 예는 지역적 거점 및 스포츠에서의 시민적 정체성을 중시하는 현상이다. 한편 프로 야구에서는 그 본거지가 여러 번 바뀌었다.

일본에서도 신자유주의에 의한 개혁으로 공공적 영역이 시장화되고 있는 만큼 이 문제를 직시해야 할 것이다. 미국은 시장주의·상업주의의 사례가 일본보다 극단적으로 나타난 부분이 많으니 타산지석으로 삼아야 할 것이다. 이러한 시각은 일본의 공공철학에서도 중요하며 샌델이 말하는 공공철학과도 공통점이 있다.

클린턴의 스캔들에 대한 옹호도 흥미롭다. 샌델의 논리는 내가 하토야마 총리의 정치와 돈 문제에 대해 옹호론을 전개한 것과 논리적으로 유사하다. 하토야마 총리가 친어머니로부터 자금을 받았다는 상황에서 탈세 여부는 문제가 되지만 뇌물 수수 및 공여처럼 공적 자금을 사적 목적을 위해 쓴 것은 아니다. 따라서 이 문제는 정치적 부패가 아니라 개인적인 문제로, 정권 교체를 요구할 만큼 심각한 공공적 문제는 아니다라고 나는 주장했다《우애혁명은 가능한가》 참조

이는 어떤 의미에서 공공과 개인이라는 공공철학의 기본적인 문제와 관련이 있다. 이 책 전체가 공공철학을 주제로 하고 있고, 공적 영역과 시민의식의 중요성을 강조하고 있다. 이 점 역시 일본 공공철학의 주장과 같다. 단, 미국에서는 일본에 비해 관료제 문제가 크지 않기 때문에 일본처럼 '공≒국가≒관' 그리고 민民의 공공을 가려 쓰는 개념적인 논의는 거의 이루어지지 않으며 공과 사를 매개로 하는 공공이라는 삼원론적 사고방식도 없다. 그런 의미에서 공사라는 소박한 이분론을 취하고 있다고 할 수 있다.

공적 문제와 사적 문제의 구별은 중요하다. 닉슨의 워터게이트 사건은 공적 권력 행사에 관련하는 공공적 문제이기 때문에 탄핵받아야 할 심각한 사안이었지만 클린턴의 스캔들은 어디까지나 사적 문제였다.

케네디를 비롯한 유명인의 유품에 대한 경매 문제를 다뤘는데, 경매로 사적인 사항이 공공화되고 그 결과 반대로 공공적으로 전시되어야 할 것들이 사적인 소유물이 되어 있듯이 원래의 공사관계가 역전하는 현상을 지적했다. 일본의 공공철학 프로젝트에서도 강조되듯이 뭐든지 공공화하면 좋은 것이 아니라 사생활에 관한 사적인 문제는 사적 영역으로 존중되어야 한다. 본래 공공적인 것이 시장에 침식되어 부패한다는 문제에 대해서는 공공적인 발상을 재생시켜야 한다.

샌델은 이 공공적 영역을 선(좋음)과 분리할 수 없다고 주장한다. 후기 롤스의 공공적 이성의 사고방식에 대해서는 사적으로 개인의 선을 다룰 수는 있으나, 공공적 이성에서는 가치의 문제나 선의 문제를 다뤄서는 안 된다고 되어 있다. 공과 사의 영역을 구분한 것이다. 하지만 샌델의 논지의 핵심은 공공적인 영역에서도 선을 생각하지 않으면 안 될 때가 있다는 것이다. 그렇기 때문에 공동선의 관념이 중요해진다.

공동체주의적 공화주의의 공공철학

샌델은 사용하지 않는 표현이지만, 그가 주장하는 공공철학은 자유주의를 포함하는 많은 공공철학 가운데 공동체주의적 공화주의의 공공철학이라고 할 수 있다.

나는 자유주의가 세속성·비윤리성과 개별성·분리성·원자성이라는 특징을 갖는 데 비해 공동체주의는 윤리성·정신성과 공통성이라는 두 가지 특징을 갖는다고 정리한다. 샌델은 선이라는 개념으로 윤리성·정신성을 강조하는 한편 공동성이라는 용어로 공동체의 중요성도 주장하기 때문에 이 두 가지를 합해 공동선의 부흥을 지향하는 것이 된다.

일본에서는 자유주의가 매우 강력해서 선의 관념이 없는 공공철학이 적지 않다. 이에 반해 샌델의 주장 가운데 가장 중요한 점은 정의를 생각할 때도 선에 대해 생각할 필요가 있다는 것이다. 이것이 바로 선이 있는 정의다.

공동체주의는 일반적으로 인간의 전인적 미덕의 함양을 주장하는 데 비해 공화주의는 정치적 미덕을 중시한다. 샌델은 공화주의적 공공철학이므로 자기통치가 가능한 시민의식의 함양을 강조한다. 자유주의파의 공공철학에서는 벌거벗은 공공권이라는 표현처럼 가치와 선의 문제를 생각하지 않는 공공적 영역을 긍정하는 사고방식이 강한데, 샌델은 그에 명확히 반대하면서 선과 미덕을 중시하는 것이 공공권에도 필요하다고 강조한다.

공동체에 관해서도 《공공철학》에서는 오늘날에는 개인과 국가 사이에 있는 공동체가 무너지고 있기 때문에 이를 회복시킬 필요가 있다고 반복해 말한다. 참고로 일본의 공공철학에서는 개인과 국가 사이에 있는 공동체로서 자발적 결사단체association에 주목하는 경우가 많아서 비정부기구NGO와 비영리조직NPO 등의 중간 집단이 중요시된다. 샌델은 자발적 결사단체는 언급하지 않고 공동체라는 말을 일관적으로 사용한다. (물론 자발적 결사단체도 민주주의의 책임자로서 적극적으로 평가할 거라고 생각한다).

다음으로 공화주의적 측면을 정리해보자. 2부에서는 시장이 다양한 영역을 상업화해서 시민 영역을 침식한다는 점에 대해 학교와 스포츠를 비롯한 여러 영역의 사례를 들면서 반대한다. 시장과 관료제에 대한 무력감을 없애고 자기통치를 가능하게 하기 위해서 경제적인 개혁을 단행할 필요가 있다고 주장한다. 샌델의 공화주의적 공공철학의 중심적 주장은 자기통치를 가능하게 하는 정치경제를 만드는 데 있다.

《민주정에 대한 불만》에서 기술되는 경제 규모 변화의 문제도 《공공철학》에서 반복되어 설명된다. 20세기 초 미국의 경제 규모가 커지면서 정치를 국가적인 차원으로 확대하지 않으면 안 되었듯이 오늘날에는 국제적인 경제가 전개되므로 그에 대응하는 것이 현재의 과제인 것이다. 그에 대해 샌델은 주권적 분산과 다원적 공화주의라는 비전을 제시했다.

미국과 일본의 공공철학

다시 일본의 공공철학 프로젝트로 눈을 돌리면, 국가나 관료제(국가=관=공)에 대한 민民의 공공의 중요성이 특히 강조된다. 샌델의 경우 자기통치라는 개념으로 이 같은 주장을 펴고 있는데, 관료제 문제도 언급하고 있으므로 공통점이 크다. 또한 관료제 문제 이상으로 시장주의의 문제성과 공동체의 중요성을 강조하고 있다.

　일본의 공공철학 프로젝트에서는 범지구적 내지 범국제적인 공공철학인 만큼, 지구적인 주체성을 기초에 두고 그 위에 국가·지역적인 주체성을 구성한다는 다층적인 주체성을 주장하는 사고방식이 유력하다.

　샌델도 다원적 주체성과 주권의 상하 분산을 주장하기 때문에 공통점이 많다. 단, 그는 지구적인 주체성이라는 사고방식에는 신중한 자세를 보이기 때문에 이 점에서는 약간의 차이가 존재한다.

　샌델의 공동체주의적 공화주의는 일본의 공공철학과 공통점이 많지만, 선과 미덕, 특히 시민의식을 중시하고 가족·지역 공동체·국가 같은 공동체의 활성화를 주장하는 점이 샌델의 특징이라고 할 수 있다.

　미국의 정치적·경제적 영향을 생각하면 알 수 있듯이 미국의 문제점은 일본에도 나타난다.《공공철학》의 2부에서 다룬 시장주의와 상업주의가 대표적이라 할 수 있다. 미국에서 시작하여 국제주의를 통해 전 세계로 확대되고 있는 문제다. 이 점을 직시하기 위해서는 샌델의 관점을 자세히 살펴볼 필요가 있다.

일본 정치와 공공철학

　샌델은《공공철학》의 1부에서 정치평론을 펴고 있는데, 그와 유사한 각도에서 일본 정치를 고찰해볼 수 있다. 2차 세계대전 후 일본의 자민당 정권은 관료제도와 결부해 공리주의적인 사고방식 하에서 경제성장을 지향해왔다. 사회당을 비롯한 혁신 세력의 요구로 부분적으로는 평등주의적인 자유주의 발상도 나타나고 복지정책도 어느 정도 도입되었다. 그런데 이런 움직임이 정체 상태에 빠졌을 무렵부터 미국 레이건 정부와 영국 대처 정권의 영향을 받아 1980년대 초 나카소네 내각의 제2차 임시행정조사회와 국철 민영화, 고이즈미 내각의 우정국 민영화 등으로 자유지상주의 사고방식이 최근 30년간의 정치를 석권했다.

리먼 브라더스 사태 등 세계경제의 동요로 이 사고방식은 크게 후퇴해, 일본 정치 역사상 최초의 정권 교체가 이루어졌다. 이후 등장한 하토야마 내각의 이념은 우애라는 선을 내세우는 점에서 오바마 정권과 마찬가지로 공동체주의적이다. 또한 새로운 공공을 이념으로 하는 점에서는 공공철학과 이상적으로 가깝고, 지역주권을 주장하는 면에서는 자기통치라는 공화주의적 이념에도 의거한다. 동아시아 공동체 구상을 추진하려 한 점에서는 하토야마 내각의 공공철학은 국제적인 공동체주의라고 할 수 있다.

이처럼 일본 정치의 전개도 샌델이 말하는 공공철학의 관점에서 그려낼 수 있다. 바꿔 말하면 샌델의 주장은 일본의 정치경제를 생각하기 위해서도 필요하다. 일본 정치에서는 관료제의 영향이 컸기 때문에 정치와 관료제의 관계는《민주정에 대한 불만》에서 미국 정치에 대해 언급하듯이 본격적으로 다루어야 할 문제다. 샌델의 관점에 일본의 현실을 더해 공공철학의 발전을 지향해야 한다.

일본의 공공철학 연구에서는 샌델이 말하지 않은 더 많은 주제와 논점을 개척하고 있지만 샌델의 공공철학 역시 독자적인 의의와 통찰이 있다. 또 공동체주의적 공공철학은 그 지역의 개성과 필요성에 따라 전개되므로 일본의 공공철학과 미국의 공공철학이 똑같을 필요는 없다. 실제로 공화주의적 공공철학도 미국과 일본은 지금까지 다른 형태로 전개되었고 앞으로도 그 차이는 계속될 것이다. 미국의 공화주의는 영국으로부터 독립한 후 왕권이 아닌 공화국에서 발전해온 데 비해 일본의 공화주의는 천황의 지배 하에서 전개되었고 가까운 미래 역시 그럴 것이다.

글로벌 시대에는 각 지역의 공공철학이 서로 영향을 주기 때문에 글로벌 시대에 어울리는 공공철학이 전개될 것이다. 미국과 일본 양국의 통찰을 활용하여 국경을 초월한 공공철학의 전개가 가능해지리라 기대한다.

본래의 정의란 무엇인가?

정의론 비판에서 새로운 정의론으로

샌델의 두 가지 모습

정치철학을 아는 사람이라면 마이클 샌델을 롤스 비판과 공동체주의 대표자로 인식하는 경우가 많다. 그러나 〈하버드 강의〉를 보면이 둘에 대한 언급은 거의 하지 않기 때문에 별다른 인상을 주지 않는다. 오히려 샌델은 정의론자라는 인상이 매우 강하다. 그기 쓴 다른 저서들을 아는 사람에게 그는 롤스의 정의론 비판자이지 그 자신이 정의에 대한 논지를 적극적으로 전개했다는 인상은 없을 것이다. 그는 정의론 비판자이지 정의론자로는 거의 인식되지 않기 때문이다.

이처럼 기존의 마이클 샌델과 〈하버드 강의〉, 《정의》에서 나타난 샌델의 모습에는 큰 차이가 있다. 샌델의 두 가지 모습을 총괄적으로 정리해 종합적인 샌델 상을 그려보기로 한다. 이제 샌델의 현재 도달점과 앞으로의 전망을 살펴보겠다.

샌델의 사상적 일관성 – 연고적 자아를 포함한 정의론 비판

존 롤스는 1970년대 전반의 정의론으로, 그전까지 주류를 이뤘던 공리주의를 비판하며 의무권리론을 제기했다. 샌델이 등장한 1980년대 초에는 자유지상주의를 포함한 자유주의가 압도적인 영향력을 가졌다. 샌델이 주목을 받은 것은 롤스의 정의론을 날카롭게 비판했기 때문이다. 샌델은 롤스의 논리를 내재적으로 비판하며 그 논리적 마술을 풀어 보였다. 그래서 그는 자유주의자의 지상론에 대한 비판자로서 두각을 나타내게 된 것이다.

그 비판의 논리 가운데 가장 유명한 것이 무연고적 자아에 대한 것으로, 사실 인간은 연고적 자아라고 논박한다. 흔히 공동체주의의 자유주의 비판이라고 하면 이 논리가 제일 먼저 생각나는 사람이 많을 것이다.

《자유주의와 정의의 한계》에서 샌델은 롤스의 비판에는 도덕적 가치의 문제, 계약론에서의 승인·발견 논리, 강한 의미(구성적 의미)의 공동체 등의 문제를 지적했고, 마지막에서 목적론적 세계관에 대해 언급했다. 샌델의 견해는 모두 일관성이 있어서, 1982년 이 저서가 발행되고 18년 후에도 그의 입장은 논리적으로 지속적인 발전을 하고 있다고 할 수 있다.

그 최대의 주제는 옳음의 우위성 즉 옳음은 좋음에 우선한다는 주장을 비판하는 부분에 있는데 정의론에서 선의 개념을 무시할 수 없음을 일관적으로 주장한다. 옳음의 개념에만 입각하는 논변을 비판하고 정의를 생각할 때도 선을 생각할 필요가 있음을 지적했다. 즉《자유주의와 정의의 한계》는 자유주의의 정의론에 대해 비판한 글이지만 정의 자체에 대해 적극적으로 논변을 편 것은 아니다. 이런 의미에서 그는 정의론 비판자이지 정의론자는 아니다.

공동체주의의 두 가지 특징 − 선과 공동선

그의 롤스 비판을 계기로 자유주의 대 공동체주의 논쟁이 벌어지면서, 샌델은 공동체주의의 대표적 논자로 알려지게 되었다. 그도 이 시기에는 그런 논문집을 내면서 논지를 전개했다.

나는 공동체주의의 주장에 내해서 다음의 두 가지 특징을 들고 있다. 하나는 윤리성·도덕성 또는 정신성·영성이라는 특징으로, 샌델의 말을 빌리자면 선이라고 할 수 있다. 이에 반해 자유주의는 가치관이 다양하다. 무엇을 선이라고 생각할지는 개인의 자유이므로 공적으로 정할 문제는 아니다. 따라서 국가와 정부는 가치와 선이라는 문제로부터 중립적이어야 한다고 주장한다. 이는 종교관이 희박해지고 세속화된 사회 속에서 매우 큰 힘을 갖는 논리다. 따라서 자유주의는 세속성·비논리성·비정신성이라는 특징을 갖는다.

윤리성과 정신성을 강조하는 것이 공동체주의로, 공동체주의 사상가는 대개 어떤 종교성을 가지고 있는 경우가 많았다. 샌델은 유대교적 신학에 근거한 생명윤리의 주장에 대해 설명했는데, 여기에는 그의 종교성이 나타나 있다.

또 하나는 공통성이다. 공동체주의라는 개념은 공동체라는 단어에서 유래하는데, 나는 공동체 자체를 강조할 필요성은 없지만 공동성과 공통성이라 할 때의 공적인 사고방식이 필요하다고 생각한다.

일본의 공공철학 프로젝트에서도 공적 발상을 강조하고, 공과 사를 매개하는 것이 공공公共이라고 생각한다. 그런 의미에서의 함께한다togetherness, 공통common의 사고방식이 공동체주의 사상에서 매우 강하다.

그에 반해 자유주의파 사상가들을 살펴보면, 롤스는 사람들이 다원적이고 개별적 존재라 생각했고, 급진적 자유지상주의자인 노직은 개개인이 분리된 존재임을 강조한다. 테일러의 말을 빌리면, 원자론적인 생각을 갖고 있는 것이다. 자유지상주의를 포함한 자유주의는 개별성·분리성·원자성이라는 특징을 갖고 있다고 할 수 있다.

단, 공동체주의가 개인주의를 모두 비판하는 것은 아니다. 개인주의에는 여러 종류가 있고 그중에는 공동체주의 사상가가 옹호하는 개인주의(로버트 벨라가 말하는 윤리적 개인주의와 공화주의적 개인주의)도 있다.

이러한 개인주의와는 달리 각각의 개인이라는 발상의 원자론적 내지 분리적인 개인주의가 자유주의 및 자유지상주의의 근저에 있다. 공동체주의 이론가들은 공동체에서 볼 수 있는 공통성을 중시한다.

간단히 말하면 선과 공, 즉 윤리성·정신성과 공통성 두 가지가 공동체주의의 공통된 특징이다. 샌델은 선에 대해서 옳음이 좋음에 우선한다는 자유주의의 명제를 비판했다. 또 공에 대해서는 공통성이라는 개념을 사용하고 있으며 구성적인 의미의 공동체를 중시한다. 따라서 《자유주의와 정의의 한계》는 공동체주의의 기점이라 할 만한 내용을 갖고 있다.

선과 공 양쪽을 통합하는 개념이 공동체 사람들에게 공통하는 선, 즉 공동선이다. 샌델이 그의 논문에서 공동체주의를 공동선의 당파라고 부르듯이 그도 공동선을 중시하고 있다.

롤스의 전향과 비판의 전개 – 선이 있는 정의를 향해

샌델의 비판은 거나란 충격을 주었고 롤스의 마법은 그 빛을 잃었다. 이런 비판이 계속되자 1990년대 초 롤스의 논지도 크게 변했다. 인간을 도덕적 주체로 간주하는 칸트와 같은 논변을 포기하고, 정치적 자유주의로 이행해 사람들의 중첩적 합의에 의해 정의가 성립한다는 논리로 바뀐 것이다. 그리고 이 중첩적 합의는 민주주의 사회에 타당한 포괄적 개념들 간에 성립하는 합당한 합의와 같은 조건이 더해지면서 역사주의적이고 반보편적주의가 됐다는 평을 받게 되었다.

롤스의 이러한 전향은 어떤 의미에서《자유주의와 정의의 한계》에서 나온 샌델의 정의론 비판에 따른 결과로 보이는데 샌델의 무연고적 자아 비판에 대해 롤스 스스로가 칸트적인 도덕적 주체의 사고방식을 포기해버린 것이다. 또 롤스가 보편주의적 자세를 후퇴시킨 것도 샌델의 연고적 자아 또는 평가받는 자아라는 사고방식 쪽으로 한 걸음 다가간 것이라고 할 수 있다.

이 새로운 롤스의 논리에 대해 샌델은 1994년 5강에서 소개한 정치적 자유주의(개인의 권리와 공동선 무엇이 문제인가)에서 비판했고, 이어 1996년『민주정에 대한 불만』에서는 그것을 최소주의적 자유주의라 부르며 비판했다. 단, 롤스 자신이 무연고적 자아를 포기했기 때문에 더 이상 무연고적 자아에 대한 비판은 나타나지 않는다. 정치적 자유주의에서도 옳음이 좋음에 우선한다는 명제에 비판의 초점이 맞춰지고 있다.

이를 명확히 하기 위해서《민주정에 대한 불만》에서는 자유주의 사고방식을 좋음에 대한 옳음(또는 권리)의 우위성, 정부의 중립성, 자유롭게 선택하는 무연고적 자아라는 세 가지를 들어 설명한다.

그 논리는, 낙태 등의 여러 사례를 생각함으로써 자유주의는 정부가 중립적이기 위해서는 선(좋음)의 문제를 배제하고 개인의 자유로운 선택을 존중하는 것이 필요하다고 하는데, 실제는 배제하는 것 자체가 선에 대한 특정한 입장에 유리해 중립성에 위배된다는 것이다. 태아의 도덕적 지위에 대한 논쟁을 배제하고 여성의 자유로운 선택에 낙태할지의 여부에 대한 판단을 맡기는 것은, 태아를 아기와는 다른 존재로 생각하는 사람들(낙태허용론자)에게는 문제가 아니지만 태아를 아기와 마찬가지로 생각하는 사람들(낙태금지론자)에게는 선택에 의한 살인을 인정하는 것과 같다. 따라서 선에 대한 논의를 배제하는 것은 중립성에 위배되는 것이다. 이것이 배제론에 대한 비판이다.

이 비판에서 정의를 생각할 때는 선을 생각할 필요가 있고, 선과 정의는 상관한다고 샌델은 주장한다. 정의는 선 상관형 정의 즉 선이 있는 정의라는 말이다. 좋은 삶뿐만 아니라 정의에 대해서도 자유지상주의 대 롤스적 자유주의처럼 경쟁하는 개념이 있으므로 도리에 맞는 선(좋음)이 다원적이듯 정의는 하나로 정할 수 있는 것은 아니다. 또 선을 정치적 논의로부터 배제하는 것은 정치적 담론을 빈곤하게 한다. 따라서 옳음이 좋음에 우선한다는 명제는 성립하지 않고, 선이든 정의든 사람들의 숙의와 논쟁에 의해 탐구되어야 한다는 것이다.

이러한 비판의 논리는 롤스의 전향으로 전개된 것이므로 원래의 정의론에 대한 비판으로부터 달라져 있다. 무연고적 자아 비판에서 배제론 비판으로 이행한 것이다. 무연고적 자아라는 자기론에 대한 비판은 모습을 감추었다. 그러나 이것은 샌델의 입장이 달라졌기 때문은 아니다. 그는 지금도 연고적 자아라는 자기관을 갖고 있고, 〈하버드 강의〉에서도 도덕적 책임을 지는 주체로서 자주 언급한다.

롤스의 논지를 비판할 때 이 점에 역점을 둘 필요가 없어졌고 무연고적 자아 비판은 거의 등장하지 않았다.

대신 계약론의 구성과 소수집단 우대정책 사례에 나타나 있듯이 도덕적 적가 문제가 주로 다뤄진다. 여기서의 비판의 논리는 정치적 자유주의의 롤스에 대한 논리와 같다. 무연고적 자아에 대한 사고 방식이 강하게 나타나지 않은 것은 이 때문이다. 롤스에 대한 비판의 초점이 롤스의 변화에 대응해 무연고적 자아 비판에서 배제론 비판 그리고 선이 없는 정의로 옮겨졌기 때문이다.

목적론적 정의론 – 본래의 정의란?

현재의 롤스에 대한 샌델의 비판을 생각할 때는 무연고적 자아 비판보다 배제론비판, 도덕적 적가 문제 그리고 옳음이 좋음에 우선한다는 명제 비판이 중요하다.

롤스를 비롯한 자유주의 철학자들은 윤리성과 정신성을 따로 떼어낸 정의라는 개념을 제기해 인간이 합의할 수 있다고 주장했다. 이 경우의 justice는 인간의 합의에 입각하는 정의 즉 법적인 뉘앙스가 강한 정의의 관념이므로 법의法義라고 할 수 있다. 이는 《민주정에 대한 불만》에서 그려진 절차공화국에서의 '정의≒법의'인 것이다. 이는 좋은 삶을 시작으로 하는 윤리적 관념과는 분리된, 비윤리적·비정신적 정의의 관념이다. 선과 무관계한 정의 즉 선이 없는 정의다.

샌델이 제기하는 선이 있는 정의는 윤리적이고 정신적인, 고전적인 정의의 개념이다. 그리스 시대 이래로 정의는 윤리성을 띠고 있었다. 이 개념은 플라톤과 아리스토텔레스가 사용했고, 동양에서도 유교의 의는 윤리성을 띠고 있다. 따라서 동서양을 불문하고 정의는 어떤 의미에서든 윤리성을 띠는 것이 보편적이다.

샌델은 선이 있는 정의를 촉진할 목적으로 도덕적 중요성으로부터 권리를 생각하는 견해를 보였다. 이것이 목적론적 정의 또는 완성주의적 정의다. 《자유주의와 정의의 한계》의 결론부에서 롤스 등의 의무론적 자유주의에 대비해 목적론적 세계관을 언급했기 때문에 목적론적 사상은 일관적이다. 목적론적 정의관을 제기한 것은 논문 〈정치적 자유주의〉를 발표한 1990년대 중반(1994년) 무렵이다.

이 당시에는 거의 인식되지 않았지만 이 같은 전개의 의미는 매우 크다. 《민주정에 대한 불만》에서는 자유주의의 정의론 비판을 폈던 샌델이 새로운 정의론을 선보였기 때문이다. 이 목적론적 정의라는 사고방식이 새로운 정의론에 대한 기점이 된다.

샌델은 《정의》의 마지막 부분에서 목적론을 설명한다. 새로운 정의론을 받쳐주는 사고방식이므로 목적론이 중요한 것이다. 또한 정의의 세 가지 사고방식으로서 복리형 정의, 자유형 정의, 미덕형 정의라는 유형을 제시했다. 여기서 말하는 미덕형 정의가 바로 선이 있는 정의 즉, 목적론적 정의다.

단, 《공공철학》과 《완벽함에 대한 반론》에서는 미덕형 정의를 비롯한 정의론의 세 가지 유형이 분명하게 드러나 있지 않다. 미덕형 정의의 관념으로서 목적론적 정의론을 전면적으로 제기한 것은 《정의》였는데, 여기에는 커다란 비약이 존재한다. 단순히 자유주의의 정의론을 비판할 뿐 아니라 적극적으로 자신의 정의론을 보여주게 되었기 때문이다. 이것은 아리스토텔레스적인, 목적론적 정의론이고 공동체주의적인 정의론이며 롤스의 정의론을 대신하는 새로운 정의론이다. 또한 고전적인 논리적 정의관이 재생한 것이므로 새로운 정의론인 동시에 본래의 정의의 부흥을 지향하는 미래의 정의론이기도 하다.

다수파주의적 공동체주의 비판 – 특정 공동체를 초월한 선

샌델은 선에 대한 사고방식을 발전시켜 선이 있는 정의라는 새로운 정의관을 제기했다.

그는 공동체주의에 대한 자유주의의 비판에서 암시를 받아 1998년에 발표한 《자유주의와 정의의 한계》 서문에서 공동체주의의 한계를 지적했다. 자신의 사상이 공동체주의라 불리는 것을 유보에 부치면서 특정 시대, 특정 지역의 다수파가 지지하는 것을 정의라고 생각한다는 다수파주의적 공동체주의의 입장과 다름을 명언했다. 선이 있는 정의라는 의미에서 이해하면 그는 선-정의 상관적 공동체주의였다.

《정의》에서는 언급하지 않았지만 〈하버드 강의〉에서도 이 논점에 대해 설명한다. 이는 오바마 정권에서 간행된 《정의》와는 달리 〈하버드 강의〉는 부시 정권에서 이뤄졌기 때문일 수도 있다. 특정한 시기에 다수파가 안고 있는 의견이 반드시 정의는 아니라고 한다면, 특정 시기나 특정 공동체 사람들을 초월한 선과 정의를 어떻게 탐구할까가 그다음 문제가 된다. 이것이 샌델이 다루고 있는 현재의 과제로, 〈하버드 강의〉에서는 마지막에 언급된 문제다. 샌델은 이 질문에 답하면서 원칙과 사례를 왕복해 고찰하는 변증법적 방법을 보인 것이다.

어떤 의미에서 롤스의 궤적과 샌델의 궤적은 반대 방향을 향하고 있다. 초기에는 보편주의적 주장을 했던 롤스가 역사주의적 주장으로 변화한 데 비해 샌델은 특정한 시기의 특정 공동체를 초월한 선의 추구로 향하고 있기 때문이다. 선과의 관계에서 정의를 생각하기 때문에 정의 역시 특정 시대의 특정 공동체를 초월한 것이 된다. 샌델은 변증법적으로 생각하는 선과 정의를 보편주의적인 것이나 세계화적인 것이라고 주장하지 않는다. 단, 공동체주의의 기수로 인식된 샌델이 특성 시대의 특성 공동체나 다수파의 사고방식에 의손하는 사상을 명확히 배척한다는 점에서 롤스와 반대 방향으로 향하고 있음이 확실하다.

주권 분산적·다원적인 공화주의적 공공철학

그렇다면 공共에 대한 샌델의 생각은 어떻게 발전했을까? 내가 보기에는 특정 시대의 특정 공동체에 의존하는 사고방식을 멀리하고는 있지만 그는 지금도 공동체주의의 공통성을 중시하고 있으며 공동선도 정치의 목적이라고 생각한다. 즉 특정 시대의 특정 공동체가 아니라 공동체 일반, 특히 그 공을 중시한다.

샌델이 공의 이미지를 미국 정치에 맞게 제시한 것이 미국 공공철학에 관한 그의 사고방식, 공화주의 이론이라고 할 수 있다. 공동체주의가 말하는 공동체가 개인의 자유를 억압한다 혹은 공동체주의는 전근대적·봉건주의적인 사상이라는 비판이 자유주의파로부터 자주 언급되는데 샌델은 《민주정에 대한 불만》에서 자신의 공화주의적 정치의 이상을 밝혔다. 미국의 공화주의는 건국 이래 미국의 민주정치를 만들어온 사상의 하나로 이런 단순한 비판은 성립하지 않는다. 문제는 자유주의가 말하는 자유와 공화주의가 말하는 자유 가운데 어느 쪽이 바람직한가라는 차원으로 이행한 것이다.

샌델의 공동체주의적인 사고방식과 《민주정에 대한 불만》에서 그려진 공화주의적 이상 사이에 모순은 없기 때문에 그의 정치철학은 공동체주의적 공화주의라고 할 수 있다. 공동체주의에서의 선과 미덕의 개념이 공화주의에서 시민의식을 떠받치고, 그것으로 자기통치가 실현된다는 사상이다.

《공공철학》에서도 현재 미국의 사회적·문화적 문제에 대해 공화주의적 공공철학에 상당하는 논변이 펼쳐진다. 공동체주의적 공화주의는 미국이라는 사회에서의 공공철학으로, 일본을 비롯한 여타 지역에서는 그 지역의 개성을 반영한 공공철학을 생각할 수 있을 것이다. 공공철학에는 공동성도 존재하기 때문에 서로 긴밀한 영향을 주고받으며 발전해가야 한다.

샌델은 《민주정에 대한 불만》의 마지막에서 다원적 공화주의의 사고방식과 주권이 국민국가로부터 위아래 양쪽으로 분산해 성립하는 다원적인 연고적 자아라는 새로운 주체성의 비전을 제시했다. 즉 주권분산적·다원적인 공화주의적 공공철학의 비전을 제시한 것이다.

공동체 역시 기존에는 국민국가가 중심이었지만, 앞으로는 국가를 초월한 공동체와 자치제 같은 지역 공동체가 중요해질 것이다. 나는 공동체주의에서 주목하는 공동체도 시대에 따라 그 성격과 규모가 변화하므로 그것의 역사적인 변화를 근거로 한 다이내믹한 공동체주의를 제기한다. 글로벌 시대에는 각 지역의 공공철학의 정수가 서로 촉발해 새로운 공공철학이 생겨날 것이다.

본래의 정의를 묻는 새로운 정의론

이상을 정리하면 샌델은 공동체주의의 선과 공을 목적론적인 선이 있는 정의와 공화주의적 공공철학으로 발전시켰다고 할 수 있다. 이 양쪽을 통합하는 이념이 공동체주의에서의 공동선 즉 공공철학에서 말하는 공공선이다. 선이 있는 정의에서 생각해보면 공동선을 실현하는 것은 정의, 그것을 가로막는 것은 부정의가 된다.

샌델은 롤스의 (칸트적인) 의무론적 자유주의를 비판하는 데서 출발해 (아리스토텔레스적인) 목적론적 정의론에 도달했다. 어떤 의미에서는 근대적·현대적인 정의론의 비판에서 시작해 고전적인 정의론으로 회귀했다고도 할 수 있을 것이다. 자유주의파의 비논리적인 정의론을 멀리하고 윤리적인 정의론을 부흥시킨 것이다.

이는 고전적인 관점에서 보면 본래의 정의라고 할 수 있다. 샌델은 서양적 전통에 기반을 두고 아리스토텔레스적인 정의의 관념을 생각했다. 동양의 유교에는 의라는 중요한 덕목이 있다. 샌델이 말하는 미덕형 정의의 관념은 유교의 의와 유사하다. 여기서의 정의론은 의론이다. 따라서 선이 있는 정의라는 사고방식은 동서양을 포함해 고전적인 정의관이다.

이것은 자유주의의 정의론을 대신하는 (고전적이면서도) 새로운 정의론이라고 할 수 있다. 목적론적 즉 완성주의적 정의론이다.

지금까지 공동체주의와 공공철학은 공동선이라는 개념을 사용했지만 정의라는 개념은 그다지 적극적으로 사용하지 않았다. 공동체주의적 정의론이라고는 부르지만 그 내용은 종래의 공동체주의의 한계를 초월한 곳에 있다. 따라서 공동체주의의 틀을 초월한 새로운 공공철학의 시도일지도 모른다.

새로운 정의의 추구와 실천

　샌델이 개척한 정의론의 개척지는 실로 광대하고 많은 물음으로 가득하다. 우리는 다양한 사례를 생각함으로써 미덕형 정의라는 본래의 정의를 탐구할 필요가 있다.

　본래의 정의를 생각하는 것은 일본의 정치와 사회에서 정의의 실현 가능성을 높일 것이 틀림없다. 공리주의가 경제적 발상에 친화성이 있는데 비해 자유주의와 자유지상주의의 의무권리론은 법적인 옳음과 법의와 친화성이 있다. 공동체주의적인 정의론은 정치 자체에 대해 정의를 탐구하는 것을 가능하게 한다. 법의와 대비해서 이를 정의라고 할 수 있다.

　사례의 고찰을 통해 정의론의 내용 자체에도 여러 가지 고찰이 필요해지고, 그것을 통해 발전하게 될 것이다. 정의론의 근간을 이루는 원리에 관해서, 선이 있는 정의라 할 때의 선과 정의의 관계는 어떻게 될까? 샌델은 낙태 금지 문제 등 몇 가지 사례에서 정의의 고찰에는 선이 필요하다고 주장했는데 모든 경우에 정의가 선과 상관한다고 명시적으로 주장한 것은 아니다. 그런 점에서 정의는 항상 선으로, 선이 있는 정 또는 좋은 정의라고 말할 수 있을까? 정의가 유교적인 덕의 하나인 의와 같을까? 본래의 정의와 권리의 관계는 어떻게 될까? 자유주의처럼 정의와 권리를 사실상 동일시하는 것은 아닐까? 그렇다면 어떤 권리를 이 본래의 정의에 의해서 이끌어낼 수 있을까? 그것과 책임과 의미와의 관계는 어떻게 생각할 수 있을까? 이 모두가 흥미로운 논점이면서 새로운 목적론적 정의론이 다뤄야 할 과제일 것이다.

또한 롤스의 표현을 빌리자면 정의의 상황 역시 중요한 문제로 그에 의거한 고찰도 필요하다. 오늘날에는 경제적인 국제화가 진행되면서 국민국가 중심 시대에서 글로벌 시대로 이행하고 있다. 그렇다면 국경을 초월한 글로벌 문제에 대해 선이 있는 정의를 어떻게 적용해야 할까?

대표적인 예가 오래전부터 계속되어온 전쟁 문제다. 정의의 전쟁이라는 정전론에 대한 논쟁은 이런 관점에서 거론되어 왔다. 이외에도 우리는 세계의 빈곤문제에 대해 국경을 초월한 분배적 정의의 문제를 고찰해야 할 것이다. 이러한 세계적이고 범지구적 정의는 국제적 정의 혹은 지구적 정의라는 주제로 논의되고 있다. 앞으로 우리는 글로벌 문제에 대해 선 있는 정의 즉 지구적, 윤리적, 정신적 정의를 고찰해야 할 것이다.

샌델은 특정 공동체를 초월한 선의 문제에 대해서 사례와 원칙의 왕복을 통해 대화적·변증법적으로 탐구하는 방법을 자신의 새로운 정의론 방법으로 제시하고 있다. 그런 방법을 통해 본래의 정의를 대화적으로 탐구하는 것은 〈하버드 강의〉만의 과제가 아니라 우리 모두의 과제다. 〈하버드 강의〉를 통해 깨우친 우리 스스로가 국내외의 여러 문제에 대해 대화적·변증법적 방법으로 본래의 정의를 탐구해야 한다. 그것이 샌델이 제시하는 고전적이면서도 새로운 정의론의 실천이다.

현대의 문제를 푸는 오래된 미래, 공동체주의

이 책의 저자인 고바야시 마사야 교수는 나의 오랜 일본인 친구이다. 그와 나는 10여 년 전부터 일본의 공공철학공동共働연구소(소장 김태창)가 이끌어 온 공공철학 교토포럼에서 함께 활동하면서 우의를 쌓았다. 동 연구소는 2000년 3월 하버드 대학에서 한 세미나를 개최했다. 여기에서 우리는 마이클 샌델, 찰스 테일러, 드 배리 등 저명한 교수들을 만났다. 이때 나는 샌델에게 "당신의 논지는 유교나 신유학의 그것과 닮았고 상통하는 점이 있는 듯하다."라고 말을 건넸다. 그러자 그는 "그럴지도 모른다."고 대답했다. 그 후 나는 2002~2003년간 하버드대학 체류 중에 샌델 교수의 수업에 참가하면서 그와 교류를 갖게 되었다.

고바야시 교수는 2000년 3월의 하버드 세미나를 계기로 샌델을 비롯한 서양 정치학자들의 공동체주의에 깊은 관심과 공감을 가지고 그들의 정치철학을 연구해 왔다. 또 이를 바탕으로 자유주의나 신자유주의의 문제점을 지적하고 비판하는 한편 몇 년 전부터는 일본에 공공철학의 보급과 실천 운동에도 힘쓰고 있다.

샌델은 "그는 나의 정치철학을 깊이 이해하고 있다."면서 고바야시 교수를 높게 평가하고 있다. 실제로 이 책을 통하여 고바야시 교수는 독자들에게 샌델의 정치철학의 내용과 변화를 요령 있게 전달하고 있다. 샌델의 정치철학은 한 마디로 말하면 '공동체주의적인 공공철학'이다. 특히 그의 공동체주의는 '닫힌' 공동체가 아닌 '열린' 공동체를 지향한다고 말할 수 있다. 바꿔 말하면 지구-지역-국가-지방의 글로리내컬global-regional-national-local 차원을 향한 공동체인 셈이다.

샌델은 그의 첫 저작인 《자유주의와 정의의 한계》(1982년)에서 자유주의나 자유지상주의 그리고 이에 기초한 정의의 문제점을 지적하고 그 대안을 제시했다. 거기서 롤스의 자유주의적 정의론을 날카롭게 비판함으로써 유명해진 그는 공동체주의자의 한 사람으로 알려졌다. 단 그는 공동체주의가 빠지기 쉬운 함정(다수파주의)이나 한계(보수주의)를 지적한다. 그렇다고 자유주의를 완전히 배격하는 것도 아니다. 그는 개인의 자유나 권리를 존중한다. 그러나 개인을 '연고적 자기encumbered self'로 표현하듯, 이를테면 고유 상황context을 가진 다양한 공동체와 관계를 맺고 있는 개인이자 자기라는 인간관을 제기한다. 따라서 개인은 자유와 함께 이에 합당한 도덕(미덕,

virtue) 내지 정신(영성, spirituality)을 지녀야 한다. 즉 권리와 이에 합당한 도덕적 적가desert 또는 정치적 책무를 진다는 것이다.

샌델이 자유주의적 정의의 문제점을 지적한 이유는 그것이 '선(좋음, good)이 없는 정의justice 즉 도덕적 또는 정신적 관념이 없는 정의라고 보기 때문이다. 이와 함께 자유주의적 권리를 비판한 이유는 그 권리rights가 '선이 없는 정(옳음, 바름, right)'에 기초한다고 보기 때문이다. 그래서 그는 '선이 있는' 도덕적 정의와 권리를 대안으로 제시한다. 정의와 권리는 도덕적 가치나 선이라는 문제로부터 중립적일 수 없다는 것이다. 그 도덕적 가치나 선은 결코 '원자적' 개인이 독점하거나 결정할 수 없다. 그것은 자기와 타자가 공유하는 것이자 공동체에서 결정되는 것이다. 이를테면 공통적이자 공공적인 것이다.

샌델은 개인의 자유나 권리를 존중하면서도 공동체와 공동선common good을 더욱 중시한다. 단, 이 공동체의 공동선은 개인의 자유나 권리에 대한 의무가 아니다. 그것은 자기와 타자에게 공통적으로 좋은 것(선)으로서 인간이 도덕적으로 추구해야 할 목적telos이다. 이런 논의를 바탕으로 샌델은《정의》(2009년)에서 목적론적 정의론을 제기한다. 또한《민주정에 대한 불만》(1996년)에서는 공동선을 추구하는 정치이념으로 공동체주의적 공화주의를 제시한다. 이들을 뒷받침하는 것이 바로 그의 정치철학인 '공동체주의적인 공공철학'이다.

내가 보기에 샌델의 논지는 유교나 신유학의 그것과 닮았고 상통하는 점이 있다. 유교 역시 일종의 공동체주의적인 공공철학이라고 볼 수 있다. 이를 표상하는 것이 유교의 요체인 '수기치인修己治人' 그리고 주요 덕목인 '인, 의, 예, 지, 신'이다. 특히 신유학의 경우, 정주학程朱學에서 도의나 도리는 '천하가 공공하는 것' 또는 '중인衆人이 공공하는 것'이란 명제를 제기한 이래(《이정집二程集》,《주자어류朱子語類》) 그 공동체주의적 공공철학으로서의 성격은 더욱 강화되었다.

이때 천하나 중인은 열린 공동체 또는 글로리내컬 차원의 공동체를 상징한다. 나아가 '천하공공'이나 '중인공공'이란 명제는 양명학과 그 이후의 유학에선 학술, 정치, 경제 등 여러 분야에 널리 적용되었다. 이 과정에서 인간의 사적 욕망도 (일부) 긍정되며 '천리자연 이일분수天理自然 理一分數'라는 명제에 바탕을 둔 권리의식도 증강된다. 더불어 서민의 정치참여 의식도 고조된다. 이로써 공공공간이 확대되어 나간 것이다.

여기서 유교의 요체와 주요 덕목에 관한 나의 견해를 피력해 보고 싶다. 먼저 '수기치인'에서 '기'는 자기나 개인을 뜻하며 '인'은 타자나 공동체를 표상한다. 이때 '기'는 '인'과의 관계 안에 존재한다. 샌델의 표현을 빌자면 '연고적 자기'이다. '수'는 자기가 살아갈 길을 닦음을 뜻하지만 가장 중요한 것은 역시 도덕(미덕)을 닦는 것이다. 이로써 개인은 자기를 닦으면서 살아갈 자유나 권리를 지님과 동시에 그렇게 해야 할 책무를 진다. '치'는 타자나 공동체를 다스림을 뜻한다. 이 다스림은 우리말로 다살림을 함의하며 나아가 기름, 사귐, 이끎 등을 표상한다. 자기가 권력자라면 '치'는 통치를 함의하게 되나 이것이 지배나 억압으로 이어지면 안 된다. 그렇게 되면 '수'와 이에 의한 도덕의 모자람으로 비판과 비난을 받을 것이기 때문이다. 권력이나 권리를 많이 쥔 사람은 그만큼 이에 합당한 도덕적 적가 또는 정치적 책부를 지는 것이다.

다음으로 주요 덕목인 '인, 의, 예, 지, 신'에 관해 생각해 보자. 먼저 주의할 두 가지를 살펴보자. 하나는 이들 주요 덕목이 각각 따로 존재하지 않는다는 점이다. 또 하나는 이들 모두가 당연히 옳음, 즉 정과 좋음, 즉 선을 함의한다는 점이다. 예컨대 '의'는 정의를 함의한다고 볼 수 있으나 이는 곧 옳으면서도 좋은 것이며 그런 뜻에서 정과 선을 함의한다. 이 같은 유교적 관점에서 본다면 롤스의 정의론처럼 서양의 정치철학에서 단지 정의만을 둘러싸고 논하는 것도 우습지만 그 대안으로 샌델이 '선이 있는' 도덕적 정의나 권리를 그토록 애써 제시하는 것도 기이하게 여겨진다. 이것들 모두 근대 이래 정치와 도덕의 분리가 '진보'로 오해되었고 이로써 '자유주의와 정의의 한계'가 오늘날의 정치, 경제, 사회 등 전 분야를 뒤덮어 인간관, 생활관, 세계관의 왜곡으로 확대되어 있는 탓에 벌어진 일이라고 본다.

유교는 '수기치인'을 목적으로 삼고 이를 '인, 의, 예, 지, 신'과 같은 누구에게나 '좋고 옳은' 덕목을 추구한다. 정의는 물론 그와 관련 있는 다른 덕목들을 함께 추구하는 목적론적 도덕론을 담고 있다. 또한 유교는 개인의 자유나 권리를 존중하면서도 공동체와 공동선을 중시하는 중용적 균형론을 담고 있기도 하다. 나아가 공동선을 추구하는 정치이념인 공동체주의적 공화주의의 가능성을 담고 있다. 물론 유교는 공동체주의적 요소가 짙은 만큼 공동체주의가 빠지기 쉬운 함정이나 한계를 지닌다. 그것이 엄격한 도덕주의로 빠져들 때 개인의 자유나 권리 또는 욕망을 지나치게 억제하는 등 폐해가 있음도 사실이다. 이에 대한 비판과 성찰은 여전히 중요한 일이다. 바로 이를 위해서도 유교의 전통을 재해석해 나가는 일이 필요하다고 말할 수 있다.

이제 우리는 유교의 전통에 대한 무지 또는 오해와 편견을 극복할 필요가 있다. 그 무지는 거론할 나위도 없으나 오해와 편견에는 구미중심적 근대주의나 오리엔탈리즘이 뿌리 깊게 투영되어 있다. 이를 극복하면서 유교의 전통을 재해석해 나가는 일이야말로 동아시아 공통의 사상과제의 하나라고 본다.

이로부터 샌델이 주장하는 것과 같은, 아니 보다 더 나은 공공철학을 구축하고자 시도해 봐도 좋을 것이다. 이는 결코 전통에의 회귀를 뜻하지 않는다. 오히려 오늘날의 문제를 풀기 위한 해답과 장래의 새로운 지평을 열기 위한 대안을 찾으려는 시도가 될 수 있을 것이다.

샌델의 정치철학이 의의가 있고 그의 주장이 설득력이 있다고 본다면 우리의 할 일은 또 하나 있다. 그것을 전통의 뿌리에 접목하여 현장성actuality 있는 정치철학을 개발해 나가는 일이다.

참 고 문 헌

마이클 샌델의 정치철학을 이해하기 위한 자료 안내를 위해 그의 저서를 연대별로 열거했다. 일본어로 번역되지 않은 책은 출판사 표시가 없으니 참고하기 바란다.

○Michael Sandel, Liberalism and Limits of Justice, Cambridge University Press, 1982, 1998 (『リベラリズムと正義の限界』菊池理夫 / 勁草書房 2009)―제2강

○Michael Sandel, ed., Liberalism and its Critics, basil Blackwell and N.Y.U. Press, 1984 (『リベラリズムとその批判者たち』)―제2강

○Michael Sandel, Democracy's Discontent- America in search of a Public Philosophy, Harvard University Press, 1996(『民主政の不満―公共哲学を求めるアメリカ〈上〉手続き的共和国の憲法』金原恭子·小林正弥 監訳, 千葉大学人文社会科学研究科公共哲学センター訳 / 勁草書房, 2010) - 제3강(부록: 찰스 테일러 및 마이클 샌델과의 질의응답, 다양한 사상의 위치관계에 대해, 역자 '해설' 참조).

○Michael Sandel, Public Philosophy: Essay on Morality in Politics, Havard University Press, 2005 (『公共哲學- 政治における道德性についての小論集』)―제5강

○Michael Sandel, The Case Against Perfection: Ethic in the Age of

Genetic Engineering, Harvare university Press, 2007 (『完全な人間を目指さな
くてもよい理由—遺伝子操作とエンハンスメントの倫理』林芳紀・伊吹友秀 訳, ナカニシヤ
出版 , 2010)—제4강

　○Michael Sandel, Justice: A Reader, Oxford university Press, 2007 (『正
義 - 讀本』)—제1강

　○Michael Sandel, Justice: What's the Right Thing to Do? Farrar,
Straus and Giroux, New York, 2009 『これからの「正義」の話をしよう—い
まを生き延びるための哲学』鬼澤忍訳, 早川書房 , 2010)—제1강

　○マイケル・サンデル『ハーバード白熱教室講義録+東大特別授業(上・下)』
早川書房, 2010—제1강

　○NHK『ハーバード白熱教室DVD』(NHKエンタープライズ,ポリドール映像販
賣會社,2010)—제1강(小林正彌「解説ブックレット」

　○「白熱教室」의 기초가 된 하비드 강의 「정의」(영어)는 WGBH보스턴
이 PBS(Publib Broadcasting Service)에서 방송하고, 하버드대학과 협력
해 사이트에 프로그램을 올리고 있다. 이 사이트에는 참고문헌과 토론
을 위한 질문도 게재되어 있다. Harvard university's justice with Michael
Sandel(http://www.justiceharvard.org/)

서론

전형적인 대화편으로, 플라톤의 『ソクラテスの弁明·クリトン Apologia Sokratous』(久保勉 訳, 岩波文庫, 1964), 『ゴルギアス Gorgias』(加来彰俊 訳, 岩波文庫, 1967), 『饗宴 Symposion』(久保勉訳, 岩波文庫, 1952) 『國家(上·下) The Republic』(藤沢令夫訳, 岩波文庫, 1979)이 있다.

제1강

· 공동체주의에 대립하는 사상으로 〈하버드 강의〉에서 설명된 순서에 맞게 공리주의, 자유지상주의, 자유주의에 대해 한 권씩 들면, John Stuart Mill의 『功利主義論 Utilitarianism』(입수 곤란), Robert Nozick의 『アナーキー・国家・ユートピア Anarchy, State, and Utopia』(嶋津格 訳, 木鐸社, 1985(上)·1989(下)·1995(合本)), John Rawls의 『公正としての正義再説 Justice as Fairness』(田中成明亀本洋平井亮輔 訳, エリン ケリ_編, 岩波書店 , 2004)가 도움이 된다.

· 이것들의 배경을 이루는 고전으로는 존 스튜어트 밀 외에 〈하버드 강의〉에서 언급한 John Locke 『市民政府論 Of Civil Government』(鵜飼信成 訳, 岩波文庫, 1968), Immanuel Kant의 『道徳形而上学原論 Grundlegung zur Metaphysik der Sitten』(篠田英雄 訳, 岩波書店 , 1976) 그리고 Aristoteles

의 『政治學』(田中美知太郎 訳, 中央クラシック, 2009), 『ニコマコス倫理学 (上·下)
thika Nikomacheia』(高田三郎 訳), 岩波書店 , 1917(上)·1973(下)가 중요하다.

제2강

·정치철학의 복권에 대해서는 寺島俊穂의 『政治哲学の復権—アレントか
らロールズまで』(ミネルヴァ書房 , 1998)이 도움이 된다.

·샌델의 사상을 알기 위해서도 빼놓을 수 없는 존 롤스에 대해서는 John
Rawls, A Theory of Justice, Harvard University Press, 1971(『正義論』川本
隆史· 福間聡 ·神島　裕子 訳 ,紀伊國屋書店; 改訂版, 2010)과 Political Liberalism,
Columbia University Press, 1993이 가장 중요한 문헌이다. 그 외 일본
어 번역서로는 『ロールズ哲学史講義 Lectures on the History of Moral
Philosophy (上·下)』(バーバラ·ハーマン編 久保田顕二·下野正俊·山根雄一郎 譯, みすず
書房, 2005) 『万民の法 The Law of Peoples』(中山竜一 訳, 岩波書店, 2006) 등
이 있다. 롤스와 자유주의에 관한 연구로는 川本隆史 『ロールズ』(講談社,
2005), 井上達夫 『共生の作法—会話としての正義』(創文社, 1986), 井上達夫
『他者への自由—公共性の哲学としてのリベラリズム』(創文社,1999), 渡辺幹
雄 『ロールズ正義論の行方—その全体系の批判的考察』(春秋社, 2000), 渡辺
幹雄 『ロールズ正義論とその周辺—コミュニタリアニズム′共和主義′ポスト

モダニズム』(春秋社, 2007) 등이 있다.

· Ronald Dworkin에 대해서는 『権利論 増補版 Taking Rights Seriously』 (木下毅·小林公·野坂泰司 共譯, 木鐸社, 2003), 『法の帝国 Law's Empire』(小林公 譯, 木鐸社, 1995)가 있다.

· 자유주의에 대해 알기 위해서는 森村進『自由はどこまで可能か──リバタリアニズム入門 』(講談社 現代新書, 2001)과, 森村進 編『リバタリアニズム読本』(勁草書房, 2005)이 소개서로는 이해하기 쉽다.

· 공동체주의에 대해서는 菊池理夫『現代のコミュニタリアニズムと「第三の道」』(風行社, 2004)가 근거를 들어 설명하고 있다. 신간으로는 菊池理夫『日本を甦らせる政治思想──現代コミュニタリアニズム入門 』(講談社, 2007)이 있다.

· 샌델 외에 공동체주의의 대표적 논자들의 작품을 한 권씩 들면, Charles Margrave Taylor의 『「ほんもの」という倫理──近代とその不安 The Ethics of Authenticity』(田中智彦 訳, 産業図書, 2004)와 Michael Walzer의 Spheres of Justice, Oxford, Blackwell, 1983(『 正義の領分──多元性と平等の擁護』山口晃 訳, 而立書房 , 1999)는 철학적이고, Alasdair Macintyre『美徳なき時代 After Virtue』(篠崎栄 訳, みすず書房, 1993)은 윤리학적이다. Amitai Etzioni의『ネクスト──善き社会への道 Next: the Road to the Good Society』(小林正弥 監譯,

公共哲学センター訳, 麗沢大学出版会, 2005)는 사회학적으로 읽기 쉽다. Amitai Etzioni에 대해 자세한 내용은 이 번역서에 수록된 해설 「エツィオーニのコミュニタリアニズム」(小林正弥, p212-245)을 참조하기 바란다. 그의 두 번째 저서 『新しい黄金律 The New Golden Rule』(永安幸正 監譯, 麗沢大学出版会, 2001)도 중요하다.

· 샌델의 스승인 Charles Margrave Taylor에 대해서는 『ヘーゲルと近代社会 Hegel and Modern Society』(渡辺義雄 訳, 岩波書店, 2000), 『今日の宗教の諸相 Varieties of Religion Today』(伊藤邦武佐々木崇 三宅岳史 訳, 岩波書店, 2009), 『自我の源泉―近代的アイデンティティの形成 Sources of the Self』(下川潔·桜井徹·田中智彦 訳, 名古屋大学出版会, 2010), 『マルチカルチュラリズム Multiculturalism』(佐々木毅辻 康夫·向山恭一 訳, 岩波書店, 2007) 등이 존재한다. 연구서로는 中野剛充 『テイラーのコミュニタリアニズム―自己·共同體近代』(勁草書房, 2007)가 상세한 내용을 싣고 있다. 여기에는 샌델을 다룬 논문도 수록되어 있다.

· Michael Walzer에 대해서는 『解釈としての社会批判―暮らしに根ざした批判の流儀 Interpretation and Social Criticism』(大川正彦·川本隆史 訳, 風行社, 1996), 『道徳の厚みと広がり―われわれはどこまで他者の声を聴き取ることができるか Thick and Thin』(芦川晋· 大川正彦 訳, 風行社, 2004). 정의로운

전쟁론에 대해서는 『正しい戦争と不正な戦争 Just and Unjust Wars』(萩原 能久 監譯, 風行社, 2008), 『戦争を論ずる―正戦のモラル・リアリティ Arguing About War』(駒村圭吾·鈴木正彦· 松元雅和 訳, 風行社, 2008)이 존재한다. 그 외 『寬容について On Toleration』(大川正彦 訳, みすず書房, 2003), 『アメリカ人で あるとはどういうことか―歴史的自己省察の試み What it Means To Be An American』(ウォルツァー編, 古茂田宏 訳, ミネルヴァ書房, 2006), 『グローバルな市 民社会に向かってToward a Global Civil Society』(石田淳 外 訳, 日本経済評論 社, 2001) 등도 있다.

· 공동체에 대해서는 広井良典·小林正弥 編《コミュニティ―公共性·コモ ンズ·コミュニタリアニズム　持続可能な福祉社会へ: 公共性の視座から1》 (勁草書房, 2010)이 있고, 공동체주의에 대해서도 언급되어 있다. 내가 왈저의 정의로운 전쟁론에 대해 비판한 것은 제2장 「地球的コミュニタリアニズム に向けて―ウォルツァー正戦論を超えて」이다.

제3강

· 『民主政の不滿 Democracy's Discontent』에 대한 논변으로는 Anita L. Allen and Milton C. Regan, Jr., Debating Democracy's Discontent: Essays on American Politics, Law, and Public Philosophy, Oxford

University Press, 1988. 이라는 뛰어난 논문집이 존재한다.

· 일본 정치사에서의 헌정(憲政) 개념에 대해 坂野潤治·新藤宗幸·小林正弥
編『憲政の政治学』(東京大学出版会, 2006).

· 공화주의 연구의 사상적 연구로는 John Pocock의『マキァヴェリアン
·モ―メント―フィレンツェの政治思想と大西洋圏の共和主義の伝統 The
Machiavellian Moment』(田中秀夫·奥田敬· 森岡邦泰 訳, 名古屋大学出版会, 2008),
Quentin Skinner의『近代政治思想の基礎―ルネッサンス´宗教改革の時
代 The Foundations of Modern Political Thought』(門間都喜郎 訳, 春風社,
2009), Istvan Hont·Michael Ignatieff『富と徳―スコットランド啓蒙における
経済学の形成 Wealth and Virtue』(水田洋·杉山忠平 訳, 未来社, 1991), Quentin
Skinner『自由主義に先立つ自由 Liberty Before Liberalism』(梅津順一 訳, 聖
学院大学出版会, 2001)이 번역되어 있다. 연구서로는 田中秀夫·山脇直司『共和
主義の思想空間―シヴィック·ヒューマニズムの可能性』(名古屋大学出版会,
2006)이 있고, 제16장에는 서툴기는 하지만「共和主義解釋と新共和主義-
思想史と公共哲學」(p490-527)라는 나의 글이 실려 있다. 또「古典的共和主
義から新共和主義へ-公共哲學における思想的再定式化」(宮本久雄·山脇直司
編『公共哲学の古典と将来』東京大学出版会, 제6장, p239-286, 2005)도 관련된 논고
이다.

・자유공화주의 연구로는 Bruce Ackerman의 We the People, vol.1, 2, Belknap Press of harvard University Press, 1988이 있다.

제4강

・샌델이 관계한 대통령생명윤리위원회 보고서는 Leon Kass 編著『治療を超えて―バイオテクノロジー―と幸福の追求 大統領生命倫理評議会報告書 Beyond Therapy』(倉持武 訳, 青木書店, 2005)이고 Leon Kass의 저서는『生命操作は人を幸せにするのか―蝕まれる人間の未来 Life, Liberty, and the Defense of Dignity』(堤理華 訳, 日本教文社, 2005)이다. 이 위원회에 참가했던 유명한 논객의 작품으로, Francis Fukuyama의『人間の終わり―バイオテクノロジー―はなぜ危険か Our Posthuman Future』(鈴木淑美 訳, ダイヤモンド社, 2002)가 있다.

・강화 추진파의 작품으로는 Ramez Naam 著『超人類へ！―バイオとサイボーグ技術がひらく衝撃の近未来社会 More Than Human』(西尾香苗 訳, 河出書房新社, 2006), Ray Kurzweil『ポスト・ヒューマン誕生―コンピュータが人類の知性を超えるとき The Singularity Is Near: When Humans Transcend Biology』(井上健·小野木明恵·野中香方子·福田実 訳, 日本放送出版協会, 2007), 논쟁에 대한 소개로는『エンハンスメント論争―身体·精神の増強と

先端科学技術』(上田昌文·渡部麻衣子 編, 社会評論社,2008), 生命環境倫理ドイツ情報センタ―編《エンハンスメント―バイオテクノロジ−による人間改造と倫理 Enhancement》(松田純·小椋宗一郎 訳,知泉書館, 2007)

· 일본에서의 비판파의 논변으로는 鎌田東二·粟屋剛·上田紀行·加藤眞三·八木久美子 著《人間改造論―生命操作は幸福をもたらすのか》(新曜社, 2007)가 있다.

· 또 본문에서 언급한 철학자의 작품으로 Ronald Dworkin의『ライフズ·ドミニオン―中絶と尊厳死そして個人の自由 Life's Dominion』(水谷英夫·小島妙子 訳, 信山社出版, 1998), Jurgen Habermas의《人間の将来とバイオエシックス Die Zukunft der menschlichen Natur》(三島憲一 訳, 法政大学出版局, 2004)가 번역되어 있다.

제5강

· 공공철학에 관해 일본에서는 東京大學出版會의『公共哲學』20권 시리즈를 기점으로 해서 학제적인 학문적 개혁운동으로 진행 중이고, 소개서로는 山脇直司의『公共哲学とは何か』(筑摩新書, 2004)가 도움이 된다. 선구적 작품으로는 Hannah Arendt『人間の条件 The Human Condition』(志水速雄 訳, 筑摩書房, 1994)을 들 수 있다.

·평화헌법과의 관계에 대해서는 『平和憲法と公共哲学』(千葉眞·小林正弥 編, 晃洋書房 , 2007)이 있다. 小林正弥의 『友愛革命は可能か—公共哲学から 考える』(平凡社新書, 2010)는 정권교체와 하토야마 정권을 염두에 두고 공동 체주의적인 공공철학 관점에서 일본 정치에 대해 고찰한 작품이다. 小林 正弥「ハーバード地球的」公共哲學セミナ—所感—共同體主義者達との交 感」(『公共哲學共同研究ニュース』(將來世代綜合研究所編, 將來世代國際財團發行, 2000年 4月 1日, 第9號, p2-12, 2001年 2月 改訂)은 공공철학 네트워크 사이트에 게재. http://public-philosophy.net/archives/46, 이 세미나에 대해서는 山 脇直司「ハーバード·フォーラム『地球時代の公共哲學』を終えて」(『UP』 338 號, 2000年 12月, p6-11)이 있다.

·본문에서 언급한 Robert Neelly Bellah 등의 작품으로는 Bellah 他 『心 の習慣—アメリカ個人主義のゆくえ Habits of the Heart』(島薗進·中村圭志 訳, みすず書房, 1991), 『善い社会—道徳的エコロジ—の制度論 The Good Society』(中村圭志 訳, みすず書房, 2000)이 번역되어 있다.

○「白熱教室」을 연 이래, 정치철학에 관한 자료나 책 소개를 해달라는 의 견이 많았다. 인터넷 사이트에도 참고문헌을 게재하고 있으니 참고하기 바 란다.

·公共哲學ネットワーク: http://public-philosophy.net

· 小林正弥研究室/ハーバード白熱教室 - JUSTICE 特設

http://sandel.masaya-kobayashi.net/